民族教育信息化教育部重点实验室

云南省高校民族教育与文化数字化支撑技术工程研究中心

教育部人文社会科学重点研究基地重大项目"我国少数民族儿童学习书面汉语的认知发展研究"

国家软科学项目"西南地区民族教育信息化建设与发展战略研究"

云南省科技发展战略与政策研究项目"云南省民族教育信息化建设与发展战略研究"

民族教育信息化文丛

A Study on the Chinese Learning of
the Children of Minority Nationalities

少数民族儿童
汉语学习研究

陶云 刘艳 等◎著

科学出版社
北京

内 容 简 介

　　本书以少数民族儿童为专门研究对象，运用跨文化研究的方法，揭示了在母语文化背景下少数民族儿童在汉字识别、词汇学习、句子理解和图画认知等方面的发展规律，并考察了影响少数民族儿童汉语学习的非认知因素，以期丰富和完善这一领域的现有研究成果，为少数民族儿童汉语教学实践提供理论依据。解决少数民族汉语教学中存在的问题是本书中各项研究的出发点和落脚点，本书还为少数民族汉语教学实践提出了操作性较强的具体建议。

　　本书可为少数民族地区汉语教师、少数民族儿童汉语学习研究者提供参考，也适合对少数民族儿童汉语学习感兴趣的读者阅读。

图书在版编目(CIP)数据

少数民族儿童汉语学习研究 /陶云，刘艳等著.—北京：科学出版社，2016. 3
（民族教育信息化文丛）

ISBN 978-7-03-047953-2

Ⅰ.①少… Ⅱ.①陶… ②刘… Ⅲ.①汉语–少数民族教育 –儿童教育–研究 Ⅳ.①H19

中国版本图书馆 CIP 数据核字（2016）第061765号

责任编辑：朱丽娜 孙文影 / 责任校对：彭 涛
责任印制：张 倩 / 封面设计：楠竹文化
编辑部电话：010-64033934
E-mail：fuyan@mail. sciencep.com

科 学 出 版 社 出版
北京东黄城根北街 16 号
邮政编码：100717
http://www.sciencep.com

北京通州皇家印刷厂 印刷
科学出版社发行 各地新华书店经销
*
2016 年 3 月第 一 版 开本：720×1000 1/16
2016 年 3 月第一次印刷 印张：17 3/4
字数：330 000
定价：**98.00元**
（如有印装质量问题，我社负责调换）

总　序

当前，边疆民族地区经济相对落后、区域发展不均衡、教育结构不甚合理，民族教育仍是实现国家教育现代化所亟需弥补的短板。随着现代信息技术的迅猛发展及其在教育中的应用日益广泛和深入，民族教育"追赶式"和"跨越式"发展的时代诉求，催生了"民族"、"教育"和"信息技术"的多学科交叉融合，全新的"民族教育信息化"研究领域应运而生。如何利用信息化手段破解民族教育难题，推进优质资源共享，缩小区域教育差距，提升民族教育质量，实现民族教育均衡发展是民族教育信息化的核心内涵。

伴随着教育信息化从"互联网"到"互联网＋"的升级转型，我国民族教育信息化的事业发展迎来了千载难逢的历史机遇。国务院《关于推进"互联网＋"行动的指导意见》《关于加快发展民族教育的决定》等指导性政策文件的相继出台，不仅从国家战略的高度指明了民族教育信息化建设发展的总体方向，而且赋予了民族教育信息化全新的发展内涵。2011年7月，教育部科技司批准成立我国第一个教育类教育部重点实验室——民族教育信息化教育部重点实验室（由云南师范大学负责建设）。在国家大力重视教育信息化建设的新形势下，推动云南省教育发展，尤其是民族地区教育信息化建设，是重点实验室义不容辞的责任，也是重点实验室服务云南省教育发展的重要体现。近年来，重点实验室集中学术研究资源和研究队伍，对教育学、民族学、心理学和信息科学等多学科进行交叉融合，形成了跨区域、跨部门和跨行业的民族教育信息化协同体，集中开展了"民族教育资源信息化""信息化学习环境""信息化学习环境中的学习行为""民族文化教育资源信息化应用"四个方向的研究。通过理论研究的示范作用和实践运行的窗口功能，重点实验室致力于有效带动边疆民族地区教育水平的整体提升，促进区域教育均衡发展及实现教育公平，为少数民族地区教育事业发展做出了应有的贡献。

作为全国首个教育类的教育部重点实验室，"摸着石头过河"的探索与实践既是前进道路上的必然选择，也是助推国家民族教育信息化事业发展应有的担当。重点实验室积极与华中师范大学、华东师范大学、中国科学院计算机网络信息中心、中国科学院信息工程研究所等高校和科研机构开展深度合作,并与云南省民族宗教事务委员会、云南民族大学、楚雄师范学院、玉溪师范学院、红河学院、曲靖师范学院等单位建立实验室联合研究基地,协同开展民族教育信息化的基础理论和实践研究,探索民族教育信息化的未来发展之路。

《民族教育信息化文丛》是重点实验室的代表成果,也是全国第一套系统论述民族教育信息化相关知识的书籍。本套丛书计划出版著作 10 余部,其中,《民族教育信息化概论》侧重于民族教育信息化基础理论和方法的研究;《民族教育信息资源数字化建设与服务》《跨境民族教育研究》《民族文化教育研究》等著作侧重于民族教育信息化方法论在民族教育资源开发、跨境民族教育,以及民族文化教育领域的实践和拓展;《少数民族儿童汉语学习研究》侧重于信息化环境下少数民族儿童汉语学习的实证研究;《信息技术与课程教学融合》《教育信息化应用软件开发实践》《"互联网 + 民族教育"创新应用探索》等著作侧重于信息技术在民族教育中的深度应用研究。本套丛书深入探索教育信息化与民族教育的融合,多视角研究民族教育信息化建设的发展战略与建设问题,并探讨系统性、跨学科的民族教育信息化协同建设和多元动态协同机制,开展民族教育信息化建设的应用研究、人才培养和综合示范等方面的研究。

由于我国民族教育信息化的研究尚处于起步阶段,本套丛书所呈现的研究成果仅为重点实验室近年来在民族教育信息化方面所做工作的理论整理和实践总结。本套丛书关于民族教育信息化基础理论、学科知识、研究方法和应用实践的阐释,可能还存在诸多不完善的地方,但"他山之石,可以攻玉",我们寄望与广大同行交流,不断深化对民族教育信息化基本理论问题的研究。另外我们也希望吸引更多的专家、学者共同参与到民族教育信息化的研究领域中,为我国民族教育事业的发展贡献重要力量。

本套丛书的出版离不开重点实验室各协同部门、联合研究基地、云南省哲学社会科学"民族教育与边疆发展"研究创新团队、云南省高校民族教育与文化数字化支撑技术工程研究中心等师生的辛勤工作;另外,本套丛书得到了国家科技支撑计划项目、国家科技惠民计划项目、国家自然科学基金项目、国家社科基金项目和国家软科学项目等的资助;科学出版社的各位同仁也为本套丛书的出版提供了大力支持,在此一并表示感谢。

伊继东

2015 年 9 月 9 日于云南昆明

序　言

这是一部探讨少数民族儿童在母语文化背景下学习汉语的特点、规律及教学建议的专著，是基于作者对少数民族儿童汉语学习的系列研究基础上凝结而成的。长期以来，以汉语作为第二语言的认知心理研究大部分聚焦于他国的汉语学习者，对于汉文化主流背景下的亚文化少数民族学习者较少关注。本书尝试从亚文化比较的视角，发现了一系列具有价值的研究结果，不仅可以为我国少数民族的汉语教育提供科学依据和具体指导，也有助于从多个角度完整地揭示作为第二语言的汉语学习的认知心理机制。

语言是文化的载体，少数民族儿童汉语学习背后反映的是不同亚文化的交流与融合过程，文化视角是理解本书的重要角度。

当前，随着信息化、网络化和全球化时代的来临，文化的发展不再是封闭的，不同文化之间的交流和交融成为文化发展的主流。而在文化交流过程中，最为关键的就是语言工具的掌握和运用。在英语流行于世界的今天，随着中国改革开放的深入发展，中国的经济、政治和文化建设取得巨大成就，使得"汉语热"近年来在国外持续升温，越来越多的外国友人热衷于学习汉语、了解中华文化。截至 2015 年 12 月 1 日，全球 134 个国家（地区）已建立了 500 所孔子学院和 1000 个孔子课堂。我国是由 56 个民族组成的国家，由于历史、地理、经济等因素，每个民族都有其独特的历史和绚丽多彩的文化特色，形成了多元一体的中华民族文化。目前，我国 55 个少数民族使用着 80 种以上的语言，语言差异使得少数民族与汉族之间的交流、少数民族之间的交流、同一少数民族中不同方言之间的交流存在着不畅通现象。在各民族使用多种语言的情况下，汉语作为国家的通用语言文字，对于促进各民族间的学习和交流具有重要作用。为了实现我国各民族的共同发展、共同繁荣，实现中华民族伟大复兴的中国梦，需要依靠 56 个民族的团结和力量，需要各民族共同努力，学习和掌握好汉语这个交流工具。

汉语学习有其独特规律，少数民族儿童汉语学习既遵循一般儿童认知发展的规律又有其特殊性，从心理视角揭示内在规律是本书的主要特色。

在世界上最古老的四大文字系统中，只有古代中国的甲骨文保留了下来，并演变为今天的汉字。汉字是形、音、义的结合体，五千年的生命力赋予了它深刻的文化内涵和厚重的历史感，也让汉字的学习具有独特的内在规律，需要进行专门的研究与探讨。汉字由象形文字演化而来，与图画认知关系密切。少数民族儿童与汉语儿童在图画认知上是否具有共性？探讨这一问题有助于了解和揭示少数民族儿童汉语学习的认知基础。本书通过图画认知的比较研究发现，少数民族儿童和汉语儿童在图画认知上不存在显著差异，说明不同民族的儿童都具有汉语学习所需的共同认知基础。在具备共同认知基础上，少数民族儿童在学习汉语字、词、句不同内容的过程中是否还存在自己的特殊性？对此，本书通过呈现一系列相关研究，从汉字认知、词汇认知、句子认知等不同加工层面，全面深入地揭示了少数民族儿童汉语学习的认知特点和内在规律。

心理学研究的重要目的是为教育服务，少数民族儿童汉语学习需要基于科学规律来开展，教育视角是贯穿本书的出发点和落脚点。

虽然每个认知发展正常的孩子都具有汉语学习的潜力，但最终学习的具体效果如何，还要受到儿童的学习动机和学习态度的影响。本书在研究少数民族儿童汉语学习认知因素的同时，进一步探讨了他们的动机、态度等非认知因素，既关注如何有效地学习汉语，也关注如何快乐地学习汉语，这些构成了对少数民族儿童汉语学习的完整理解，具有重要的教育实践价值。例如，研究发现少数民族小学生的汉语学习动机会影响其汉语学习的态度，并最终影响他们汉语学习的成就水平，这就提示教师要抓住儿童的心理特点，重视提升其学习汉语的动机和积极性。此外，汉语学习是一个复杂的过程，需要讲究科学性和规律性。本书根据各项具体研究，在主体部分各章节均为少数民族汉语教学实践提出了操作性强的具体建议，供广大少数民族中文教师参考，以帮助提高少数民族中文教师的教学水平。

纵观全书，内容层次清晰，结构体系完整，既有理论层次的思考，又有实证研究的证据支持，还有对实践的启示与建议，对少数民族儿童汉语教学实践具有重要的参考价值，非常值得广大少数民族中文教师和相关领域研究者们阅读。少数民族汉语学习是一项非常值得研究的重大课题，期待更多来自心理学、教育学、认知科学、民族学、语言学等领域的专家联合起来，协同攻关，共同努力，为我国少数民族汉语教育提供强有力的科学依据。

是为序。

林崇德

2016 年 3 月 29 日于
北京师范大学发展心理研究所

前　言

　　我国是一个统一的多民族国家，汉语是我国的通用语言。少数民族学习和使用汉语，对于普及科学文化知识、发展社会经济、促进各民族间的交流、增强中华民族的凝聚力具有重要意义。但是，由于历史、文化等方面的原因，少数民族儿童在学习汉语的过程中仍有一定困难，少数民族地区的汉语教学还存在许多亟待解决的问题。回顾以往的相关研究发现，目前涉及少数民族汉语学习的研究还比较少，跨文化认知研究的价值尚未充分体现出来。因此，从认知心理学的视角对我国少数民族汉语学习的认知特点进行深入研究，就显得尤为重要。本书在秉承已有研究的基础上，构建新的研究框架，运用跨文化研究方法，揭示了母语文化背景下少数民族儿童在汉字识别、词汇学习、句子理解和图画认知等方面的发展规律，并考察了影响少数民族儿童汉语学习的非认知因素，以期丰富和完善本领域的现有研究成果，为少数民族儿童汉语教学实践提供理论依据。

　　本书共六章。第一章介绍了少数民族儿童汉语学习研究的历史和现状，并简要介绍了本书的主要研究内容和研究结果。第二章在阐述汉字识别的相关理论和影响因素的基础上，以对傣族和纳西族儿童的研究为例，探讨了少数民族儿童汉字识别的激活机制特征和发展趋势。第三章以词汇认知的相关理论为基础，以傣族和纳西族儿童为例，对少数民族儿童的词汇表征抑制机制进行了两项实证研究，得出了少数民族儿童汉语词汇认知的特征和发展趋势。第四章以句子加工的相关理论为基础，分别以傣族儿童和藏族儿童为对象进行了两项研究，揭示了少数民族儿童在汉语句子认知过程中的语义和句法分析机制，以及汉族儿童与少数民族儿童在阅读不同类型汉语句子时命题表征互换现象的异同。第五章以图画认知为主题对傣族和藏族儿童进行研究，揭示了少数民族儿童图画认知的特点和发展规律。第六章则聚焦于学习动机和学习态度这两个非认知因素，对学习动机和学习态度的概念及其与汉语学习的关系进行了概述，编制了相应的问卷，并使用自编的问卷对少数民族儿童的学习动机和学习态度，以及二者对汉语学习的影响等问题进行了调查研究。在上述第二至六章每章的最后，均根据相应章节的相关理论和实证研究结果，对少数民族汉语教学实践提出了若干具体建议。

本书内容具有以下三个突出特点：

第一，民族性。针对目前涉及少数民族汉语学习研究较少的现状，本书以少数民族儿童为专门研究对象，对相关研究进行了系统梳理。本书中的多项研究发现，少数民族儿童在汉语学习上与汉族儿童存在多方面差异，值得相关领域研究者进一步关注。

第二，科学性。本书中的各项研究均以认知心理学、语言心理学、发展心理学等相关领域的理论为基础，研究方法严谨、数据分析合理、讨论有理有据，研究结果均具有较高的信度和效度。这些研究成果对于相关领域的理论完善具有重要促进作用。

第三，实践性。科学研究的价值最终必须体现在为社会实践服务上。少数民族汉语教学中存在的问题，是本书各项研究的出发点和落脚点。本书主体部分各章节均对少数民族汉语教学实践提出了操作性较强的具体建议，有利于提高少数民族汉语教学水平。

参加本书撰写的人员有：马谐、陶云、刘艳、屈永侠参与第一章的撰写；陶云、朱红、张臻参与第二章的撰写；刘艳、陈红、袁丽丽、刘钰参与第三章的撰写；刘艳、马谐、范兰云、冯慧聪参与第四章的撰写；刘艳、陈睿、黄夏青、翁丽娟参与第五章的撰写；刘艳、陶云、温丽娟参与第六章的撰写。

另外，需要说明的是，本书是由多位作者合作完成撰写，采用的小数点位数保留标准略有不同。为避免强行统一而带来的新问题，本书保留了研究统计时的数据原貌。

由于撰写者水平有限，本书内容难免会有不足之处，敬请专家、同行及广大读者批评指正。

陶　云

2015 年 10 月

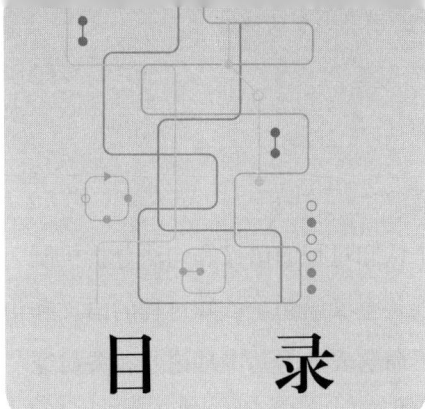

目　录

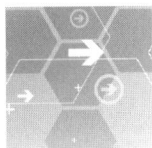

第 一 章

少数民族儿童汉语学习概述

我国是以汉族为主体的多民族国家。汉语作为我国的通用语言，在普及文化教育、发展社会经济、促进各民族间的交流及增强中华民族凝聚力等方面发挥着重要的作用。少数民族学习使用汉语，对其学习先进科学文化、提高整体素质、转变观念、走向开放至关重要。

党和政府历来重视少数民族教育的发展，并根据不同时期少数民族的发展特点，颁布了相关的法律法规，制订了多项规划方案，采取了许多特殊的政策和措施，并且取得了一定的实效。但是，由于历史、文化等方面的原因，少数民族儿童在学习汉语的过程中仍然存在一定的困难，少数民族汉语教学仍然存在许多亟待解决的问题。深入系统地了解教学对象的语言认知特点是开展有效教学的必要前提，因此，从跨文化认知心理学的视角对我国少数民族儿童汉语学习问题进行具体研究显得尤为重要。

回顾以往相关研究可以发现，目前涉及少数民族汉语认知的研究还比较片面，跨语言认知研究的价值还远远没有发挥出来。因此，本书希望在秉承已有研究的基础上，构建起新的研究框架，通过跨文化研究方法，揭示母语文化背景下少数民族儿童汉语学习的发展规律、变化趋势和影响因素，以期丰富和完善现有的少数民族汉语学习研究，并为少数民族儿童汉语教学实践提供指导依据。

本章将首先对少数民族儿童汉语学习的历史进行回顾，明确少数民族儿童汉语学习的意义；然后对少数民族儿童汉语学习的现状进行介绍，并指出少数民族儿童汉语学习与教学中存在的主要问题。鉴于少数民族儿童汉语学习研究的重要性，我们还对少数民族儿童汉语学习相关研究的现状进行总结，并简要介绍本书的主要研究内容和研究结果。最后，我们根据这些研究内容和结果，对我国少数民族儿童汉语认知研究的发展方向，和少数民族儿童的汉语教学提出意见和建议。

第一节　少数民族儿童汉语学习的历史及意义

一、少数民族分布概况及语言发展历史

众所周知，我国是一个统一的多民族国家。新中国成立后，经中央政府正式确认的民族共有 56 个。由于汉族是我国第一大族群，其他民族人口较少，所以汉族之外的民族均被称为少数民族。各少数民族的分布呈现出大杂居、小聚居、交错居住、分布广泛的特点，主要分布在内蒙古、新疆、宁夏、广西、西藏、云南、贵州、青海、四川、甘肃、辽宁、吉林、湖南、湖北、海南、台湾等省、自治区。此外，全国其他各省、自治区、直辖市都有零散分布的少数民族，绝大部分县级单位都有两个或者两个以上的民族。云南省是我国民族成分最多的省份，共 52 个民族，人口在 4000 人以上的少数民族共 25 个，包括彝族、白族、哈尼族、壮族、傣族、苗族、傈僳族、回族、拉祜族、佤族、纳西族、瑶族、基诺族、水族、蒙古族、布朗族、独龙族、满族等，少数民族人口数量约占全省总人口的 1/3（热西旦·吾布力，2009）。

少数民族的语言文字是我国语言文化的重要组成部分，其文字大都是拼音文字，在书写形式上各有不同。新中国成立以前，拥有和使用本民族文字的民族包括藏、蒙古、维吾尔、哈萨克、柯尔克孜、朝鲜、傣、彝、俄罗斯、苗、纳西、水、拉祜、景颇、锡伯等民族。这些民族使用的文字包括蒙古文、藏文、维吾尔文、朝鲜文、壮文、哈萨克文、锡伯文、傣文、乌孜别克文、柯尔克孜文、塔塔尔文、俄罗斯文、彝文、纳西文、苗文、景颇文、傈僳文、拉祜文和佤文等。新中国成立后，我国为促进少数民族文化教育事业的发展，帮助一些少数民族或改进或创制了文字，先后对傣、彝、景颇、拉祜文字行了改革，同时用拉丁字母帮助壮、布依、苗、黎、纳西、傈僳、哈尼、佤、侗等十几个民族设计了十四种文字方案，以便于书写、学习和印刷出版。除以上列举的文字以外，还有一些在历史上使用过，后来停止使用的文字，这些文字是突厥文、回鹘文、察合台文、于阗文、八思巴字、西夏文、东马图画文字、东巴象形文字、水书、满文等，共 17 种（李儒忠，2009）。

目前，我国 55 个少数民族使用着 80 种以上的语言，它们分属汉藏、阿尔泰、南亚、南岛、印欧五大语系，除回族、满族已全部使用汉语外，其他 53 个少数民族都有自己的语言。其中 24 个少数民族使用着 33 种文字，来源有古印

度字母、叙利亚字母、阿拉伯字母、拉丁字母以及独创字母等。《中国的民族政策与各民族共同繁荣发展》白皮书明确指出：我国少数民族约有 6000 万人使用本民族语言，占少数民族总人口的 60% 以上，约有 3000 万人使用本民族文字。在各少数民族中，大多数民族仅使用一种语言，少数的民族使用两种或者两种以上的语言。在一个民族使用多种语言的情况下，民族内部的交际大都使用汉语或其他能够互相沟通的语言。然而，我国是以汉族为主体的多民族国家，少数民族与汉族之间的交流、本民族之间的交流、同一少数民族中不同方言间的交流，以及少数民族在政治生活、学校教育中均要使用汉语（戴庆厦，2007）。因此，学习和使用汉语的必要性，促使国家、政府和各少数民族更加重视和加强少数民族儿童的汉语教学。

二、少数民族儿童汉语学习的意义

（一）少数民族儿童汉语学习的重要性

1. 学习汉语能够促进各民族文化的交流与发展

少数民族学习汉语，对于加强各民族间的关系和交往，增进民族间相互学习优点和特长，巩固各民族间的大团结，促进各民族的发展、繁荣起到巨大的推动作用。我国政府为了促进各族人民共同繁荣，实现小康社会、和谐社会的宏伟目标，决定从"汉语学习"教育开始抓起，提出了在中小学实施"汉语学习"这一具有战略意义的重要决策。同时少数民族人民应积极响应国家关于推进"汉语学习"的号召，与时俱进，进一步开阔视野，不断提高知识水平，尽快掌握有关现代科学技术知识，以便少数民族人民能够在更大领域和更高水准内参加各种竞争，以满足社会需求（王明芝，2013）。

2. 汉语是少数民族与世界沟通的桥梁

从社会语言学角度看，语言既是文化的有机组成部分，又是文化的载体。在经济全球化的今天，我国与世界各国的交往越来越广泛。在这样的大好形势下，党中央提出了西部大开发的战略决策，以加速民族地区发展，巩固边疆地区稳定，加强民族团结。少数民族人民一定要抓紧这一有利时机，继承中华民族传统文化，博采众长、兼容并包各种各样的文化，在熟练掌握我国通用汉语的同时，通过努力学习当今世界通用的英语等外语，来吸收国外的优秀文化，学习先进科学技术，这样就能够加速少数民族教育事业的发展和现代化的推进，不断提高少数民族的思想道德素质和科学文化素养，为我国的现代化建设提供强大的精神动力和智慧支持。因而，汉语作为少数民族与世界沟通的桥梁，其作用可见一斑。少数民族只有学习、掌握和使用汉语，才能用实际行动认真落实邓小平同志提出的"教育要面向现代化，面向世界，面向未来"的重要指示精神。

3. 少数民族人民学习汉语可以促进少数民族地区的经济发展，扩大少数民族人群的就业机会

贫困少数民族地区要改变现状、发展经济，首先就要加强与外界的文化交流与学习，改变落后观念，培养高素质的人才，然而，与外界的沟通和交流都离不开汉语学习。在我国，汉语是国家通用语言文字，无论是在政府机关、企事业单位，还是在国营企业、私营企业，甚至在中外合资企业工作，都需要使用汉语。如果少数民族群众能够熟练地掌握汉语，并成为自己所学专业的行家里手，就可以不受限制地到国内外各地的人才市场参加竞争，找到适合自己的位置，充分发挥自己的专长，实现自己的价值。

总而言之，汉语作为我国这个以汉族为主体、多民族统一国家的通用语言，在普及文化教育、提高全民族素质、发展社会经济，促进各地区、各民族间交流与沟通，以及增强中华民族凝聚力方面发挥着极其重要的作用。学习使用汉语，对少数民族吸收先进的科学文化知识，转变观念、走向开放，提高整体素质，促进民族事业发展是至关重要的。因为学习汉语不仅仅是掌握一种语言工具，同时也是将自己的民族文化与汉族文化融合，促进本民族与时俱进、繁荣昌盛的重要手段。

（二）少数民族儿童汉语学习的必要性

少数民族儿童学习汉语的必要性主要表现为以下几个方面：

1. 开放的社会需要开放的民族教育

在我国历史上，汉语早已成为各少数民族兼用的第二语言和各民族之间交流思想的工具。中华人民共和国成立之后，从根本上废除了阶级压迫和民族压迫制度，民族关系呈现出空前大团结的特点。汉语是全国各民族相互交流、共同使用的语言工具，学好汉语已成为各少数民族的共同愿望。少数民族从社会的发展中深深体会到，在我们这个以汉族为主体的多民族国家中，少数民族若想实现繁荣发展，除了学习使用本民族语言文字之外，还有必要学习和使用汉语。只有这样才能顺应时代发展的潮流促使各民族之间和睦相处、共同进步。

2. 社会发展和竞争要求实施汉语教育

现代社会是竞争激烈的社会，说到底还是人才的竞争、科技的竞争。未来社会需要复合型、高素质的人才。对少数民族来说，复合型人才是指民汉兼通，既具有扎实的专业知识和技能，又具有创新精神的人才。少数民族要加强自己在人才市场的竞争力，就必须学好汉语，以汉语为途径发展和充实自己，从根本上提高自身的综合素质。

3. 国际化社会需要汉语教育

汉语是世界上使用人数最多的语言，是联合国使用的六种工作语言之一，在国内、国际交流中占有重要地位。许多国家和地区早已掀起了学习汉语的潮流，如美国、澳大利亚、日本、加拿大、韩国等国的高等学校和中、小学已把汉语作为学校主要课程，甚至在一些国家和地区，掌握汉语已经成为人们在社会生活中获取就业优势和增加经济收入的有利条件。随着我国经济的飞速发展和国际地位的日益提高，汉语在国际交流中所起的作用越来越显著。对少数民族来说，学习汉语是非常必要的，只有掌握了汉语言文字，才能为自己今后的学习打下基础，才能真正意义上接受平等的教育，站在全新的高度，不断拓宽视野，面向全国，面向世界。

4. 实施汉语教育是维护国家统一和民族团结的需要

中国是一个统一的多民族国家，汉语是中国的通用语言，因此国家的统一、民族的团结需要汉语教育。唯有实施汉语教育才能够及早地让广大少数民族儿童直接学习、领会国家的法律法规、方针政策，使少数民族儿童更广泛的接受爱国主义和社会主义思想教育，增强其民族认同感和自豪感，从文化上增强多民族国家的凝聚力和向心力，这是维护社会稳定、加强民族团结、建设和谐社会的必由之路。

总之，少数民族成为既懂母语又能兼用汉语的汉语学习者，对民族自身的发展繁荣、不断适应社会变化来说，是一个必不可少的条件。汉语既是传统的人文学科，又是我国传统文化和民族意识的学术载体，既象征着我国的传统精神文明建设，同时也是大时代背景下人文关怀的重要体现和少数民族与外界沟通的桥梁。因此，少数民族不仅要学好自己本民族的语言，还要学好我国的通用语言——"汉语"。只有学好汉语，我们才能无障碍地跟别人交流思想，并幸福地生活在这个广袤的土地上。

第二节　少数民族儿童汉语学习的现状与问题

一、新时期我国少数民族汉语教育的基本方针与政策

党和政府历来重视少数民族教育的发展，并根据不同历史阶段少数民族的特点与需要，制订和实施了许多顺应时势的民族教育政策与措施。

20世纪中期，我国提倡对少数民族进行汉语教育，培养其民族意识。政府规定民族地区可举办民族小学、民族中学、民族师范学校、民族职业学校、民族中等专业技术学校及民族高等院校，还在1986年《中华人民共和国义务教育法》中规定"招收少数民族儿童为主的学校，可以用当地民族通用的语言教学"（陈远鸿，1997）。

进入20世纪90年代中期以来，党中央相继做出了实施科教兴国战略和西部大开发战略的重大决定，我国民族教育迎来了快速发展的新时期。但由于历史、社会、自然条件的限制，特别是经济发展水平等多种原因，现阶段我国民族教育还面临着一些特殊的困难和问题，其发展速度从总体上还落后于全国平均水平，与沿海发达地区相比差距更大，且这种差距有进一步扩大的趋势。为此，国家颁布了一系列条例和法规以促进和发展少数民族地区的汉语教学（张红梅，2004）。

1995年9月1日开始实施的《中华人民共和国教育法》明确规定了我国汉语教学的政策，积极推进少数民族儿童的汉语学习。《中华人民共和国教育法》第12条规定："汉语言文字为学校及其他教育机构的基本教学语言文字。少数民族学生为主的学校及其他教育机构，可以使用本民族或者当地民族通用的语言文字进行教学。学校及其他教育机构进行教学，应当推广使用全国通用的普通话和规范字"。

根据《中华人民共和国教育法》的上述规定，为推动少数民族儿童的汉语学习，2002年4月教育部印发了《全日制民族中小学汉语教学大纲》（试行），明确规定了民族中小学汉语教学的"教学目的""教学内容和要求""教材编写""教学中要重视的问题""教学评估""教学设备"等问题（张红梅，2004）。

2001年1月1日起开始正式在全国实施的《中华人民共和国国家通用语言文字法》第十条明确规定："学校及其他教育机构以普通话和规范汉字为基本的教育教学用语用字。"

2002年7月7日，国务院颁发了《关于深化改革加快发展民族教育的决定》，

对新时期民族教育的大政方针、目标任务、政策措施做出了明确规定，鲜明地提出了"民族教育跨越式发展"目标，为新时期我国民族教育的发展指明了方向，奠定了深厚的政策基础。该文件指出："要把教师队伍建设作为民族教育发展的重点，教育投入要保证教师队伍建设的需要"；"少数民族和西部地区教师队伍建设要把培养、培训'汉语学习'教师作为重点，建设一支合格的'汉语学习型'教师队伍"。该决定进一步强调，要尊重和保障少数民族使用本民族语言接受教育的权利，加强民族文字教材建设，编译具有当地特色的民族文字教材，要把民族文字教材建设所需要经费列入教育经费预算中，资助民族文字教材的编译、审定和出版，确保民族文字教材的足额供应，大力推进民族中小学汉语教学。

2002 年 10 月，教育部又下发了《关于在有关省区试行我国少数民族汉语水平等级考试的通知》，通知指出，"我国少数民族汉语水平等级考试"是在第二语言教学理论的指导下，结合我国少数民族学习汉语的特点，专门测试母语为非汉语少数民族汉语学习者汉语水平的国家级标准化考试。该通知对"考试对象""考试用途""考试的等级标准""考试时间"等均作出了具体规定。

2006 年，财政部、教育部印发了《少数民族教育和特殊教育中央补助专项资金管理办法》，规定少数民族教育中央补助专项资金的使用方向为："重点用于支持教育主管部门设置的中西部地区少数民族义务教育阶段中小学骨干师资'汉语学习'培训，兼顾体现民族教育特色的教学仪器设备购置等。"为少数民族汉语教育发展提供了有力的经费支持。

为贯彻落实《国家中长期教育改革和发展规划纲要（2010—2020 年）》（以下简称《纲要》），积极稳妥、科学有序地推进汉语教育，建设一支与汉语教育发展相适应的教师队伍，提高民族教育教学质量，"十二五"期间，中央财政将加大扶持力度，支持中西部省区进一步加强少数民族汉语学习的教师培训工作。

时至今日，虽然《中华人民共和国民族区域自治法》和《中华人民共和国教育法》都规定了民族汉语教育政策，国家各级政府也采取了许多政策和措施使少数民族的汉语教育事业得到了较快的发展，但是由于我国幅员辽阔，民族众多，许多少数民族分布在边远地区，受当地条件所限，很多民族学校由于没有汉语教师和缺乏相应的教材而无法开展汉语教学工作。并且在一些民族地区，由于狭隘民族主义的影响，部分少数民族地区的人们认为学习汉语没有必要，使得学龄儿童辍学率较高、文盲率较高。可见，进一步加强贯彻实施我国少数民族汉语教育的方针和政策是一项长期而艰巨的任务。

二、我国少数民族儿童汉语教学的开展现状

我国少数民族的汉语教学具有普遍性和不平衡性两个主要特点。普遍性是指不管是哪个民族，人口多的或人口少的，内地的或边疆的，都被要求进行汉语学习，即都面临既使用本族语言又要兼用汉语的任务。不平衡性是指不同民族的汉语学习状况存在差异，有的民族已基本实现全民汉语学习，如基诺族；有的民族大部分族人都进行了汉语学习，如彝族、哈尼族；有的民族只是少部分进行了汉语学习，如维吾尔族、哈萨克族。由于存在不平衡性，所以在解决我国少数民族的汉语学习问题时，必须具体问题具体分析，分别对不同民族制定不同的措施，不能一刀切。

新中国成立以后，党和政府对汉语教育有了更加全面客观的认识，汉语教育在不少自治区域有了相应的政策、法规保障。解放后头八年（1949～1957年），我国的民族语文工作出现了蓬勃发展的局面，少数民族汉语教育有了一定的发展。但自1957年起，由于受到"左"的思想干扰，不少学校被迫停止使用民族语文，搞"直接过渡"。在其后近20年的时间里，汉语教育没有得到顺利发展。粉碎"四人帮"以后，广大民族语文工作者呼吁母语教育的重要性，提出母语是民族教育最佳途径这一重要思想。不久，一个恢复民族语文进学校的热潮在全国范围内掀起，特别是在南方民族地区，汉语学习教育大面积铺开。这段时间虽然汉语教育得到了恢复，也取得了不少成绩，但由于对汉语教育的规律性和特点认识不足，汉语教育中出现的问题没能得到切实的解决。因而，许多汉语学习学校匆匆上马，又匆匆下马，汉语学习实验班数量逐渐减少（戴庆厦，关辛秋，1998）。

20世纪70年代末至80年代末，经历了近10年的探索，人们对汉语教育的必要性和适用性有了比较一致的认识，即汉语教育要从实际出发，因地制宜。随之全国各地相继出现了许多适合本地区特点的汉语教育模式。如云南德宏傣族景颇族自治州实行五种汉语教育体制——民文大纲型、民汉同步型、先汉后民型、民文突击型、民语辅助型，这些类型是依据不同的语言条件，在摸索中逐步形成的。民族散杂居住区如此，在民族居住集中、民族语文基础较好的自治地方，亦验证了这一认识的正确性。比如，内蒙古自治区有50万少数民族儿童（1996年），这些儿童民族语的基础不尽相同，内蒙古自治区从实际出发，因地制宜地设置民族学校、选择授课用语。在牧区或民族人口较集中的地区设立蒙语授课学校，而在语言条件较差、生源不足的地区设立蒙汉两种语言授课学校。在授课用语的选择上，对懂蒙语的儿童均用蒙语授课，不懂蒙语的儿童用

汉语授课加授蒙古语文。内蒙古自治区民族教育采取的这些措施充分体现了民族平等的原则和精神，不但保证了少数民族儿童迅速掌握科学文化知识，而且使少数民族语言文字事业得以繁荣和发展（戴庆厦，1998）。

进入新时期，人们的法治观念不断加强，汉语学习教育初步走上了法治化的轨道。据已掌握的资料，1979~1988 年间，青海、内蒙古、新疆、辽宁、吉林、黑龙江、广西、湖南、四川等省、自治区均就少数民族汉语学习、民族语文等教学问题，下发过省级文件或通知。比如，1988 年黑龙江省教育委员会发出了《关于调整蒙古族蒙语授课小学教学计划的通知》，四川省教育委员会、四川省民委印发了《关于彝藏中小学汉语教学工作的意见》的通知，新疆维吾尔自治区教委在 1987 年下发了《关于进一步加强民族中小学汉语教学工作的几项措施》，1982 年内蒙古自治区教育厅发出《关于在内蒙古师范学校、中小学、幼儿园推广实施蒙古语标准音教学的通知》。一些省以下的自治地方，也根据本地区具体情况制定了汉语教育的地方性文件，如云南德宏自治州对汉语教师的待遇、扫盲奖励等都做出了明确的规定（戴庆厦，1998）。

随后，汉语教育的实验与理论研究逐渐展开。教育的蓬勃发展离不开实验研究，因为实验研究可以从相对较少的实验资金投入中获得有利于教育发展的新经验，然后将它在较大范围内推广，实现政府的教育目标。教育和经济发达国家十分重视教育领域的实验研究，事实上，经济欠发达国家更急需教育领域的实验与研究。我国是一个发展中国家，需从实际情况出发，进行各种汉语教育实验，这也是推动汉语教育事业向前发展的重要一环。改革开放伊始，伴随着民族语文进学校的热潮，汉语教育的实验研究就已拉开帷幕。全国各地区、各民族，针对自身的情况、存在的问题、发展的前景，分别设计出了不同的汉语教育实验。据现有资料显示，改革开放以来，已进行和正在进行的汉语教育实验有：西藏内地办学汉语教育实验，朝鲜族幼儿朝鲜语"浸没式"实验，朝鲜族朝、汉、日、英多语实验，朝汉文混用教学实验，民族语高中转用汉语授课实验，朝鲜族小学拼音学汉语领先、注音识字、提前读写实验，吉林前郭尔罗斯蒙古族小学汉蒙汉语学习同步实验，辽宁省蒙古族小学"音标会话、由语到文、文语结合"实验，湘西苗族小学"汉语学习双文、四步转换"苗汉汉语教学实验，云南白族小学"先白后汉、白汉并重、以白带汉、白汉俱通"汉语教学实验，广西壮族小学"以壮为主、壮汉结合、以壮促汉、壮汉兼通"壮汉汉语教学实验，四川凉山昭觉县彝族小学彝汉两种教学体制并行的汉语教育实验，白族"拼音白文夹汉字"汉语学习教学实验，少数民族儿童参加 HSK（汉语水平测试）考试实验，新疆伊犁地区锡伯族学校锡伯、汉语学习教学实验，傈僳族"倒述四段式"教学法实验,朝鲜族"五课型"教学法实验,湘西苗、土家等民族儿童"童话引路"教学法实验,傣族"分合分"教学法实验等。这些实验因语言、文字的不同,人文的不同及人们对汉语教学认识的不同而出现了不同的实验类型,这正反映了我国汉语教育的复杂性与多样性。这些实验有的已由小范围实验推而广之,如少数民族的 HSK(汉语水平测试)测试目前已在北京、新疆设立了两个考点,有的实验还处在摸索阶段,也有的实验昙花一现。这些实验不管是成功还是失败,都为今后汉语教育的发展提供了有价值的经验(戴庆厦,1998)。

改革开放以后汉语教育呈现出蓬勃发展的态势。改革开放以来,我国成为世界上国民经济增长速度最快的国家,在国际政治和经济中的地位越来越高,我国同国际间的合作越来越广泛。且不论经济发达省份,就连云南这样作为扶贫对象的省份,自"八五"(第八个五年计划,1991 年至 1995 年)以来已与 60 多个国家和地区、10 多个国际组织建立了合作关系,双方合作与交流的项目、参与人员每年都以 20% 的速度增长。新形势对民族教育提出了新的要求,即应从应试教育转向素质教育,加强科技、职业教育,培养具有汉语学习、多语能力的学生,这也是素质教育的重要内容之一(戴庆厦,1998)。

三、我国少数民族儿童汉语教学类型

我国大多数的少数民族儿童首先习得的第一语言是母语(个别民族杂居地区和城市中的少数民族也有例外),然后在母语的基础上再学习汉语。由于汉语课程一般是从小学开始开设,少数民族儿童在学习汉语的过程中,不需要重新建立概念与声音的直接联系,而是通过中介(母语)来理解、掌握汉语,这在一定程度上减少了汉语学习的难度。但我们也应看到,尽管在汉语学习过程中,少数民族儿童的思想和思维能力也在发展,但二者却不是同步形成和发展的,而是思维形成在先、汉语学习在后,这一点与第一语言学习不同。

少数民族的汉语学习分为学校教育和社会实践学习两个时期。除了一些杂居地区和城市外,多数少数民族的汉语学习是从学校开始的。和自然语言学习时期不同,学校教育时期的汉语教学是被精心设计安排的,每天学什么,每堂课学什么,都是按教学计划,以课本为材料,在教师的指导下进行的。这种教学形式针对性、目的性极强,而不是需要什么、遇到什么就学什么。和第一语言学习不同,儿童的汉语知识和能力基本上是从学校教育中获得的,在课堂教育中,他们仅是一个学习者,很难直接参与汉语交际活动。此外,由于多方面的原因,学校汉语教学的效率和成功率还不高,儿童在学校教育时期学到的言语技能还不完善，也不够熟练，需要在第二个时期——社会实践学习时期中去进一步巩固、完善、提高，逐步达到或接近汉族人运用汉语的水平。在这一时期，学习者直接参与汉语交际，一边交际一边学习，既运用了学校教育中学到的知识和技能，又根据自己的生活、工作的实际需要，继续学习，直到能完全用汉语自由交际和思维。在学习条件好的地方，有时学校教育与社会实践学习是同时进行、互不可分的，学生在课堂上按教师的组织安排学习，课后在与汉族的接触或实际工作学习生活中巩固提高课堂上学到的技能，并进一步按自己的需要和遇到的内容进行学习，补充课堂教育的不足。

我国少数民族的语文教育大致可分为以下两种类型：一种是从初等教育到高等教育全部使用汉语教学，另一种是使用本族母语和汉语双语教学。属于前一教学类型的，主要有以下几种类型的民族：①无本民族文字的民族，其中有回、瑶、土家、黎、舍、高山、东乡、土、松佬、羌、布朗、撒拉、毛南、伦佬、阿昌、普米、怒、德昂、保安、裕固、独龙、基诺等民族。这些民族中，有的已全部转用汉语，如回族；有的已大部分转用汉语，如土家族、伦佬族；有的是部分转用汉语，如阿昌族、普米族、羌族。②虽有文字，但文字不通用的民族，这些民族全部或部分从初等教育起就使用汉语教学，如纳西族虽有过东巴文、哥巴文，但未能广泛推行使用，水族在历史上有过水书，但只有少数人能使用。新中国建国后新创或改革过的少数民族文字中，有些因各种原因，如方言差异、杂居等，也未能在这个民族中广泛使用过，如壮、侗、哈尼、苗等民族的新文字。③杂居地区的民族，由于不同民族共聚一个学校，没有条件按民族分班，只能使用汉语教学。大多数的民族地区都有部分地区属于这一类型，这一类型的汉语教学在教学体制、课程教材上与汉族学校大体相同。不同的是，在有条件的地区，如果民族儿童相对集中、有懂本族语文的教师，可以在小学初级阶段使用母语辅助汉语教学，并且其汉语教学大多与同类汉族学校保持相同或相近的水平。但也有一些地区由于语言障碍或其他原因，教学水平一般不及同类的汉族学校，升学率和巩固率都偏低（朱红，2012）。

属于双语教学类型汉语教育的，是有通用民族文字的民族，如蒙古、藏、维吾尔、哈萨克、朝鲜、彝、傣、傈僳、景颇等民族。根据教育学原理，有本族文字的民族先学民族语文、后学汉语有利于开发儿童智力、普及初等教育，也有利于进一步学习、使用汉语。但由于不同民族存在不同的社会、文化特点，加上民族语文的功能存在差异，因而在处理两种语言的关系上，包括课时比例、时间安排、如何连接等，存在不同的类型。即使是同一民族内部，也由于不同地区的差异存在不同的类型，如蒙古族中小学语文教育就有三种不同的类型：以蒙语为主，加授汉语；以汉语为主，加授蒙语；全部使用汉语授课（戴庆厦，2007）。

双语教学类型的汉语教育又可分为以下两类：

1）以民族语为主，兼学汉语。这一类型是指从初等教育到部分高等教育都以民族语学习为主，大部分课程都使用民族语授课，汉语仅作为一门课程进行讲授，等到民族语有了一定基础后再学习汉语。我国北方几个拥有文字历史悠久的民族大多属于这一类型，如新疆维吾尔自治区的维吾尔中小学都以学习维吾尔语为主，主要以维吾尔语授课，从小学三年级以后开始学习汉语，汉语作为一门课学习；在大专院校里，除部分学校用汉语授课外，各院校的系科大多有用维吾尔语授课的专业（戴庆厦，2007）。

2）以汉语为主，但也学民族语。我国南方一些有本族文字的民族均属这一类型，即学生从初等教育到高等教育都以学习汉语为主，但同时也学习本民族语言。云南德宏傣族景颇族自治州的傣族、景颇族、傈僳族的做法是：从一年级开始到小学毕业，民族语文课课时逐年递减，汉语课从二年级起授课，课时逐年增加；中学阶段，只在部分民族中学和民族师范中的民族班开设民族语文课，其他课程都用汉语授课；在大专院校中，除云南民族学院民族语专业的德宏傣语、西双版纳傣语、景颇语、傈僳语、拉祜语、彝语的民族语文课使用民族语授课外，其他专业均用汉语授课。

云南德宏州自1983年开始，就将载瓦文纳入小学正规的教学计划，主要用于以景颇族载瓦支系儿童为主的小学。据1992年统计，全州拟开设载瓦文教学的学校有179所，其中已开设载瓦文的学校有108所，占所有小学的60.3%，共有在校生4487人，全州景颇族载瓦支系教师308人，其中懂载瓦文的教师有239人，占77.6%。德宏州多年的实践表明，汉语教学较为理想的模式是：一年级学生学习载瓦语文课和汉语会话课，教材使用《载瓦文小学课本·语文第一册》和《汉载会话》授课；二年级到六年级使用五年制汉语教材授课，同时使用《汉景载词语对译手册》一至六册。使用的教材主要有《小学载瓦语文课本》一至六册、《小学载瓦文教学》一册和《汉载会话》二册（戴庆厦，2007）。

四、少数民族儿童汉语学习及教学中存在的主要问题

（一）少数民族儿童汉语学习的主要问题

语言交流是民族交流的基础。随着我国各民族间经济与文化交流的日渐频繁，语言交流成为民族交流的基础，汉语日渐成为民族间交流的重要工具。但

是对于少数民族儿童来说，他们的母语并非汉语，原有的语言思维与表达习惯与汉语差别较大。因此，少数民族儿童在语言学习中首先面临着思维模式的重构，这就使得少数民族儿童在汉语学习中经常感到吃力，这对他们学习汉语的积极性造成了不良影响。但随着现代化国民教育在少数民族地区的大力推行及义务教育的普及，少数民族儿童汉语学习水平较之前也有所提升，且在很大程度上促进了其他学科教育、学习质量的提升。然而，在针对少数民族地区学校的研究中发现，少数民族儿童在汉语学习的过程中依然存在着不容忽视的问题。

1. 少数民族儿童的听说读写能力发展失衡

我国的《中华人民共和国宪法》《中华人民共和国民族区域自治法》《中华人民共和国义务教育法》等都规定少数民族除了使用本民族语言外，还要学习汉语。因此，少数民族地区的汉语教学其实可以说是一种义务教育，或是一种普及教育，而非个人行为。而大部分少数民族儿童只有在学校接触到少量的汉族人口，其余时间都生活在少数民族集中的地区，儿童只是在课堂上接受汉语知识，而在日常生活中他们总是习惯于用本民族的语言表达自己的意愿，其语言环境相对较为单一，多以本民族的语言为主（乌云才茨克，2009）。

边远地区的少数民族汉语教学对象以小学儿童和初高中生为主，年龄大都在 18 周岁以下。首先，由于缺少语境，当地儿童受少数民族语言负迁移影响较大。以藏区的调查结果为例，超过 70% 的儿童家长从未在使用汉语的地区生活过，有将近 40% 的儿童在生活中使用藏语的时间超过汉语，甚至有的儿童在生活中只使用藏语。其次，由于汉语成绩在升学成绩中所占比例不高，儿童学习汉语的积极性也不高，大约 16% 的学生认为只要能听、会说汉语即可，读写并不重要。因此，造成了他们汉语的听说读写能力极为不均衡（雷莉，赵盈仪，2014）。最后，通过学校汉语课程强行灌输的汉语知识在生活中的实用性较小，得不到及时巩固，长期生活于此的儿童感受不到汉语的社会文化功能，他们的汉语水平仅仅依靠学校教育无法得到有效提高。因此，造成了绝大多数少数民族儿童的汉语读写能力并未达到标准化测试的平均水平（吐尔地布·塞拉依丁，2012）。

2. 少数民族儿童学习汉语的积极性偏低

从宏观上讲，生活在民族聚居区的少数民族个体，特别是学习与生活在农村地区的个体，他们所处的语言环境较为单一，在日常生活中惯用民族语进行交流。农村少数民族地区最显著的一个特征即自给自足，外界对其政治、经济及文化的影响微乎其微，生活于此的民族群体遵循着自己的一套生存法则并代代相传。生活环境的封闭性致使农村民族聚居群体对汉语的使用需求并不大，然而学校教育的嵌入打破了本族语言环境的单一性。学校教育以汉语为载体传播着科学文化知识，以培养学生全面发展进而推动人类社会发展为目的，这就意味着所有接受学校教育的个体都必须掌握一定程度的汉语文化知识，语言障碍成为少数民族儿童通过学校教育需要突破的第一个关卡。很多汉族小学的校规都规定"请使用普通话进行交流"，这是学校对在校师生语言使用方面进行规范。然而，少数民族儿童在学校中与同民族的同学习惯使用本民族语言进行交流，这一情况不仅出现在学校课间休息的时候，甚至在课堂学习的时间里，少数民族儿童也都在使用本民族的语言交流讨论（别坎·木哈麦提亚尔，2010）。

3. 少数民族儿童汉语学习的心理问题

一些少数民族儿童的心理问题是影响他们汉语学习的又一不利因素。其中，最为明显的心理问题是学习焦虑。所谓焦虑是指对当前或预计到对自尊心有潜在威胁的任何情境而产生的一种担忧的倾向（邵瑞珍，1997）。它是由于个体受到不能达到目标或不能克服障碍的威胁，致使自尊心与自信心受挫，或致使失败感或内疚感增加，从而形成的一种紧张情绪状态。

少数民族儿童接触汉语的时间较晚，且在平时的生活中很少用到汉语，因此，对他们来说，汉语学习就相当于汉族学龄儿童的英语课程学习。这些儿童入学前生活在母语环境中，入学后在汉语环境中学习，这样一方面可以直接接受汉语的系统教育，刺激他们学习汉语的积极性，使他们尽快实现从母语向汉语的过渡。另一方面却使他们的心理受到严峻考验，经常体验到学习的失败。老师会指出他们言语中的错误，在课堂上会因为他们朗读和回答问题时发音、表达方面的错误，而引起同学们的哄堂大笑。他们也常常因为不能用汉语把自己的想法完整地表达出来而苦恼。虽然他们在学习和生活中做了小心翼翼的尝试，但这种尝试往往以失败告终。同时他们也总是无意识地以汉族同学为镜来鞭策自己，从而加重焦虑。如果经常得到其他同学特别是教师的较低评价，这部分少数民族儿童就会缺乏成就感，从而产生自卑心理和畏惧心理。这种自卑和畏惧心理，使他们感到汉语学习太难太累。且在交际过程中，这些少数民族儿童只要听到别人的评价带有批评的意味，就会丧失练习的兴趣，认为自己的汉语水平差、发音不准确，怕受到同学的耻笑或老师的批评，丧失说话的信心，并陷入消极自我评价的恶性循环中，最终产生惰性心理，不愿多动脑筋和多加练习（廖作英，2000）。

4. 少数民族儿童汉语学习的文化障碍

我国是一个幅员辽阔的多民族国家，各民族由于发展的历史不同，所处的地域不同，往往形成各自的文化特质。儿童在成长过程中，本民族文化为他们提供了了解世界的前提，也使他们通过其宗教信仰和生活习俗，形成一定的价值取向，并培养起他们对本民族文化的深厚情感和民族自尊心。文化发展水平也会影响生活其中的儿童的认知结构内容和认知发展水平。语言是文化的载体，所以不同民族的文化形态，会深刻地反映在语言上（杨大方，2009）。

少数民族儿童进入汉语学校后，要适应汉族的语言习惯、思维方式，使用适用于汉族文化的教材。由于少数民族儿童知识背景、民族感情、生活习俗不同而感到学习内容深奥或难以接受，例如，他们不明白为什么同一个词在不同的句子中会有如此不同的意思，同一个意思为什么要用不同的词来表达。这种文化差异，使得少数民族儿童难以正确理解和运用汉语，也阻碍着他们的汉语水平的进一步提高。

5. 母语对少数民族儿童汉语学习的影响

少数民族儿童大多是在熟练掌握母语的基础上学习汉语的，对于少数民族儿童，不管教师怎样限制，他们还是会自觉不自觉地通过自己的母语去理解、记忆汉语。因此，很多儿童在学习汉语的过程中会受到母语的严重干扰，无论是汉语语音、词汇、语法，还是汉语的听力练习，都很难摆脱母语的干扰（玛力亚，2009）。当然少数民族儿童在汉语学习中也要发挥母语的积极作用，这多表现在对汉语语法的对比分析方面，通过对比分析汉语和母语的语法，有利于学习者通过母语来理解汉语的语法规则。汉语中同一语法现象在少数民族儿童中出现不同的错误，这些错误基本都是因为受到母语的影响而产生的，少数民族儿童说出的汉语往往是"少数民族式汉语"。

（二）少数民族汉语教学的主要问题

1. 教材编写和选材不合理

语言学习要注重实用。语言是交流的工具，故教学教材不宜单调、死板或脱离实际生活，因为如果这样语言不仅不能用来交流，还会严重影响儿童的学习兴趣。汉语和很多少数民族语言属于不同的语言体系，学习起来本就困难，若再脱离实际，儿童对汉语的理解会更加困难，儿童学习的自信心也会受到打击（买鲁达·艾克拉木，2009）。

2. 汉语教学师资力量薄弱

绝大部分地区的少数民族汉语教学是民族教师在开展教学。民族教师精通自己的母语，能很确切的用母语把汉语解释、讲解给儿童，帮助儿童理解。但有些民族教师本身的汉语水平有限，对汉语文化了解不够深刻，不能将原汁原味的汉语讲解给儿童，这样在少数民族汉语教学中就会存在一些语言文化方面的不足，以及发音、语法和语义上的错误（买鲁达·艾克拉木，2009）。

3. 教学结构和方式不足

现在有的学校的少数民族汉语教学不分轻重，将汉语知识全盘灌输给儿童，教学效率低，语言教学的实用性大大降低。以汉语语法为例，学校教学过分重视语法而忽视儿童对语言听、说的实践练习，造成许多儿童在学习汉语多年后，听力及交流方面仍存在大量缺陷。汉语中很多表达和现象无法用语法解释，但这些句子又一气呵成，浑然一体。其深远的意境，悠长的韵味是汉语语言的凝练，是汉语语言意象化的表现，汉语语言注重的是对汉语语意的体会，是一种只能意会不能言传的感觉（买鲁达·艾克拉木，2009）。同时，少数民族汉语教学应吸收英语教学的教训，不能让学生只做"旱鸭子"，在汉语教学中应注重师生语言的互动。采用课堂汉语为主，母语为辅，要尽量开口说，但一些老师多数都采用母语来解答儿童的问题，浪费了一个语言互动的机会。此外，教学手段及辅助工具应用不当或应用不足，也是少数民族汉语教学中存在的一个问题。比如多媒体的使用中，一定要让儿童从最新信息中了解掌握汉语的使用场合及氛围（买鲁达·艾克拉木，2009）。

第三节　少数民族儿童汉语学习研究的现状及本书的主要内容

一、少数民族儿童汉语学习研究的意义

语言是文化的载体，语言学习可以促进大脑发育和认知加工。语言研究是集生理机制、认知加工、民族文化于一体的重大学术课题。西方的当代语言认知心理学理论基本上建立在对拼音文字的研究结果之上，跨文化研究为语言认知心理研究提供了一种新的研究思路。汉语是非拼音文字体系的代表，它属于汉藏语系，是中华各民族跨文化交际中运用最广的语言，而书面汉语材料更是少数民族学习和交流现代文化知识的最主要渠道。我国政府确立了"民汉兼通"的少数民族汉语教育方针，目的是促进多元文化的融合和社会的团结与稳定，特别是使少数民族儿童在融入汉文化社会的同时，也能在一定程度上保持本民

族的文化和传统。但是，汉语学习能力的培养不仅需要政策和体制的保障，更需要科学地探索因民族而异的教育模式和教学方法。汉语教学的难点和特殊性很大程度源于第二语言的学习需要借助于母语为中介而发生，民族母语思维会直接或间接地作用于第二语言的学习认知过程，使汉语学习者表现出与单语儿童不一致的学习特点和发展规律。可见，深入系统地了解教学对象的语言认知特点是展开有效教学的必要前提。

第二语言的习得过程和结果受诸多因素的影响，除年龄、经济等因素外，母语的作用一直是该研究领域的一个焦点问题。母语的影响主要来自母语与第二语言的差异和文化方面的差异。根据教育心理学原理，学习迁移是一种学习过程中，习得的经验对其他学习的影响，即一种学习对另一种学习的影响。学习迁移现象广泛存在于学习过程之中，有正迁移和负迁移之分。正迁移（积极迁移）有助于另一种学习的理解和掌握。一种学习对另一种学习产生消极影响，导致错误和困难发生，就是负迁移（消极迁移）。第二语言与母语的差别越大，母语对第二语言学习的"干扰"就越大，该母语使用者学习这种第二语言就越困难。例如，英语和汉语属于两种不同的语系，存在着很大的差异，有些学生在学习英语时，始终摆脱不了汉语的干扰。母语对第二语言的"干扰"主要包括语音、词汇和语法等方面的"干扰"。例如，维吾尔族学生在学习汉语时，其母语的干扰在语音、词汇、语法诸方面都有所反映（张静，1992）。李遐（2006）的研究发现，新疆维吾尔族学生在学习汉语介词的过程中会出现很多偏误，认为造成这一现象的内部原因是，学生不恰当的类比推理、不正确的归纳演绎推理、母语规则的不自觉迁移及其他一些学习策略使用不当等思维活动，导致话语编制中产生偏误。另外，教材和教学、学习环境等因素是造成介词使用偏误的外部诱因，它通过学生的思维活动这一内因起作用。段海凤（2012）研究了藏语安多方言词重音对汉语普通话声调习得的影响，结果发现，母语重音模式对中介语声调模式存在一定影响，表现为中介语声调中体现出交叉模式的特征。

除母语本身的特点以外，文化方面的差异也会影响第二语言学习。语言具有丰富的文化内涵，不同文化背景的人们进行跨语言交际时，如果文化或心理的差异违反说话规则，影响交流与沟通，有时就会产生"文化碰撞"。因此，文化对语言学习和交际会产生重大影响（李纯，2008）。张志杰（2008）通过调查和个人访谈，用数据分析的方法研究了不同国家60名汉语学习者的学习策略特点及他们之间的异同。研究结果显示，文化思维模式对汉语学习策略有很大影响：首先，汉字圈的学生（比如日本、韩国和泰国）比非汉字圈学生（比如英国、美国、沙特阿拉伯和墨西哥）更多使用母语迁移策略，更多地注重阅读与书写能力的运用；其次，非汉字圈学生比汉字圈学生更多地使用通过图画和音律记忆汉语词汇的策略和复习策略；再次，除沙特阿拉伯和墨西哥外，其他几个国家学生的元认知策略运用都不错；最后，非汉字圈学生比汉字圈学生在情感上更加外向。李爽（2014）以西双版纳贝叶小学为例进行研究，结果表明社会因素对傣族学生的汉语学习具有重大影响，具体表现在以下几个方面：第一，在自给自足的生产生活方式下形成了封闭单一的语言环境，影响着傣族学生的汉语学习动机；第二，教学活动中教学目标定位偏颇、教材内容选择不当、师资短缺及教学评价机制单一等对学校汉语教学有重要影响；第三，多元文化场域内不同价值主体对汉语实用性的认知差异、个体对汉语身份的被动认同及无法避免的由文化差异造成的傣汉双语之间的语言结构差异影响着学生的汉语学习效果。

虽然母语特点、文化等多方面因素会对汉语学习造成影响，但是，目前以汉语为第二语言的汉语学习认知的研究对象还主要集中于两类人群，即汉语单语者和他国的汉语学习者。作为汉文化主流背景下的亚文化少数民族，一直是较少被关注的群体，这个群体在我国历史进程的承载下，逐步建构起了既区别又联系于上述两个群体的独特母语文化背景。传统认知心理学把少数民族语言界定为本民族的语言和与之相关的区别于其他民族的思维体系，而认知神经科学已把这种区别延伸到大脑结构和功能的差异上来。对不同母语文化背景群体的少数民族汉语认知特点进行研究，必将带给心理语言学领域新的维度，成为非常丰富而宝贵的研究资源。

目前国内已有研究涉及的相关内容比较片面和单调，少数民族汉语学习心理这一研究主题的价值还远远没有被发掘出来。因此，本书希望在已有研究的基础上，构建系统性和创新性的研究框架，以期通过语言心理分析其文化内涵，通过文化揭示语言心理，从而完善现有研究。

鉴于此，本书的实践意义就在于从认知心理学的角度，揭示母语文化背景下少数民族儿童认知书面汉语的加工规律和影响因素，弥补当前少数民族汉语加工研究的不足。我们一方面提出定位准确、切实可行的少数民族汉语教学指导意见；另一方面还将探索少数民族儿童增强汉语学习动机、培养学习兴趣的方法，使认知和非认知因素相辅相成，更好地促进汉语教学的发展。此外，本书的研究成果对提高少数民族汉语学习效率及传承民族文化精髓、培养民族认同、促进文化融合都具有积极意义。

二、少数民族儿童汉语学习研究的现状

汉语教育是我国民族教育的重要组成部分，改革开放以后，在已有的基础上经过十几年的探索，今天我国的少数民族汉语教育已进入到一个蓬勃发展的新阶段。认清我国少数民族汉语教育的现状及发展趋势，对于做好今后的汉语教育是十分必要的。

改革开放以后，汉语教育的理论研究与专项研究呈蓬勃发展之势。这当中有个人研究的专著，如周耀文的《中国少数民族语文使用研究》（1996 年）一书汇集了该作者数十年来对我国少数民族汉语问题的思索。其中更多的是国家级、省级专项课题研究，如中央民族大学戴庆厦等人的八五全国教育科学规划项目"少数民族地区汉语教育研究"；西南民族学院余惠邦等人的国家社科基金项目"四川民族地区'汉语制'问题研究"；新疆大学木哈白提·哈斯木等人的国家社科基金资助项目"新疆维吾尔中小学汉语教学研究"；云南省教委、民语委、云南民院联合课题组的"云南少数民族汉语教学研究"。进入九五，国家级汉语教育专项研究课题，在数量上多于八五期间，研究范围上更偏重微观。如九五全国教育科学规划中，新疆师范大学廖泽余承担的"新疆多民族多语地区汉语教学类型研究"；西北民族学院数学系曹纯承担的"藏汉汉语数学教育研究"；内蒙古自治区赤峰市承担的"蒙古族汉语教学不同类型教学效果的比较与研究"；西北师范大学李定仁承担的"我国少数民族汉语教学的理论基础与实践效果研究"；中央民族大学关辛秋承担的国家社科基金资助课题"跨境民族（景颇族、朝鲜族）民汉汉语教学双比研究"等。这一系列研究项目都从不同角度涉猎了中国少数民族汉语教育理论与实践的研究。学科理论的建立与加强，是学科蓬勃发展并走向成熟的标志之一。汉语教育研究被列为国家级、省级研究课题，这种研究上的政府行为，无疑加强了汉语教育研究的力度，也是我国汉语教育研究蓬勃发展的标志之一（戴庆厦，1998）。

我国的少数民族汉语教育将在今后得到持续发展，人们对民、汉双语重要性的认识与过去相比将更加深刻，在一些民族教育发展较快的地区，民、汉双语并重的语言观念将逐渐成为主流。随着国民经济的持续稳定发展，特别是改革开放新时期经济的较大幅度增长，汉语在整个社会生活中不断显示其重要作用，这些都为汉语教育的持续发展提供了必要条件。江泽民同志在党的十五大上指出："发展教育和科学，是文化建设的基础工程。培养同现代化要求相适应的数以亿计高素质的劳动者和数以千万计的专门人才，发挥我国巨大人力资源的优势，关系二十一世纪社会主义事业的全局"。为实现这一大目标，

汉语教育在民族教育中的地位将越来越突出，汉语成为少数民族接受科技教育的媒介，成为民族振兴的必备因素，汉语将服务于民族的未来（戴庆厦，1998）。

在思想认识上，我们更深刻地认识到我国的少数民族汉语教育是一项系统工程，在具体实施中要更加重视汉语教育的系统工程建设。汉语教育涉及多学科的研究领域，它不仅与教育学、语言学相关，还与民族学、社会学、经济发展密切相关。所以我们认为，汉语教育是一个系统工程，而不单纯是语言文字工作。大致说来，它包括两大子系统，一个是教学系统，一个是决策系统。教学子系统包括教学法、测试、教学目标、课时、学制、教材等与教学密切相关的要素。决策系统包括历史（如传统习惯、语言教育历史）、民族（如民族关系、民族宗教）、教育（国家总的教育体制，汉语教育自身规律）、民族文化、社会需求（就业、升学）等诸多因素。两大子系统相对独立又互相影响，决策子系统同时受到全国教育决策系统的制约。通过多学科结合，视汉语教育为一个复杂的系统工程，从相互联系中分析、看待问题，应成为今后研究的立足点（戴庆厦，1998）。

与少数民族汉语教育密切相关的汉语研究向纵深发展。汉语学将作为一个独立的学科得到较快发展，成为人文科学中的一门引人注目的新学科。中央民族大学建立了"汉语学研究中心"，标志着汉语学研究在我国已引起人们的重视。汉语教育中出现的新问题，为语言学、民族学研究提出了许多新课题。对单一语言的研究，我国已积累了丰硕的成果。但是对少数民族语与汉语的对比研究，以及对不同类型的少数民族语言与汉语的比较研究，是今后要加大力度的研究领域。这些对比研究无疑将推动我们的汉语研究更具深度与广度，也将使汉语教学更加有效、更有针对性。汉语教育中的新问题，有助于我们从汉语教育这个系统中认识汉语的特点。不同国家、不同民族的汉语现象，都有相同和相异的特点，在对比不同国家和民族的汉语特点中，可以摸索和认识到汉语发展的规律。

我国汉语教育的研究历史告诉我们，研究落后于形势的发展、超前和同步的研究较少、靠经验主义办事是难以科学地解决问题的。因而，今后面临的任务是用科学的态度指导汉语教育及其研究，加大科研力度，从实践中总结经验，努力揭示中国少数民族汉语教育的特点和规律，不断研究解决新问题。

三、本书的主要研究内容及研究结果

（一）少数民族儿童汉字认知研究

汉字完整的信息是由形、音、义复合传递的，三者缺一不可。在汉字识别过程中，字义的通达、形－音－义加工的时间进程等问题是汉字识别领域中备受关注的焦点。对这些问题的研究，不仅可以解释汉字信息加工的机制，还可以为语言信息加工的普遍性与特殊性问题提供证据。鉴于此，本部分从认知心理学的角度，对少数民族儿童的汉字认知进行了以下两项研究：

1）通过语义任务、语音任务和字形任务，全面考察了三年级、四年级和五年级德宏傣族儿童在汉字识别过程中的形、音、义激活特点。研究结果表明，德宏傣族儿童高频汉字识别中都表现出字形优先激活的特点，但三年级儿童的字形启动效应发生的时间滞后于四年级和五年级儿童；三年级傣族儿童在识别高频汉字时，字音的激活早于语义的激活；四年级和五年级傣族儿童则表现出字音和字义的同时激活。

2）采用 Stroop 实验范式及其变式，对小学三年级、四年级和六年级纳西族儿童汉字识别的形、音、义激活进程进行研究。研究结果表明，纳西族儿童汉字识别中形、音、义激活的起始点和结束点有一定的先后顺序，但它们在时间维度上有相当多的重合；存在语音自动激活；三年级和六年级儿童的反应时都比四年级的反应时短，但三年级的高成绩却是以高错误率为代价的。

（二）少数民族儿童汉语词汇认知研究

"词"是最小的能够独立运用的语言单位，是表情达意的起点，也是人们语言习得、认知的起点。汉语词汇属于表意文字的词素音节文字，大多数是由单音节的语素组成的，单独使用时是词，不单独使用时就是构词成分。我们针对少数民族儿童的词汇表征抑制机制进行了如下两项研究：

1）通过三个实验，论证不同傣－汉双语熟练程度小儿童的语码切换代价，以及语码切换不对称性的发生原因，即双语小儿童分别在傣、汉语言任务下抑制控制能力的差异。结果发现：熟练与非熟练傣－汉双语小学语码切换代价呈现不对称性，汉语发展水平高于傣语；傣－汉双语小儿童的抑制控制，在汉语条件下主要发生在反应抑制阶段，在傣语条件下则主要发生在注意控制阶段；相较于非熟练双语者，傣－汉熟练双语者具有抑制控制优势。

2）以掌握纳西语和汉语的小儿童为被试，通过分析不同熟练程度及任务水平的切换特点，深入考察双语者的词汇选择机制及影响因素。结果发现：对于纳西语基本熟练、汉语相对熟练的不平衡双语者而言，其用纳西语和汉语命名图片时，存在切换代价的不对称性，切换至相对熟练语言（汉语）的代价显著大于切换至基本熟练语言（纳西语）；在基本水平的实验任务中，用纳西语和汉语命名图片时，存在切换代价的不对称性，采用了非特定语言选择机制；在范畴水平的实验任务中，用纳西语和汉语命名图片时，不存在切换代价的不对称性，采用了特定语言选择机制；实验的任务水平是影响词汇选择机制的主要因素，语言熟练程度并不影响双语者词汇的选择机制。

（三）少数民族儿童句子认知研究

句子是表达完整思想的、具有一定语法特征的、最基本的言语单位，是阅读心理学的重要研究领域。句子理解是语言整体理解的基本形式与核心内容，对句子的理解是儿童语言发展的重要方面。儿童在理解句子的过程中会采取什么样的策略，什么因素对儿童理解句子的过程起决定作用，句法和语义在理解句子过程中的作用是否相同，一直是心理学家普遍关心和讨论的问题。本部分从认知心理学的角度，进行了以下两项关于句子认知的研究：

1）通过对傣族儿童在汉语句子理解过程中的句法和语义加工进行研究，探讨傣族儿童理解句子过程中的心理特点，了解句法和语义在傣族儿童理解汉语句子时发挥的作用，以及句法和语义加工的相互关系。结果发现：傣族儿童在理解汉语句子过程中同时使用了句法信息和语义信息；傣族儿童理解汉语句子过程中主要依赖句法信息；所有实验中句法与语义均未出现交互作用，说明句法与语义加工是两个独立过程，支持句法的模块化理论。

2）从藏语句子语序与汉语句子语序存在差异切入，采用句子-图画验证技术，通过七个子实验系统，探讨藏族儿童阅读藏语句子和汉族儿童阅读汉语句子时，空间关系简单句的命题表征句子项目，主、被动简单句命题表征项目，偏正复句的命题表征句子项目中形成的命题表征项目互换效应现象。结果表明：①藏族儿童在表达项目顺序为"物→人"的藏语句子时发生了命题表征项目互换，在阅读汉语句子时对项目顺序为"人→物"的句子发生了命题表征项目互换。汉族儿童在阅读项目表达顺序为"物→人"的汉语句子时命题表征项目发生互换。藏族与汉族儿童在阅读表达顺序为"具体物体→抽象图形"时命题表征项目发生互换。②受到命题表征的稳定性影响，藏族与汉族儿童在藏语及汉语主、被动句子阅读中均表现出"施事者→受事者"的命题表征项目顺序，因此当被动句项目表达顺序为"受事者→施事者"时，将发生命题表征中项目互换效应。③小学儿童对转折复句和因果复句阅读后形成的心理表征项目顺序还没有形成一定的稳定性，并且以"结果"为中心，如非倒装转折复句的表达顺序为"虽然→但是"，阅读后形成的心理命题表征项目顺序为"但是→虽然"。儿童对条件复句的理解发展较早的，已经基本形成命题表征的稳定性，而且具有稳定的方向性，即"如果→那么"。

（四）少数民族儿童图画认知研究

图画和文字一样，都是语言的表现形式，蕴含着深刻的意义，并传递着信息。图画以其特有的形式，存在于我们的生活、工作、学习中，并扮演着越来越重要的角色。特别是对于儿童而言，图画阅读是他们认识世界的窗口、发展语言表达能力和思维发展的重要途径。本部分从心理学的角度探讨早期教育发展中的图画认知，阐述图画认知的相关理论，介绍儿童图画认知的相关研究，并以跨文化比较为切入点，力图揭示儿童图画认知能力的发展特点和规律，特别是少数民族儿童图画认知的发展特点。本部分主要包括以下两个研究：

1）通过对傣－汉学前儿童观看不同类型图片（呈现类型图画、程序类型图画、蕴含类型图画）并进行讲述的分析，研究傣－汉学前儿童在不同图画认知能力上的特征及差异，以及傣－汉学前儿童总的图画认知能力发展特点和其影响因素。结果发现：根据年龄阶段的不同，傣－汉学前儿童的图画认知能力处于不同的发展阶段，有着不同的认知特点，而且学前儿童图画认知能力的发展表现出连续性；傣－汉学前儿童的图画认知过程受图画本身特点的影响，也就是说，学前儿童对不同类型图画的认知水平存在差异；傣－汉学前儿童图画认知能力的差异表现为地区间差异而非民族间差异。

2）通过三个实验对汉族和藏族儿童的图画认知特征进行初步探索，分别采用图画匹配、图画辨识、模糊图的方法，考察汉－藏儿童图画表征的认知发展状况、对图画作者意图的认知发展状况及对同一幅图画的多元解释。结果发现：①汉－藏学前儿童的图画认知发展既表现出连续增长性，又存在重要的年龄阶段。其中，4～5岁是儿童图画表征认知发展的关键期；4岁是学前儿童从不能理解意图到能逐渐理解意图的一个重要转折时期；从4岁开始，儿童已经能够意识到不同欣赏者对同一图画作者意图的认识可能不同。②在不同地域文化背景下，汉－藏儿童图画表征的认知差异表现为地区间差异而非民族间差异。藏族儿童的认知发展既遵循一般的儿童认知发展规律，又有自己的发展特殊性。③汉－藏学前儿童图画认知的性别差异均不明显。

（五）少数民族儿童汉语学习的动机和态度研究

少数民族儿童的汉语学习，不仅受到本书前面章节所讨论的认知因素的影响，还受到学习动机、学习态度等非认知因素的影响。非认知因素和认知因素相辅相成，共同作用于少数民族儿童的汉语学习活动。学习动机是儿童学习的原动力，是儿童长期学习的心理支撑。学习动机的类型和强度都会影响儿童的学习行为。而学习态度是学习者对学习活动以一定方式作出反应时所持的评价性的、较稳定的内部心理倾向。良好的学习态度会极大地促进少数民族儿童的汉语学习。鉴于学习动机和学习态度对少数民族儿童汉语学习的重要性，本部分进行了以下研究：

1）编制了《少数民族小学生汉语学习动机问卷》和《少数民族小学生汉语学习态度问卷》。经过初测、再测以及相应的统计分析，结果表明这两份问卷均具有良好的信度和效度，可以作为进一步研究少数民族学生汉语学习动机、学习态度的测量工具。

2）运用《少数民族小学生汉语学习动机问卷》和《少数民族小学生汉语学习态度问卷》，探讨了少数民族小学生汉语学习动机和学习态度的性别差异、年级差异，学习动机和学习态度与汉语学习成绩的关系，以及学习动机与学习态度之间的关系。研究结果表明：少数民族小学生汉语学习动机和学习态度存在显著的性别、年级差异，且除摄入调节型动机和整合调节型动机以外，女生在动机和态度的其他各因子上的得分都高于男生；少数民族小学生的汉语学习动机和学习态度对语文成绩具有显著的影响；少数民族小学生的汉语学习动机对汉语学习态度具有显著的影响。

第四节　少数民族儿童汉语教学的发展方向和改善措施

众所周知，作为我国的通用语，汉语在社会交际和信息传播中的作用是不可替代的。汉语是我少数民族中小学的主课程之一，少数民族儿童虽然同时也学习本民族语，用本民族语进行交流，但是无论从语言使用范围、语音所传播的信息量，还是从与现代社会的适应性方面，少数民族语言都难以和汉语相提并论。

一、少数民族儿童汉语教学的发展方向

（一）科学地认识少数民族儿童汉语学习的重要性

首先，由于少数民族的汉语认知是个复杂的研究课题，加上国内外对其研究起步较晚，我们对少数民族汉语加工的认识还很有限。此外，很多地区和民族并没有意识到汉语学习的重要性，甚至在对母语与汉语的学习观念上存在冲突。我国的少数民族多处在非主流区域大环境之下、被汉文化环绕，针对少数民族的汉语教学，主要是民族语文与汉语文的教学，如何处理好这两种语文的关系是加强少数民族汉语教学的关键。民族语言和汉语均是人类发展进步的产物，是人类文化的结晶，但各自又发挥着不同的作用。民族语文是少数民族的语言和文字，是日常交际的工具，是在一定范围内仍发挥作用的重要交际工具。汉语言文字不仅是世界上使用人口最多的语言文字之一。也是联合国工作语言之一。教授汉语的同时，不忘巩固民族语言应是汉语教育的基本原则。

其次，社会发展的需要、民族发展的需要，以及我国的语言政策、民族政策和少数民族学习汉语的优良传统，使得汉语学习在少数民族中已成为一种群体行为、社会行为。一方面，少数民族儿童有学习汉语的愿望；但是另一方面，绝大多数生活在边远农牧区的儿童自幼在生活环境中习得母语、使用母语，上学后才开始学习汉语。一部分儿童由于生活、语言环境及教学条件等原因，离开汉语课堂后几乎没有使用汉语，致使汉语基础薄弱，学习程度参差不齐。仅从我国高校民族学生的整体汉语水平来看，并不令人乐观，一些高校中的少数民族学生由于汉语基础薄弱，专业学习、继续深造受到不良影响的现象并不罕见。教师在我国少数民族汉语教学事业的发展中发挥了积极作用，但是，长期以来，有些教师对少数民族儿童的汉语教学基本上还是沿用教授汉族儿童学习汉语的传统教学模式，未能从儿童学习第二语言的实际出发进行教学，普遍存在教学观念陈旧滞后，教学方式简单化、程式化等问题。因此，改变这些落后的观念，对少数民族汉语教学顺利进行具有重要意义。

（二）重视少数民族汉语教学与母语教学的差异性及三语教学中的问题

首先，我国的通用语言是普通话，普通话是公务用语，国家将普通话作为民族共同语列为一项基本国策。普通话比方言更能创造社会和经济效益，推广普通话可以促进各民族、各地区经济文化交流。因此，普通话是少数民族进一步发展自己、适应现代需要必须掌握的语言，学习普通话是少数民族的"福

利",二者不是对立的。

其次,要提高第二语言的习得水平,必须对母语和第二语言的共性和个性有深入的认识,这就要求语言学家必须进行深入、系统、详细的语言比较研究。在我国,汉语和少数民族语言的比较研究刚刚起步,前人对有关民族汉语加工的研究还较少,所以我们应当组织力量,有效地开展语言比较研究,为提高语言教学水平提供依据。

再次,外语学习在少数民族语文教育中的重要性越来越凸显,并出现了所谓的"三语"新概念、新问题。"三语",就是少数民族除了学习母语和汉语外,还要学习外语,这就加重了少数民族儿童语言学习的负担。如何处理这三者的关系,是必须探索的一个新问题。所以,解决少数民族的汉语教育,还要考虑"三语"的关系(努尔斯曼姑·玉素音,2011)。

(三)重视少数民族汉语教学的理论研究

新中国建立后的半个多世纪,我国的少数民族汉语教学已取得了巨大的成绩,但还不能适应少数民族地区社会快速发展的步伐。汉语学习研究的进展,对理论语言学、应用语言学、民族学等学科的发展都会起到一定的推动作用。

近几十年来,国内外语言研究成果层出不穷,许多新的理论和研究方法代替了传统的理论和研究方法,语言研究变得更科学、更合理、更贴近语言实际,并且许多语言研究成果对提高语言教学质量起到了非常重要的作用。我国对外汉语教学的研究就取得了可喜成绩,对外汉语教学的成功经验启示我们,应该在改革和完善教学体系、加强理论研究、切实抓好师资建设上下大功夫。吕必松(1986)在论及对外汉语教学学科建设时指出:"要改革和完善教学体系以提高教学质量,就必须加强理论研究以提高学术水平;要改革和完善教学体系以提高教学质量,要加强理论研究以提高学术水平,就必须加强教师队伍建设以提高教师素质。"这一观点对少数民族汉语教学也富有指导意义。少数民族汉语教学需要开拓视野,学习、借鉴对外汉语教学、少数民族语言教学、外语教学等其他学科的研究思路与方法,不断提升学科整体水平(康亮芳,2011)。

(四)政府应继续加大对少数民族地区汉语教学的扶持

政府应该在资金、师资上对少数民族汉语教育给予帮助,加大投入。在少数民族教师队伍建设上要把培养、培训本民族汉语教师作为重点,配备熟知本民族语言文字的工作人员到教育行政管理部门及教学研究部门从事这项工作,按照少数民族教育的内在规律要求分类指导，促进少数民族汉语教学的发展。政府有关部门应设立并划拨专项经费，制订出科学的语言规划和语言文化政策，为少数民族汉语教学提供政策上的保障和财力方面的支持。笔者建议借鉴国家针对内蒙古自治区及其他少数民族在保护民族语言文化教育方面的措施，如采用"三免一补"政策，从中央、省、县财政方面在资金上重点扶持民族语言教育，实行少数民族语言15年免费教育，减免少数民族儿童的学费、书本费、住宿费，在生活费、交通费、学习用品费方面予以补助，进而激励民族地区少数民族儿童的学习热情，从根本上解决孩子上民族学校的后顾之忧，并采取少数民族集中办学的方式，扶持少数民族语言授课。针对少数民族汉语教学的两种模式，采用统一教材、统一教学计划，从课程设置、教学内容、教学组织形式、管理方式、考试制度等方面深化汉语教学改革；尊重教育教学规律，保证汉语教学的连续性和稳定性，促进少数民族地区汉语教育的健康发展。实践证明，根据我国少数民族大杂居小聚居特点，结合当地实际情况，因地制宜，依照少数民族群众的语言环境，采取"以少数民族语文授课为主加授汉语文"或"以汉语文授课为主加授少数民族语文"的授课形式，是尊重教育教学规律、保证汉语教学的连续性和稳定性、促进少数民族地区汉语教育健康发展的教学方式（努尔斯曼姑·玉素音，2011）。

二、改善少数民族语言教学的主要措施

（一）提高师资力量水平

若要提高师资水平，一方面要提高民族教师的汉语水平，主要通过对在职教师的汉语水平进行再培训，以提高教师的汉语水平。开展汉语文化活动，可以让民族教师更多地了解汉语文化的背景、底蕴，了解汉语文化的意境，增强民族教师的软实力。教育部门对教授汉语语言教师的资格进行严格把关，选用优秀老师。另一方面，实施汉语教师援助少数民族汉语教学的策略，让汉语教师作为"外教"给民族儿童授课，注重提高民族儿童的汉语发音及汉语用语的语境选择。此外，少数民族汉语教师在教授知识的过程中还要注意表达方式，要注重口头语、书面语和身体语言的结合，这就要求教师们"民汉"兼通，讲解内容时要用简洁、条理清晰的书面语言，而在具体事例如描绘物，启发诱导时要用生动、自然的口语表达，以增强感染力（姑里巴哈尔·玉斯音，2013）。

（二）改善教学方式

汉语语言博大精深，语法结构复杂多变，字形相近、相似者甚多，教与学都存在一定困难，所以教与学都要抓重点、而不是全部灌输。①对于音节一定要一次性通过，即教师第一次教授时就要求儿童准确发音，一旦第一次发音不准，以后就很难纠正。这是因为学习具有惯性式"原始记忆"，即一旦形成惯性就难以改变。②对于语法，不宜讲过多、过繁，讲得太多反而会扰乱儿童对语法的记忆，以前掌握的都可能变得模糊不清。语法教授不在于多，而在于精，把日常生活中及写作中常用语法知识讲通即可，也就是语法知识的讲授一定要精要好懂，让儿童学后有实际用处。③对于字形相近者采用区别法，即找出不同点，通过比较字形的不同来加以记忆。

教学结构的考核也是需要改革的一个重点。"教考分离"的考核制度对教师及儿童的考核力度都有加强，充分激发师生教与学的积极性，使得考核结果能够切实反映教师的教学水平。此外，要结合考核成绩，对教学考核成绩好教师给予奖励，对考核结果不好或对儿童缺乏责任的教师要施以处罚，这样有奖有罚才能促进教师间的竞争，使教师们更积极有效地投身到少数民族汉语教学事业中去（买鲁达·艾克拉木，2009）。

（三）使用新颖的教学方式

首先，在教材选材合理的基础上，教师应适当应用多媒体教学，将最现实、最实用的汉语生活语言带到课堂，提高儿童语言运用的能力。由于汉语语言方式灵活，同时又具有很强的语言环境性，不同场合、环境都可能造成语意的变化，所以我们建议让儿童在多媒体信息中如身临其境般的体验汉语的应用。另外，充分利用语言学习资源，不少学校是汉民同校、同宿，所以同学之间可以很方便地交流，以促进少数民族同学汉语水平的提高。因此在少数民族汉语教学中可以尽可能地采用民汉同宿、同习的方式，促进民、汉儿童的语言交流，以实践来提高少数民族同学的汉语水平。

其次，我国少数民族的汉语教学，长期以来普遍使用传统语言教学法，即翻译法、直接法、对比法，不同民族在使用中又根据本族具体情况有不同的创新。翻译法强调理解，重视培养阅读和理解的能力。教学过程运用母语翻译，以对译为教学手段。如云南省施甸县摆榔民族小学自年起实行彝汉汉语学习翻译教学，取得了显著的效果。其做法是在学前班进行彝汉翻译训练，初步掌握日常生活的常用语在一、二年级，教师坚持用彝语翻译字、词、句，并训练儿童不断提高彝汉翻译能力。直接法是直接用第二语言授课，用母语翻译。在我国一些地区，如果一个班级由多个民族的儿童组成，或入学儿童已掌握一些汉语，此时使用直接法教学较好。这种教学法，强调模仿和实践，通过反复练习理解词义和语法规则。如延边朝鲜族自治州的一些学校，过去一直坚持用汉语上汉语课，并在课外坚持实行汉语日常化。他们认为语言能力的培养主要靠模仿，而小学一、二年级儿童模仿力强，记忆力好，是学习语言的最好时机，因而应让儿童在这一阶段多接触汉语。对比法是在自觉对比母语和第二语言异同的基础上开展第二语言教学，依靠母语知识和技能去获得第二语言。在教学原则上，强调理论对语言实践的指导作用，坚持在理解的基础上模仿。在教学手段上，主要采用语言对比和语言翻译，用母语进行语言知识的讲解和对比语言异同。这种教学法对成年第二语言教学效果较好。

再次，教师在课程教学上，要组织研究、制定科学的教学方法和课程设置，注意因材施教。这就要求教师在理论上熟练地掌握、在实践中灵活地运用这种教学方法。汉语文作为基础工具学科，是素质教育的重要组成部分，最应该体现因材施教的教学特点。少数民族儿童个体之间的汉语言能力都存在着差异，因此，针对少数民族儿童的汉语文课教学，既要面向全体儿童，也要尊重每个儿童的个体特点，尤其是要注意培养少数民族儿童的汉语语感，让儿童在汉语言视－听条件下不假思索地从感知语言文字而立刻理解语言文字所表示的意义，使每个儿童的潜能都得到发挥。同时，在教学过程中，还可以适当运用比较法进行教学。比较法就是将汉语文课程教学中的有关内容放在汉语言与少数民族语言文化大背景下进行对应的类比分析和对比分析，指出教学内容的相同点和不同点，加深少数民族儿童对汉语文相关内容的理解。这种教学方法，无论是在教学兼重还是以教为主或者是以学为主的教学体系中，都可以灵活运用，从而达到传递知识信息、优化教学效果、提高教学效率的目的。因此，积极探索可行的教学方法并付诸实践是针对少数民族儿童汉语文教学行之有效的方法。

因此，如何根据不同民族的实际，创造适合其语言特点和文化特点的教学法，是我国实施汉语教育的一项重要任务，今后的路子将任重而道远。

（四）培养儿童的自学能力

教师在教学过程中，还要注重教授给儿童学习方法及学习习惯，让儿童掌握汉语语言学习的规律，培养儿童的自学能力。

知识性、学习化社会的到来，对学习者的要求也随之提高，不仅要求他们掌握大量的知识信息，还要求他们掌握一定的学习技能，以便利用这些技能自主学习，为适应这个"终身学习型社会"打下基础。而培养儿童自学能力的重点就是培养其阅读习惯及写作习惯，通过大量的阅读，让儿童掌握阅读方法及技巧，在惯性阅读中让儿童逐渐摸清汉语语言的规律，这些都是少数民族汉语教学中不可或缺的内容（买鲁达·艾克拉木，2009）。

此外，还要大力倡导儿童多样化的学习方式，让汉语语言的学习由课内知识向课外知识延伸，给儿童留下更多的自学空间，使得他们的想象力及创造力得到最大程度的发挥。

上述所讲几个方面的措施追根究底都与汉文化密不可分，所以具体措施的实施也离不开教师对汉文化的熟悉掌握。

1. 要活跃课堂气氛，让儿童有兴趣学下去

这首先需要老师熟悉了解汉文化。在汉语里，不同的语序往往代表不同的结构、意义。如"人好"（主谓短语）"好人"（偏正短语）。在实际语言运用中人们往往根据表情达意的需要来安排语序，如"怕辣不"这三个词有以下三种语序："不怕辣""辣不怕""怕不辣"。巧换语序又表达了各自不同的意义，真可谓变换语序，妙趣横生，课堂气氛也就随之而来了。

2. 传授儿童汉文化知识，让他们深刻理解语言的内涵

教师要向儿童传授汉民族的文化传统、风俗习惯，比如，著名散文学家朱自清在其散文《背影》中之所以把父子之情表现得淋漓尽致，是因为借用了扬州特定的"买橘"这一习惯。扬州人把"走运"也说成"走局"，由于"局"与"橘"谐音，所以给朋友送行时，送橘也就是希望别人走运。朱自清的父亲失业赋闲，在老母病逝的惨淡境遇中，把所有希望都寄托在儿子身上，临别买橘，除了关心儿子路上口渴之外，还有更重要的就是希望儿子走运。如果我们不了解"买橘"这一特定文化习俗，那么我们对朱自清的父亲给儿子买橘这件事只能理解到表层。可见，在汉语的运用中，汉文化始终在起作用。

3. 创造语境，给儿童创造一个实践的平台

在汉语教学中，一是要创设语言环境，二是注重实用性和实践性。在创造语言环境时，也要注意这两方面的结合。如给儿童安排任务，结合购物、问询、采访、调查等日常话题进行对话，让他们尽可能多的去交流、去表达。例如，"某某不是吃干饭的"如按字面上意思理解与真正内涵并不一致，而放到其具体语境中儿童们就很容易理解。

以上各个方面都与教师素质及对汉语文化背景的认识有密切关系。学习语

言的基础的是学习文化背景，尤其是汉语这样一门历史悠久的文化，其底蕴内涵之深，其概括力、语言弹性、包容性之大更增加了其学习上的难度，因此，对教师教学水平的要求也比较高，在少数民族汉语教学中，教师必须有一套扎实系统的汉语理论知识，同时汉语语言的实践性也必须通过结合多种教学手段表现出来，这是汉语语言抽象性、概括性的特点所决定的，这样少数民族汉语教学才会取得最佳效果。同时需要注意的是，上述各条建议主要是从汉语教学的一般层面出发提出的，而实际的汉语教学活动相对复杂，在教学的各个环节可能遇到各种不同的问题，需要更具体可行的指导性建议。因此，本书后面各章将分别结合汉字、词汇、句子、图画、学习动机和学习态度等多个方面的研究提出更有针对性的教学建议。

总而言之，少数民族汉语教学的发展，需要国家、社会、学校的智慧付出和努力。国家要改革和完善教育体制并加大对少数民族汉语教学的支持力度，社会要为少数民族儿童汉语学习营造良好的学习氛围，学校要完善课程体系、培养师资力量、改进教学方法。只有这样，才能全面提高我国少数民族汉语教学质量和少数民族整体受教育水平，切实推动少数民族地区经济文化等各项事业持续健康发展，不断促进各民族平等团结、发展进步和共同繁荣，让中华民族伟大复兴的梦想最终成为现实！

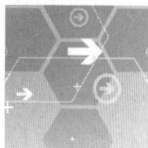

第二章

少数民族儿童的汉字识别

汉字完整的信息是由形、音、义复合传递的，三者缺一不可。例如，"雨"的读音为"yǔ"，意思是"从云层中降落到地面的水"。只有全部理解了这些，我们才能说理解了"雨"这个汉字的全部静态信息。因此，汉字识别过程是指从汉字的视觉刺激开始，由一系列的信息加工而获得汉字的特征整合的认知历程。在汉字识别中，形、音、义加工的时间进程、字义的通达等问题是汉字识别领域中备受关注的焦点。对这些问题的研究，不仅可以解释汉字信息加工的机制，还可以为语言间信息加工的普遍性与特殊性问题提供证据。

目前汉字识别研究的对象主要集中于两类人群，即汉语单语者和他国学习汉语的双语者，而作为汉文化主流背景下的亚文化少数民族，一直是较少被关注的群体。这个群体在历史进程中逐步建构起了既区别又联系于上述两个群体的独特母语文化背景。对不同母语文化背景群体的汉字识别特点进行研究，必将给心理语言学领域带来更多新的发现，成为宝贵的研究资源。鉴于此，本章将从认知心理学角度出发，介绍汉字识别的激活机制理论，阐述汉字形、音、义的激活进程特点及少数民族学生汉字识别的影响因素等，并以傣族、纳西族的研究为例，探讨少数民族儿童汉字识别的激活机制特征及发展趋势；最后，以对德宏傣族的汉语教学模式的实证研究为例，揭示当前云南少数民族地区双语教学的现状及所面临的难题，同时提出一些定位准确、切实可行的少数民族地区汉字识别教学的应对策略，在一定程度上强化当前少数民族汉字教学研究的薄弱环节，使少数民族汉语教学更有针对性，促进云南少数民族地区汉语的普及与推广。

第一节 少数民族儿童汉字识别的认知研究概述

一、汉字识别的激活机制理论

（一）汉字的整字和亚词汇单位－部件（包括义符和声符）关系的理论

在汉字中，形声字占了绝大多数，大部分形声字都由义符和声符来表征整字的语义和语音。在大多数情况下，义符只具有表形功能和表义功能，并无表音功能。另外，汉字是方块字，具有平面型的结构，其亚词汇单元的位置相对于拼音文字简单、串行的前后关系更为复杂。目前，关于汉字的整字和亚词汇单位－部件（包括义符和声符）的关系主要有两种观点。

1. 平行加工说

该理论认为，在加工合体汉字时，形旁和声旁被分离出来，激活所对应的语义表征和语音表征。字形分解和部件加工与整字的语音、语义激活平行地进行。部件水平的加工和整词水平的加工并无本质差异，都是利用视觉刺激输入激活心理词典中的语音信息和语义信息。整字和部件的激活存在相互竞争又相互融合的关系（周晓林等，2000；Zhou et al., 1999）。

2. 层次加工说

该理论认为整字加工与部件加工处于不同地位，两者之间可能相互竞争，也可能相互促进。加工既可能先从整字开始，也可能先从部件开始。在这方面，目前存在三种研究取向的争论：①格式塔心理学取向。该取向强调字形结构的整体性，认为汉字认知在本质上是整体加工，整字是汉字识别的基本单元。整体加工先于部分加工。字频效应（高定国等，1995）、字优效应（喻柏林等，1990a，1990b）、语境对汉字认知的影响（谭力海等，1989）、结构对称效应（陈传锋等，1999）为这一看法提供了证据。②特征分析取向。该取向重视特征分析在汉字识别中的作用，认为汉字认知存在自下而上的、由部分到整体的加工，部分在汉字识别中具有重要作用，部分加工先于整体加工。支持这种观点的证据主要有部件数效应（张武田等，1992；彭聃龄等，1997b）、部件频率效应和部件位置频率效应（韩布新，1998）、汉字的错觉结合（Saito et al., 1998；Lai et al., 1988）等。③相互作用的取向。研究发现，影响部件加工的因素还包括部件位置（Taft et al.，1997；韩布新，1998）、部件性质（Ding et al.，2004）、整字频率（陈新葵等，2008）、加工任务（Balota et al.，1984）和年龄（刘燕妮等，2002）。因此，在汉字认知中，存在着整体加工和部分加工的相互作用。Seidenberg 认为，阅读者提取汉字的语音有两种加工方式：高频时以整字识别为主，低频时以特征分析为主。喻柏林（1998）认为，在汉字认知中存在整体 - 部件混合认知的方式，不仅部件影响整字加工，整字也影响部件加工。韩布新（1998）认为，在汉字识别中什么时候采用整体加工，什么时候采用局部加工，取决于整体频率和局部频率之间的关系。沈模卫认为，在人脑中存在对应于合体字的特征、部件和字三个结构层次的觉察器网络。相邻两个水平之间存在自下而上和自上而下的双向联系，在同一水平的觉察器之间也存在相互联系（沈模卫等，1997）。杨晖发现，在汉字加工早期，汉字的语音得到了显著激活，激活发生在整字和声旁两个水平、高频和低频的两种汉字中；整字与声旁的语音激活存在交互作用，该交互作用受整字与声旁的相对频率影响。整字和声旁的语音激活遵循着"整字优先"和"高频优先"的原则（杨晖等，2000）。

因为汉字是由形、音、义三个基本属性构成的，所以关于字形、字音如何通达字义的争论也存在分歧，其中最有代表性的三个理论是直通假设、语音中介假设和双通道假设。直通理论认为，在从字形通达意义的过程中不存在语音的作用。语音中介理论认为由字形到字义的通达需要以语音作为中介。双通道理论则认为，以上两条通路均可通达意义，究竟哪条通路起作用主要由各通路的加工速度来决定。（理论介绍详见本书第三章阐述。）从这几个理论中我们可以看出的是，无论哪种理论都是在试图说明阅读者是如何从字形获得意义的，他们所争论的焦点在于从书面语获得意义的过程中语音的作用问题。有的研究者认为语音激活是自动的、必需的，而有的学者并不这样认为。因此，目前形成了三种有代表性的关于汉字形、音、义激活先后顺序的观点。

（二）汉字形、音、义激活先后顺序的观点

汉字词识别中形、音、义激活的时间进程与词义通达的理论密切相关。不同的词义通达理论预言了形、音、义激活的不同时间进程，而对激活的时间进程的研究又为语义通达的理论提供相关证据。综合前人的研究发现，对于汉字形、音、义激活的时间进程的一致观点是，字形激活在先，字音和字义激活在后，分歧点在于字音和字义激活的先后问题。代表性的观点有以下三种。

1. 字形激活在先，字音、字义同时激活

彭聃龄等（1985）用同一性判断作业对汉字形、音、义的激活进程进行了研究。发现在汉字识别中，反应时虽然在总体上表现为字形、字音和字义逐渐增长，但字音和字义间的差异不显著，这表明字音、字义可能是同时激活的。Perfetti（1991）在采用掩蔽启动范式的研究中发现，当启动字呈现时间为50ms时，形似字、音同字、义近字均产生了启动效应，说明字形激活在先，字音和字义可能同时激活。陈宝国等人在不同SOA（Stimulus Onset Asynchrony，指从启动刺激呈现起到目标刺激呈现之间的时间）条件下，分别采用基于字形、字音和字义的启动范畴判断任务，考察了低频汉字识别中形、音、义激活的时间进程（陈宝国，2003，2005），结果发现，低频汉字形、音、义激活的时间进程表现为字形激活在先，字音与字义的激活同时进行。

2. 字形激活在先，字音的激活早于字义的激活

Tan（1995）用后掩蔽范式发现，当低频目标字与掩蔽字的呈现时间分别为50ms和30ms时，只有形似字的掩蔽作用，但当目标字与掩蔽字的呈现时间分别为60ms和40ms时，形似字和音同字产生了掩蔽效应，义近字的掩蔽作用仍然没有出现，实验结果表明，在低频字的识别中，汉字语音的激活先于语义的激活。Perfetti et al.（1998）用启动范式的命名任务研究了高频汉字形、音、义激活的进程。研究结果表明，当SOA=43ms时，只出现了形似字的启动效应；当SOA=57ms时，音同字的启动效应出现；直到SOA为85ms时才出现义近字的启动效应。因此，他们认为语音优先激活，高频汉字形、音、义激活的时间进程是：字形→字音→字义。

3. 字形激活在先，字义的激活早于字音的激活

周晓林等（1998）以启动命名技术，考察了三年级和六年级儿童的语音和语义启动，发现语义激活早于或者至少不迟于语音激活。Zhou et al.（2000）采用词汇判断任务探讨了汉字识别中音、义激活的时间进程，结果发现，当SOA为57ms时，只出现了语义启动效应，当把SOA延长到为200ms时，语音启动效应才出现，他们的结论是语义早于语音激活。Chen et al.（2001）运用与Perfetti et al.（1998）相同的实验程序和实验材料进行研究，结果发现，当SOA为43ms、57ms和85ms时，都出现了语义启动效应，但语音的启动效应只出现在了SOA为57ms的实验中。这表明语义激活可能早于语音激活。陈宝国等人探讨了当SOA为43ms、57ms、85ms和200ms四种条件下，高频汉字识别中形、音、义激活的时间进程，结果表明，高频汉字形、音、义激活的先后顺序为字

形→字义→字音，并且不同的实验任务对高频汉字形、音、义激活的顺序没有影响（陈宝国等，2001，2005）。

另外，Spinks et al.（2000）采用 Stroop 范式继续考察了这一问题。他们发现，当字体的颜色名称和目标字的语音相异（如说出用红颜色写出的"黄"）时，反应时明显更长；当字体的颜色名称和目标字的语音相同（如说出用红颜色写的"洪"）时，反应时明显更短。作者认为，汉字的语音会自动激活并在语义通达中起作用。郭桃梅等（2004）采用 Stroop 范式进行的研究也得到类似结果。

二、影响少数民族汉字识别的因素

（一）汉字熟悉度因素

在现有研究中，字形的优先激活基本不存在争议，而关于字音和字义的关系，却难以达成一致。研究者认为，很多因素都可能导致被试产生不同的激活特点，如汉字的熟悉程度。陈宝国等人分别采用高频和低频字作为实验材料，研究发现被试在高频字情况下，更容易实现形 - 义之间的直接通达，字音激活晚于字义激活；而在以低频字作为实验材料时，字音与字义的激活往往难以实现分离（陈宝国等，2001，2003，2005）。其次，实验的任务类型也是造成被试产生不同激活特点的重要因素。如，在启动命名作业中，被试必须利用目标字的语音代码进行反应，这可能使得字音激活早于字义激活。在基于字义的范畴判断作业中，要求被试更多地关注字义方面的信息，这可能会使字义激活早于语音激活。虽然现有研究还存在诸多分歧，但能够看出的是，从形到义的直接联系，已经成为汉字激活过程中的一个重要通路，与拼音文字激活过程中更多利用字音到字义通达的特点形成了对比（Zhang et al.，2009）。

（二）实验范式因素

目前关于汉字识别过程中形音义激活进程研究的实验范式主要有：启动实验范式（陈宝国等，2005；Perfetti et al.，1998；张武田等，1992；周晓林等，1998）、掩蔽启动实验范式（Perfetti et al.，1991）、Stroop 实验范式（郭桃梅等，2004；陈曦等，2004；张积家等，2007）及图画 - 词汇干扰实验范式（张清芳等，2004）。在启动实验范式中，首先呈现启动刺激，而后呈现探测刺激，要求被试对探测目标词做出命名反应或按键反应，启动刺激和探测刺激一般存在字形相似、读音相同、意思相近或形音义无联系等关系。在Stroop 实验范式中，给被试呈现颜色词，颜色词本身也有颜色，这种颜色词称之为色词，要求被试对色词的书写颜色进行命名。图画–词汇干扰实验范式是在呈现目标图画之前、同时或之后不同的时间内，呈现一个与图片名称相关的词语，被试的任务是忽略出现的词语，尽可能准确而迅速地说出图画的名字。Stroop 实验范式和图画–词汇干扰实验范式主要是要求被试对目标字进行命名反应，如果用这两种范式研究语音在词义通道中的作用，会导致被试必须激活语音编码才能完成实验任务，不能保证被试是在通达词义的基础上作出的反应，因此得出的结果不一定能真实地揭示词义通达的过程。语音在汉字识别过程中发挥着重要作用。在少数民族儿童汉字识别过程中，语音是否会自动激活？这种激活是出现在字义通达之前还是字义通达之后？不同实验范式之间的差异会对汉字语音激活过程产生影响。

（三）母语背景因素

近年来，研究者开始关注以汉语作为第二语言的人群在汉字认知过程中的特点，其基本假设为，母语认知加工的经验会对第二语言的认知产生迁移影响（Sunderman，2006），尤其是当母语与第二语言分属于不同的语言体系时（如：表意文字与表音文字），其母语经验在第二语言的学习中的作用将会表现得更加突出。如 Koda（1998）的研究表明，在对汉字的识别过程中，拼音文字背景的学生需要直接分析语音信息，而表意文字背景的学生不需要直接分析语音信息。Gairns（1992）研究发现，表意文字背景的学习者（母语为日语或汉语）对语音线索的依赖程度要远远小于拼音文字背景的学习者（母语为阿拉伯语）。江新（2003）采用写出汉字拼音和意思的纸笔测验方法，探讨了不同母语背景的留学生汉字识别中音和义的关系。结果发现，拼音文字背景的印尼和美国留学生记忆汉字意义依赖汉字读音，而表意文字背景的日韩留学生记忆汉字的意义可能不依赖汉字的读音。张金桥（2010）采用基于语义和基于语音的启动范畴判断作业，考察了具有中级汉语水平的韩国和印尼留学生，在高频汉字识别中形音义信息激活的相对时间进程。结果表明，表意文字背景的韩国留学生在高频汉字识别中信息激活的时序是形–义–音，拼音文字背景的印尼留学生在高频汉字识别中信息激活的时序是形–音–义，研究者认为母语为拼音文字时，被试更倾向于使用借助于语音向语义通达的机制。但到目前为止，直接探讨非汉语背景人群在汉字识别中形、音、义激活进程的研究还较少，且研究并没有考察一些影响因素在其中的作用。

（四）生活环境因素

生活环境对少数民族学生的汉字识别产生影响。傅金芝（1997）对西双版纳、普洱两地少数民族学生的汉语水平进行调查后发现，生活环境对少数民族学生的汉字识别存在很大影响。靠近公路沿线、有较好的语言交流条件、经济条件的少数民族学生汉语水平较高；而山区或其他与外界交流机会极少的少数民族学生汉语水平较低。此外，该研究还发现，少数民族学生汉语能力较低的布朗山乡聚居着布朗、爱尼、拉祜等少数民族，少数民族学生们自小能熟练掌握几个民族的语言，但唯独不懂汉语。这说明汉语能力的低下，并不是由民族差异所导致，而是受生活环境等因素的影响而产生的。

（五）教学策略因素

少数民族汉语教学提倡双语教学。双语是指汉语和少数民族双语言，即在汉语文教学过程中，借助少数民族语言辅助教学。双语教学分为两种策略：第一种以汉语为主，少数民族语言辅助教学，例如上课老师使用汉语教学，当学生难以理解汉语时采用民族语言对其进行解释；第二种以汉语为教学目标，以少数民族语言进行教学，例如上课老师用民族语言授课，讲解"红、黄、蓝"等字义。一般情况下，对于有汉语基础的少数民族学生采用第一种策略，而对于汉语基础较差的少数民族学生采用第二种策略。但如果教学策略选择有误，将会极大地影响少数民族学生的汉字识别能力。

第二节　傣族儿童汉字识别的激活机制特征及发展趋势

一、引言

傣族是中国历史悠久、人口较多的一个民族，主要分布在云南省的西部和南部边疆。傣族的母语为傣语，傣语属于汉藏语系壮侗语族壮傣语支的西南语群。傣语与汉语相比，最大的特点在于它属于表音文字体系。母语为傣语的傣族人群，在识别汉字过程中，是否会受到傣语思维的影响，而表现出与母语为汉语的被试不一致的特征？语音是否在傣族被试识别汉字的过程中表现出更重要的作用？此外，本研究选用的被试为3～5年级的傣族小学生，笔者试图从发展的角度，来考察随着汉语学习经验的丰富，形、音、义时间进程上可能发生的变化。为平衡各种范式存在的缺陷（陈宝国等，2005），本研究将分别采用语义判断任务、语音判断任务及字形判断任务进行考查（陈宝国等，2001，2003，2005），以全面地了解傣族儿童汉字语义的通达情况，并进一步探讨年龄对傣族儿童汉字识别的影响等问题。

二、实验方法

（一）被试

从德宏州傣族小学比较多的芒市和盈江县随机抽取三至五年级傣族小学生共计 504 名，每个年级 168 名。被试的视力正常或矫正正常，以傣语为母语，汉语为第二语言，自愿参加，每个被试要完成三种不同的实验任务但只接受一种 SOA 的实验处理，实验结束后会得到小礼物。

（二）实验设计

本研究中，每个被试都要完成三种实验任务，即语义任务（要求被试判断目标字是否是表示动物名称的字）、语音任务（要求被试判断目标字是否是读音为 "ji" 的字）和字形任务（要求被试判断目标字是否是独体字），每种实验任务下的实验设计都是 4（启动类型）×3（年级）×4（SOA）混合实验设计。其中，实验任务（语义任务、语音任务、字形任务）、启动类型（形似启动、音同启动、义近启动、无关启动）为被试内变量，年级（三年级、四年级、五年级）、SOA（57 毫秒、85 毫秒、145 毫秒、200 毫秒）为被试间变量，因变量是反应时和正确率。需要控制的变量有汉字的频率、笔画数和部件数。

（三）实验材料

本研究中，每个被试要完成三种不同的实验任务，分别为语义任务、语音任务和字形任务，每种实验任务的材料分为实验项目和填充项目两种，三种实验任务的实验项目类型相同且来源也相同，填充项目因任务要求不同而有所不同。实验项目分为四种类型，它们分别是形似字对、音同字对、义近字对、无关字对详见表 2-1。每种字对各 30 对，分别用于语义任务、语音任务和字形任务，每种任务各 10 对。各字对中，第一个字为启动字，第二个字为目标字。启动字与目标字的选择标准是：书面使用频率均为高频（大于 30 次/百万），两字都不是表示动物名称的字，两字都是不含 "ji" 发音的字（这种选择与实验任务有关），两字都是合体字（这种选择与实验任务有关）。所有用于实验的汉字均来自人教版小学语文一、二年级课本的生字表，详见表 2-2。形似字对是指两个字至少有一个相同的部件的字对，这些字对读音不同，意义无联系。在正式实验前让 10 名高年级小学生对包括 50 对形似字对的字表，进行了字形相似性的 7 点主观评定。字形非常相似的评定为 7，非常不相似的评定为 1。选择字形相似度评价较高的 30 对形似字对作为实验材料。评定结果是，形似启动字组启动字与目标字字形相似性的平均评定级别为 5.75，标准差为 0.63。音同字对是指声母、韵母及音调相同的字对，这些字对的字形不相似，字义无联系。义近字对是指两字只具有语义联系但无联想联系的字对。它们的字形不相似，读音不相同。为保证这些字对无联想联系，在正式实验前，把包括 50 个启动字的字表分发给 10 名高年级小学生，把包括 50 个目标字的字表分发给另外 10 名高年级小学生。让他们在看到字后，把首先想到的字写出来。另外再找 10 名高年级小学生，

表 2-1　三个实验任务在四种启动条件下，目标字的匹配情况表

实验任务	启动类型	频率（次/百万）		笔画数		部件数	
		M	SD	M	SD	M	SD
语义任务	形似启动目标字	394.98	395.59	8.00	1.56	2.40	0.52
	音同启动目标字	1028.76	1386.86	8.90	2.51	2.40	0.52
	义近启动目标字	673.24	639.46	8.30	2.41	2.20	0.42
	无关启动目标字	564.45	513.00	7.50	1.65	2.6	0.97
语音任务	形似启动目标字	789.82	1203.43	9.10	2.65	2.50	0.71
	音同启动目标字	452.74	450.00	8.80	2.20	2.40	0.70
	义近启动目标字	394.67	302.39	8.10	1.66	2.70	0.82
	无关启动目标字	481.91	719.81	9.20	2.20	2.30	0.67
字形任务	形似启动目标字	977.82	897.33	8.70	3.02	2.40	0.52
	音同启动目标字	705.73	790.70	8.10	1.52	2.30	0.48
	义近启动目标字	733.85	1065.50	8.90	3.90	2.70	0.82
	无关启动目标字	754.50	664.84	9.30	2.45	2.30	0.48

表 2-2　三种实验任务的实验材料举例

实验任务	形似启动	音同启动	义近启动	无关启动	填充项目
语义任务	爱-受	代-带	迟-晚	把-当	安-羊
语音任务	思-恩	丽-利	取-拿	景-伙	芒-记
字形任务	夏-复	架-价	寒-冰	设-达	店-雨

对 50 对义近字对的语义联系强度进行 7 点量表的主观评定，7 表示两字字义非常接近，1 表示两字字义非常不同。选择其中的语义联系度高而无联想联系的 30 对义近字对作为实验材料。这 30 对字对的平均评定等级为 5.38（$SD=0.59$）。

由于每个被试要完成三种不同的实验任务，而这三种实验任务的实验项目又由不同的字对构成，为了能在每种任务中横向比较汉字识别的形音义激活时间进程，在分配实验材料时，匹配每种实验任务在四种启动条件下启动字与目标字的频率、笔画数、部件数。频率根据《汉字信息字典》进行计算。经统计检验表明，语义、语音和字形任务中的形似启动目标字在频率、笔画数和部件数上均没有出现显著的差异（$F_{频率}=1.102$，$p_{频率}=0.347>p=0.05$；$F_{笔画}=0.501$，$p_{笔画}=0.611>p=0.05$；$F_{部件}=0.097$，$p_{部件}=0.908>p=0.05$）。三种实验任务中的音同启动目标字、义近启动目标字和无关启动目标字在频率、笔画数和部件数上也都没有出现显著的差异。语义任务的填充项目中，第一个字是不表示动物名称的字，第二个字是表示动物名称的字，共有 30 对。语音任务的填充项目中，第一个字的读音不是"ji"，第二个字的读音是"ji"，填充项目共有 30 对。之所以选择字的读音是"ji"，是因为，在人教版小学一、二年级的生字表中读音是"ji"的常用音同字较多。这样可以更好的匹配实验项目与填充项目的比率。字形任务中填充项目中，第一个字为合体字，第二个字为独体字，例如"抬-再"，这样的字对共有 30 对。独体字与合体字的区分以《汉字信息字典》为标准。填充项目中这些字都是较常用的字，这些字的频率和笔画数与四种启动条件下目标字的频率和笔画数匹配。

（四）实验程序

本研究中，被试要完成三种不同的实验任务，为消除顺序效应，在采用 E-Prime 程序编程时进行了随机化处理，使得每个被试在实验过程中完成每种任务的先后顺序不完全一致，并且同一种任务中每对材料出现的顺序也不一致。另外，每种实验任务正式开始实施前，被试都会有一定的练习，而且会给予被试作答正确与否的反馈。每种任务完成后，每个被试都要休息一会儿才进入下一个小实验，以避免因被试疲劳作业而影响实验结果。

实验程序采用 E-Prime 程序，在计算机屏幕中央首先呈现"+"号注视点 300 毫秒，然后呈现启动字，启动字的呈现时间分别为 57 毫秒、85 毫秒、145 毫秒、200 毫秒。启动字呈现后，紧接着呈现目标字，要求被试仔细、认真地看第一个字，然后根据要求对第二个字进行"是"或"否"的判断。在语义任务中，要求被试判断目标字是否是表示动物名称的字，如果是按"是"键（F 键），如果不是按"否"键（J键）。在语音任务中，要求被试判断目标字的读音是否为"ji"，即要求被试不管目标字的音调如何，只要字的读音为"ji"即按"是"键（F键），字的读音不为"ji"则按"否"键（J键）。字形任务中，要求被试判断目标字是否是独体字，如果是即按"是"键（F键），如果不是按"否"键（J键）。若3000毫秒内被试尚不反应，目标字自动消失，并按错误记录这一反应。正式实验前，被试有足够的练习时间。

三、实验的结果与分析

（一）语义任务中，不同年级傣族儿童汉字识别中形、音、义激活的时间进程

本研究对语义任务中，傣族儿童汉字识别中形、音、义激活的时间进程进行了分析，结果见表2-3所示。

表2-3　语义任务中四种SOA条件下三至五年级傣族儿童判断目标字的反应时

单位：ms

年级	启动类型	57msSOA		85msSOA		145msSOA		200msSOA	
		反应时	启动量	反应时	启动量	反应时	启动量	反应时	启动量
三年级	形似启动	826.71	8.72	845.95	63.58***	812.50	60.68**	826.61	54.31**
	音同启动	832.89	2.54	889.84	19.69	831.82	41.36*	834.87	46.04*
	义近启动	833.70	1.74	902.84	6.69	849.74	23.44	840.21	40.71*
	无关启动	835.43	—	909.53	—	873.18	—	886.04	—
四年级	形似启动	761.89	33.49*	769.97	40.02**	755.60	46.96**	741.08	63.72***
	音同启动	793.48	1.90	804.60	5.39	770.56	32.00*	769.20	35.60*
	义近启动	794.58	0.81	799.07	10.92	766.53	36.02**	763.55	41.24*
	无关启动	795.39	—	809.99	—	802.56	—	804.80	—
五年级	形似启动	735.28	54.28**	758.37	42.78**	728.30	57.62**	733.40	62.96***
	音同启动	762.56	27.00	790.30	10.86	758.12	27.81*	761.33	35.04*
	义近启动	773.56	16.00	798.96	2.20	749.56	36.37***	745.46	50.91**
	无关启动	789.56	—	801.15	—	785.93	—	796.36	—

注：启动量为无关启动的反应时与形似启动、音同启动或义近启动的反应时之差；标有＊的地方表明出现了启动效应，下同。*$p<0.05$；**$p<0.01$；***$p<0.001$。

对于三年级的傣族儿童而言，当 SOA 为 57ms 时，启动类型不显著（$p=0.946>p=0.05$），说明此时形似字、音同字和义近字对目标字的识别没有影响；当 SOA 为 85ms 时，启动类型显著（$p=0.001<p=0.01$），进一步的 LSD（Least-Significant Difference，最小显著性差异法）检验表明，与无关启动相比，形似启动效应显著，$p=0.000<p=0.001$，音同启动效应不显著（$p=0.165>p=0.05$）；义近启动效应不显著（$p=0.649>p=0.05$），说明此时形似字促进了目标字的识别；当 SOA 为 145ms 时，启动类型显著，$p=0.001<p=0.01$，进一步的 LSD 检验表明，与无关启动相比，形似启动效应显著（$p=0.000<p=0.001$）；音同启动效应显著，$p=0.033<p=0.05$；义近启动效应不显著（$p=0.084>p=0.05$），说明此时形似字、音同字促进了目标字的识别；当 SOA 为 200ms 时，启动类型显著（$p=0.045<p=0.05$），进一步的 LSD 检验表明，与无关启动相比，形似启动效应、音同启动效应和义近启动效应都显著，且 p 值分别为 0.004、0.035 和 0.031，均达到了 $p<0.05$ 的显著水平，说明此时形似字、音同字和义近字促进了目标字的识别。研究结果表明，在语义任务中，三年级傣族儿童在高频汉字识别中形、音、义激活的先后顺序为字形激活在先，字音激活其次，字义激活最后才出现。

对于四年级的傣族儿童而言，当 SOA 为 57 ms 时，启动类型显著，$p=0.022<p=0.05$。进一步的 LSD 检验表明，与无关启动相比，形似启动效应显著，$p=0.013<p=0.05$；音同启动效应不显著，$p=0.895>p=0.05$，义近启动效应不显著，$p=0.955>p=0.05$，说明此时形似字促进了目标字的识别；当 SOA 为 85ms 时，启动类型显著，$p=0.030<p=0.05$，进一步的 LSD 检验表明，与无关启动相比，形似启动效应显著，$p=0.006<p=0.01$，音同启动效应不显著，$p=0.585>p=0.05$，义近启动效应不显著，$p=0.480>p=0.05$，说明此时仍然只是形似字促进了目标字的识别；当 SOA 为 145ms 时，启动类型显著，$p=0.011<p=0.05$，进一步的 LSD 检验表明，与无关启动相比，形似启动效应、音同启动效应和义近启动效应都很显著，p 值分别为 0.003、0.034 和 0.003，均达到了 $p<0.05$ 的显著水平，说明此时形似字、音同字和义近字促进了目标字的识别；当 SOA 为 200ms 时，启动类型显著，$p=0.001<p=0.01$，进一步的 LSD 检验表明，与无关启动相比，形似启动效应、音同启动效应和义近启动效应显著，p 值分别为 0.000、0.036 和 0.001，均达到了 $p<0.05$ 的显著水平，说明此时形似字、音同字和义近字促进了目标字的识别。研究结果表明，在语义任务中，四年级傣族儿童在高频汉字识别中形、音、义激活的先后顺序为字形激活在先，字音激活和字义激活是同时出现的。

对于五年级的傣族儿童而言，当 SOA 为 57 毫秒时，启动类型显著，

$p=0.003<p=0.01$。进一步的 LSD 检验表明，与无关启动相比，形似启动效应显著，$p=0.001<p=0.01$，音同启动效应不显著 $p=0.054>p=0.05$，义近启动效应不显著，$p=0.214>p=0.05$，说明此时形似字促进了目标字的识别；当 SOA 为 85ms 时，启动类型显著，$p=0.003<p=0.01$，进一步的 LSD 检验表明，与无关启动相比，形似启动效应显著，$p=0.001<p=0.001$，音同启动效应不显著，$p=0.515>p=0.05$，义近启动效应显著，$p=0.895>p=0.05$，说明此时仍然只有形似字促进了目标字的识别；当 SOA 为 145ms 时，启动类型显著，$p=0.041<p=0.01$，进一步的 LSD 检验表明，与无关启动相比，形似启动效应显著，$p=0.001<p=0.01$，音同启动效应显著 $p=0.023<p=0.05$，义近启动效应也很显著 $p=0.000<p=0.001$，说明此时形似字、音同字和义近字促进了目标字的识别；当 SOA 为 200ms 时，启动类型显著，$p=0.000<p=0.001$，进一步的 LSD 检验表明，与无关启动相比，形似启动效应显著，$p=0.000<p=0.001$，音同启动效应显著，$p=0.011<p=0.05$，义近启动效应显著，$p=0.001<p=0.01$，说明此时形似字、音同字和义近字促进了目标字的识别。研究结果表明，在语义任务中，五年级傣族儿童在高频汉字识别中形、音、义激活的先后顺序为字形激活在先，字音激活和字义激活是同时出现的。

语义任务的实验结果表明，就傣族儿童汉字识别中形、音、义激活时间进程的总体情况而言，当 SOA 为 57ms 和 85ms 时，只有形似字的启动效应显著，说明高频汉字字形首先得到加工；当 SOA 为 145ms 和 200ms 时，形似字、音同字和义近字的启动效应均已出现，这说明高频汉字字音与字义的激活可能是同时进行的。就不同年级傣族儿童汉字识别中的形、音、义激活进程而言，三年级的傣族儿童在 SOA 为 145ms 时只出现了字形启动效应和音同启动效应，在 SOA 为 200ms 时义近启动效应才出现，说明对于三年级傣族儿童而言，字音的激活早于字义的激活；而四年级和五年级的傣族儿童在 SOA 为 145ms 时就出现了音同启动效应和义近启动效应。语义作业中要求被试判断目标字是否是表示动物名称的字，这在一定程度上要求被试对目标字的语义进行更多的加工，或许是由于这种语义的任务导致了语义的激活不迟于语音的激活。为检验这种假设的真伪，十分有必要让被试完成一种基于语音的启动范畴判断作业，继续考察德宏傣族儿童汉字识别中形、音、义激活的时间进程。

（二）语音任务中，不同年级傣族儿童汉字识别中形、音、义激活的时间进程

语音任务中，在汉字识别中形、音、义激活的时间进程的总体情况方面，

当 SOA 为 57ms 和 85ms 时，只有形似字的启动效应显著，说明高频汉字字形首先得到加工；当 SOA 为 145ms 和 200ms 时，形似字、音同字和义近字的启动效应均已出现，这说明高频汉字字音与字义的激活可能是同时进行的，这与语义任务的实验结果一致，结果如表 2-4 所示。

表 2-4 语音任务中四种 SOA 条件下三至五年级傣族儿童判断目标字的反应时

单位：ms

年级	启动类型	57msSOA		85msSOA		145msSOA		200msSOA	
		反应时	启动量	反应时	启动量	反应时	启动量	反应时	启动量
三年级	形似启动	876.69	14.18	908.92	58.39**	900.29	55.39*	899.11	48.20*
	音同启动	883.90	6.97	945.70	21.61	895.48	60.20**	897.29	50.02*
	义近启动	881.71	9.16	964.79	2.52	945.27	10.41	901.50	45.81*
	无关启动	890.87	—	967.31	—	955.68	—	947.31	
四年级	形似启动	821.46	48.71**	836.51	62.76**	790.01	57.72**	813.16	42.92
	音同启动	847.98	22.19	892.82	6.45	804.69	43.04*	819.18	36.91*
	义近启动	850.21	19.96	887.31	11.96	810.03	37.70*	812.57	43.52**
	无关启动	870.17	—	899.27	—	847.73	—	856.09	—
五年级	形似启动	791.11	47.94**	784.92	59.90***	770.13	60.48***	765.153	52.19**
	音同启动	826.81	12.25	828.04	16.77	789.30	41.32*	773.15	44.19**
	义近启动	826.75	12.31	838.99	5.83	761.02	69.60**	775.55	41.79*
	无关启动	839.05	—	844.81	—	830.61	—	817.33	—

注：启动量为无关启动的反应时与形似启动，音同启动或义近启动的反应时之差；标有 * 的地方表明出现了启动效应，下同。$*p<0.05$；$**p<0.01$；$***p<0.001$。

就不同年级傣族儿童汉字识别中的形音义激活进程而言，三年级的傣族儿童在 SOA 为 145ms 时只出现了字形启动效应和音同启动效应，到 SOA 为 200ms 时义近启动效应才出现，说明对于三年级傣族儿童而言，字音的激活早于字义的激活；而四年级和五年级的傣族儿童在 SOA 为 145ms 时形似字、音同字和义近字的启动效应均已出现，说明字音的激活和字义的激活可能是同时进行的。这说明不同年级的傣族儿童在识别汉字的过程中，形、音、义激活的先后顺序是不一样的，对于三年级傣族儿童而言字音的激活早于字义的激活。另外，语音任务的实验结果还表明，在反应速度方面，三年级的傣族儿童要明显慢于四年级和五年级傣族儿童；双文型教学模式下的傣族儿童对目标字的反应时间短于不参与双语、双文教学模式的傣族儿童，这些都说明年龄和教学类型对傣族儿童在汉字识别中对目标字的反应时有一定影响。

语音作业中要求被试判断目标字的读音是否为"ji"，这在一定程度上要求被试对目标字的语音进行更多的加工，或许是由于这种语义的任务导致了语音的激活不迟于语义的激活。为检验这一假设的真伪，十分有必要让被试完成一种既不基于语义的启动范畴判断作业也不基于语音的启动范畴判断作业，继续考察傣族儿童汉字识别中形、音、义激活的时间进程。

（三）字形任务中，不同年级傣族儿童汉字识别中形、音、义激活的时间进程

字形任务要求被试判断目标字是否是独体字，这种任务是基于字形的基础上完成的，理论上不需要语音和语义的参与，因此它可以更好地探讨汉字语音、语义自动激活的时间进程。字形任务的实验结果表明（表 2-5），在汉字识别中形、音、义激活的时间进程的总体情况方面，当 SOA 为 57ms 和 85ms 时，只有形似字的启动效应显著，说明高频汉字字形首先得到加工；当 SOA 为 145ms 和

表 2-5　字形任务中四种 SOA 条件下三至五年级傣族儿童判断目标字的反应时

单位：ms

年级	启动类型	57msSOA 反应时	启动量	85msSOA 反应时	启动量	145msSOA 反应时	启动量	200msSOA 反应时	启动量
三年级	形似启动	896.06	6.32	867.19	52.56*	885.00	54.92**	861.47	74.18***
	音同启动	911.31	-8.93	917.62	2.13	902.62	37.30*	896.57	39.08*
	义近启动	909.95	-7.57	917.05	2.71	931.84	8.08	872.27	63.39**
	无关启动	902.38	—	919.75	—	939.92	—	935.64	
四年级	形似启动	802.60	51.74*	785.91	51.38**	793.18	59.39**	794.50	62.74**
	音同启动	841.02	13.32	836.24	1.05	804.88	47.69*	805.86	51.38*
	义近启动	852.69	1.65	829.42	7.86	807.35	45.22*	805.83	51.41**
	无关启动	854.34	—	837.29	—	852.57	—	857.24	
五年级	形似启动	765.26	47.08*	767.35	50.51*	782.801	65.29***	778.46	44.70*
	音同启动	809.80	2.54	811.86	6.00	809.68	38.41*	783.70	39.47*
	义近启动	807.41	4.94	810.19	7.67	809.63	38.45*	753.68	69.48***
	无关启动	812.34	—	817.86	—	848.09	—	823.16	

注：启动量为无关启动的反应时与形似启动，音同启动或义近启动的反应时之差；标有 * 的地方表明出现了启动效应，下同。*$p<0.05$；***$p<0.001$。

200ms 时，形似字、音同字和义近字的启动效应均已出现，这说明高频汉字字音与字义的激活可能是同时进行的，这与语义任务和语音任务的实验结果一致，表明傣族儿童汉字识别中形、音、义激活的先后顺序为：字形激活在先，语音和语义的激活是同时进行的。

就不同年级傣族儿童汉字识别中的形、音、义激活进程而言，三年级的傣族儿童在 SOA 为 145ms 时只出现了字形启动效应和音同启动效应，到 SOA 为 200ms 时义近启动效应才出现，说明对于三年级傣族儿童而言，字音的激活早于字义的激活；而四年级和五年级的傣族儿童在 SOA 为 145ms 时形似字、音同字和义近字的启动效应均已出现，说明字音的激活和字义的激活是同时进行的。这说明不同年级的傣族儿童在识别汉字的过程中，形、音、义激活的先后顺序是不一样的，对于三年级傣族儿童而言字音的激活早于字义的激活，而对于四、五年级的傣族儿童而言，字音的激活和字义的激活同时进行。

四、综合讨论

（一）傣族儿童汉字识别中的字形激活特点

本研究通过语义任务、语音任务和字形任务全面考察了三年级、四年级和五年级傣族儿童在汉字识别过程中的形、音、义激活特点。研究结果显示，在三种任务条件下，三个年级的傣族儿童都表现出字形激活优先于字音和字义激活的特点。虽然汉语是傣族被试的第二语言，但此实验结果与以汉语母语者为被试的研究结果相似（Perfetti，1991；Tan et al.，1995；Perfetti et al.，1998；Zhou et al.，2000；Chen et al.，2001）。如陈宝国等（2001，2003，2005）以汉语母语成人为被试，分别采用基于字义、字音和字形的启动范畴判断作业，在四种不同 SOA（43 ms、57 ms、85 ms、145 ms）条件下分别考察了高频和低频汉字识别中形、音、义信息的激活时间进程。结果表明，不管是高频汉字还是低频汉字，都是字形信息最先激活。此外，本实验结果也能够得到以汉语为第二语言者作为被试研究的支持，如 Liu（2006）采用 ERP 技术，以学习汉语一至两个学期的美国大学生为被试进行汉字识别研究，结果发现在命名任务中，字形不匹配字对比字形匹配字对，在大脑枕叶激活了较大的 N200/P200 成分，由于之前已发现 N200/P200 是字形特异性成分（刘燕妮，舒华，2003），说明目标字的字形在早期已得到激活（Liu，2006）。以上研究结果说明，在汉字词识别过程中，字形优先激活现象可能具有一定程度的跨文化效应。

但本研究结果发现，三年级傣族儿童在字形激活的时间进程上与四年级和五年级傣族儿童存在差异，当 SOA 为 57ms 时，三年级被试的字形启动效应并不显著，而四年级和五年级被试字形启动效应显著，说明三年级傣族儿童字形激活在时间进程上滞后于四年级和五年级傣族儿童。本研究认为可以从以下两个方面来解释这种滞后效应：首先，这可能与儿童的一般化认知功能的发展相关，发展心理学的国内外相关研究表明，小学三至四年级（8～10 岁）是儿童思维发展的重要转折期，在这个时期，与儿童语言能力发展相关的感知觉、注意、记忆和思维水平都具有较为显著的发展和提升，这些能力的发展将有助于儿童元语言能力的发展，进而促进儿童母语及第二语言的整体性发展（朱智贤，1981）。其次，本研究认为这可能与语言熟悉度的提高相关，Liu（2006）采用 ERP 技术对美国大学生学习汉语的情况进行研究发现，在第一学期末，汉语比英语在大脑额叶和枕叶都有更大的 N200/P200 成分，而在第二学期末，枕叶 N200 成分没有语言上的差异。考虑到 N200/P200 是对字形加工敏感的成分（刘燕妮，舒华，2003），Liu（2006）研究结果表明，汉语熟悉度的提高使得汉字字形信息的激活时间与母语相当。对于德宏傣族儿童来说，汉语是第二语言，对汉语的熟悉度是一个逐步提高的过程。三年级学生和四五年级学生相比，对汉语的熟悉度较低，可能一定程度导致了汉字识别过程中字形激活时间较晚，而随着语言知识经验的丰富，对汉语熟悉度的提高，汉字识别中的第一阶段——字形的激活时间将得到提高。

（二）傣族儿童汉字识别中的字音和字义激活特点

三年级傣族儿童在三个实验任务中都表现出以下特点，在 SOA 为 145ms 时，出现了形同、音同启动效应，在 SOA 为 200ms 时，同时出现了形同、音同和义同启动效应；四、五年级傣族儿童在三个实验任务中，在 SOA 为 145ms 时，同时出现了形同、音同和义同启动效应，在 SOA 为 200ms 时，这三种启动效应仍然同时存在。以上结果表明三年级傣族儿童在汉字识别过程中，字音激活早于字义激活，四年级和五年级傣族儿童在汉字识别过程中，字音和字义的激活时间无法分离。

1. 三年级傣族儿童的字音激活先于语义

本研究中三年级傣族被试在语义、语音和字形三种启动实验范式条件下，都出现了字音激活早于字义激活的特点，本研究认为可能存在如下一些原因：

首先，三年级儿童作为早期汉语学习者，其语言激活的机制可能在较大程度上会受到母语经验的影响，Bates（1987）和 MacWhinne（2004）等人提出有关语言学习的竞争模型（Competition Model）。这一模型认为第二语言学习者在理解语言的过程中，不同的语言会产生竞争现象，而用哪一种语言进行最终解释则看的是各种语言线索的对抗比较。大量跨语言研究也证实，被试在学习第二语言的早期，当第二语言还处于弱势时，其母语加工方式会较大程度地影响其第二语言的学习（Sunderman，2006）。对于德宏州傣族儿童而言，傣语是他们的母语，傣那文是他们的母语文字，傣那文属于拼音文字。根据以往以拼音文字为母语人群的相关研究，拼音文字背景中生活的人群，在进行语言加工的过程中具有更强的语音意识，会更倾向于通过字音而提取字义（Gibson，1962；Berndt et al.，1988）。张金桥（2010）采用基于字义的和基于字音的启动范畴判断作业，考察学习了汉语 1 年至 1 年半时间的韩国和印尼留学生高频汉字识别中形、音、义信息激活的相对时间进程。结果表明，表意文字背景的韩国留学生在高频汉字识别中，形、音、义信息激活的时序是形－义－音，拼音文字背景的印尼留学生在高频汉字识别中形、音、义信息激活的时序是形－音－义，可见，母语的认知加工特点影响汉语非熟练留学生汉字识别中形、音、义激活的时间进程，而受到拼音文字母语背景的影响，印尼学生表现出了字音激活早于字义激活的特点。同样，傣族儿童在汉语学习的早期，当汉语加工方式还处于较为弱势的情况下时，汉字识别过程中可能就会受到他们母语的影响，倾向于运用由字形到字音再到字义的加工通路。特别是在"双文型"教学模式下的傣族儿童，更可能采用通过识别傣那文的方式来识别汉字，导致他们在汉字识别过程中更多地运用字音信息，实现字音到语义的通达。

其次，本研究可能受到汉语熟悉度的影响。汉字认知是个知觉过程，以往研究发现，学习程度的不同，将导致形－义、形－音之间联结强度不同，具体来说，当汉字学习程度较低时，其形－音的连接强度高于形－义的连接强度，使语义的激活更容易借助于语音的中介。陈宝国等（2007）在采用语义判断任务探讨高频和低频汉字形－音－义激活进程的 ERP 实验中发现，汉字的使用频率会影响语义通达中形音义的激活进程。当使用低频汉字作为实验材料时，音同启动激活了更大的 N400 效应，而当使用高频汉字作为实验材料时，并没有出现音同的启动效应。说明在语义通达过程中，低频材料下，实现了字音－字义的激活，而在高频材料下，字音通道并没有明显激活。Zhang（2009）在同时采用语义判断任务和语音判断任务，探讨高频和低频汉字形－音－义激活进程的

ERP 实验中也得到了类似的结果。Lu 等（2011）采用 ERP 技术以中国成年人为被试，对不同类型的汉字识别过程进行了研究，结果发现在阅读高频汉字时产生了较大的 N170 成分，激活了位于左侧枕颞叶的直接从视觉通达意义的直通路径（addressed pathway），即通过直接将词形和词义联系起来阅读高频汉字；当阅读低频汉字或假字时，主要激活的是集合路径（assembled pathway），即在识别非熟悉汉字或假字时，是通过将汉字正字法部件转换为语音并获得完整的语音表征。虽然本研究所采用的都是高频词，但这些高频词可能对于三年级的傣族儿童而言，其熟悉性并没达到足够的程度，因此，体现出了在语言熟悉性较低情况下的通达特点，即先激活语音、再激活语义。

2. 四年级和五年级傣族儿童的音 - 义激活无法分离

本研究发现，四、五年级傣族儿童在 SOA 为 145ms 时音义就已同时激活，在 SOA 为 200ms 时，这三种启动效应仍然同时存在，表明在汉字识别过程中，四年级和五年级傣族儿童已无法分离字音和字义的激活进程，形 - 音的连接已经不再占据优势。本实验结果与以汉语母语成人为被试的研究结果较为接近，Zhang（2009）在同时采用语义判断任务和语音判断任务，探讨高频汉字形 - 音 - 义激活进程的 ERP 实验中发现，从行为指标和脑电指标来看，语音和语义激活的时间进程都无法分离。以往研究提出，语言熟悉度是影响形、音、义关系的首要因素。具体来讲，形 - 义与形 - 音之间的连接强度受到语言熟悉度的影响，当熟悉程度低时，其形 - 义的连接强度低于形 - 音的连接强度，当熟悉程度越高时，其形 - 义连接的强度就会越加得到增强，逐渐等于或高于形 - 音的连接强度。而本研究认为，四、五年级傣族儿童与三年级傣族儿童相比，已无法分离音与义的激活顺序，这可能正体现着由于语言熟悉度的提高而带来的变化。即他们在识别汉字的过程中，形 - 义联结已经变得较强，表现出形 - 义和形 - 音联结强度的对称性特征（Van Hell 和 Tanner，2012）。

此外，由于汉字学习经验的增加，儿童在汉字识别中的策略本身也会发生改变，Li 等（2012）对来自北京的 184 名幼儿和 273 名小学生的汉字识别进行了研究，结果发现，与幼儿相比，小学生在汉字识别中使用了更多的正字法技巧，这表明正字法技巧在语言发展过程中会随着阅读经验的增加而变得的更加重要。Anderson 等（2013）对中国儿童的汉字视觉表征进行了研究，结果表明，通过汉字的组成部分识别汉字的能力是在小学早期逐渐发展起来的，而且这种能力与儿童的词汇知识、阅读理解能力和教师的阅读水平评价存在相关。Sung（2014）以初学汉语一年的美国大学生为被试，考察了他们在学习汉字时最常运用的策略。多元回归分析表明，那些报告较多运用特定语音策略的被试在语音理解方面表现较好，而那些更多运用正字法策略的被试在字形理解、字形产生和语音产生方面表现较好。这表明，正字法策略的运用能够更好地促进对汉字的识别。在汉字的识别过程中，义旁就能提示一定的意义，不存在形－音对应的规则，激活语义前不一定必须有语音的激活阶段。早期学习汉字的儿童，可能并不一定掌握这一规律特点，但随着学习经验的丰富，儿童就更加习得借助于汉字义旁的表义功能进行快速作业的策略，因此表现出对语音依赖减小、而对形－义通路依赖增强的特点。

但是，值得一提的是，本研究并没有出现先前很多以汉语母语者为被试的研究中高频字情况下的识别特点。陈宝国（2001，2005）在采用语义范畴判断、字形范畴判断和语音范畴判断的实验中都发现，在高频字的识别过程中，激活顺序是形－义－音，字音的激活可能发生在字义通达之后。为更好地证实高频字语义通达的特点，Chen（2007）采用了 ERP 技术，在语义范畴任务范式下，更为细致地探讨了形、音、义的激活时间进程，研究发现形同启动激活了更大的 P200 和 N400 效应，义同启动激活了更大的 N400 效应，音同启动没有产生任何效应，说明在高频字的激活过程中，可能并没有语音通路的参与。本研究认为这可能仍然与语言熟悉度相关，虽然本研究使用的也是高频汉字，但四年级和五年级的傣族被试与陈宝国等人研究中的母语背景为汉语的大学生相比，其语言熟悉度可能还存在一定差距。所以，对于大学生被试来说的"高频"词，可能对于本研究中的傣族被试，其熟悉的程度还是相对较低的，在这种情况下，形－义连接的强度并没有显著超过形－音连接，使得两者出现相对平衡的状态。本研究将在今后的实验中，进一步比较更为成熟的傣－汉双语者与成熟的汉语母语者之间，在汉字识别中是否存在形、音、义激活进程的区别，以进一步验证随着语言熟悉度不同而发生的变化。

总之，本研究通过对年级变量的控制，考察了随着语言熟悉度的增加，汉语作为第二语言的傣族儿童，在汉字识别中表现的形、音、义激活特点。实验结果揭示出，在学习汉语的早期阶段，语音的激活可能是傣族儿童通达语义的重要环节，而随着语言熟悉性的增加，语音的作用已经逐渐减弱。

五、结论

在本实验范式下，本研究得到如下结论：

1）傣族儿童高频汉字识别中都表现出字形优先激活的特点，但三年级傣族儿童字形启动效应发生的时间滞后于四年级和五年级傣族儿童；

2）三年级傣族儿童在识别高频汉字时，字音的激活早于字义的激活；四年级和五年级傣族儿童则表现出字音和字义的同时激活。

第三节　纳西族儿童汉字识别的激活机制特征及发展趋势

一、引言

少数民族在母语环境下学习汉语有其特殊性，以少数民族儿童为对象，研究汉字词的形、音、义激活规律必将有助于完善字词识别的现有理论。以往有关以汉语为第二语言的研究都集中在被试的第一语言有文字的情况下，而对于以只有声音、没有文字，并且在语音、语法等多个方面不同于汉语的纳西语为第一语言的纳西族儿童而言，汉字识别的形、音、义激活会是怎样的结果呢？基于此，本研究试图揭示在母语文化背景下，纳西族儿童汉字识别中形、音、义激活的时间进程规律，以期进一步完善字词识别的现有理论，并对纳西族儿童的汉语教学和汉语学习提出一些参考建议。

二、实验

（一）被试

以云南省丽江市七里河中心完小小学三、四、六年级的 74 名儿童为研究对象，其中三年级 21 人，四年级 29 人，六年级 24 人。参加本研究的所有儿童在入学以前完全处于纳西语的母语环境中，纳西语是他们的交际语言，直到上学时才接触和学习汉语，对他们来说汉语是第二语言。所有被试裸视或矫正视力正常，无色弱或色盲。

（二）实验设计

实验采用 Stroop 范式及其变式，对三年级、四年级和六年级的纳西族儿童汉字识别的形、音、义激活进程进行研究。两个实验均为 4（刺激类型）×2（一致和不一致）×3（年级）的多因素混合实验设计。

（三）实验材料

实验所用材料总共包括 35 个汉字，其中 30 个为正式实验材料，正式实验材料包括颜色字 6 个（红、黄、蓝、绿、白、黑），分别与这些颜色字形相近字 6 个、字音相同字 6 个、字义联想字 6 个和无关字 6 个；5 个练习材料，分别是颜色字"青"及其相关字。

　　实验材料的获取方法是首先编制开放式问卷，让 50 名三年级小学生（或教师）写出与每个颜色字字形相似、字音相同且容易产生语义联想的汉字，同时在字后面选出自己对所写字的熟悉度（1 最不熟悉——5 最熟悉）。考虑到本研究中的汉字识别是从颜色字的相关字出发看能否激活颜色字的形、音、义要素，本研究编制了《反向获取实验材料补充开放式问卷》，考查由第一个问卷得到的汉字是否真的能分别激活颜色字的形、音、义三个方面，以期进一步检验实验材料的适用性。最后根据两个问卷中写出的有关汉字的人数比例和相似、相关联程度，分别确立了 6 个与颜色字的字形相似、字音相同或相似的字、有语义联想关系的字和 6 个中性字。中性字与颜色字在字形、语音上不相似，也无语义联想关系。五种字的平均熟悉性分数经方差分析检验差异不显著，匹配笔画数差异也不显著。具体的实验材料见表 2-6。

表 2-6　本节研究中实验及练习材料

材料类型	颜色字	形近字	音同字	语义联想字	无关字
	红	江	洪	血	贯
	绿	碌	律	草	涂
	黄	横	皇	秋	奖
正式材料	蓝	监	拦	天	华
	黑	默	嗨	夜	骑
	白	自	拜	雪	叔
练习材料	青	倩	轻	苗	相

　　具体实验程序中所有汉字的呈现大小统一为 48 点，界面背景为灰色。制作方法是用 Photoshop 7.0.1 软件，绘制 65 × 60、背景为灰色、字体为 48 点的图片。图片分为红绿、黄蓝和黑白三组，每个字有两种颜色，共 60 个正式实验字和 10 个练习字。

（四）实验程序

1. 实验概述

　　实验在电脑上进行，通过 E-prime 软件呈现。实验开始前主试要求被试小声阅读指导语，读完以后主试指导被试将手指放在相应的按键上，并进行练习。

如果主试发现被试不能理解实验要求就向他们讲解。所有的实验均包括练习和正式实验两部分，通过一次练习后，程序会出现询问界面，询问被试是否明白了，如果明白按"Y"进入正式实验。如不明白可以按"N"返回到指导语界面，再次阅读指导语，仍不明白可以询问主试教师，然后再次练习，直到明白方可进行正式实验。

2. 实验程序与步骤

（1）实验一：纳西族儿童汉字识别中形、音、义的色词干扰效应

用 E-prime 程序在电脑屏幕的中央呈现刺激字，为避免口语报告必需激活语音的缺陷，要求被试又快又准地通过按相应的键对字的书写颜色进行反应。具体的反应要求分别是：红色字按"F"键，绿色字按"J"键，黄色字按"D"键，蓝色字按"K"键，黑色字按"C"键，白色字按"M"键。以往实验中，几种颜色被同时放在一组（block）实验中进行，用按键的方式进行反应，被试需在几个键中进行选择，四种颜色已经是按键反应的极限。研究表明，Stroop范式的心理加工过程大致分为三个阶段：形、音、义的激活阶段；在形、音、义和字色四变量中选择字色进行反应的第一个选择阶段；在不同按键之间选择某种颜色所对应按键进行反应的第二个选择过程。考虑到实验主要考察的是在不同按键之间进行选择反应之前的阶段，后面选择不同按键只是作为系统误差的附加过程，为了便于按键，本研究采取两种颜色配对的方式，其中红绿、黄蓝、黑白分别组合在一起，组成红绿 block、黄蓝 block 和黑白 block，被试每次在两个键之间选择。这样可减少被试在多个键之间选择所用的时间，同时也可以增加颜色种类。由于以前实验范式是在四种颜色之间选择，一致和不一致的概率比是 1：3，现在的概率比是 1：1，出现了更公平的倾向，可以改变原来一致和不一致的非对称状况。实验中电脑自动记录从刺激字开始呈现到被试做出反应之间的时间间隔，同时自动记录被试反应的正误。实验开始时，首先呈现"+"注视点，呈现时间 500ms，然后是 300ms 的空屏，接着呈现刺激字，直到被试做出反应，刺激消失。由于超过 3000ms 的数据常被视为极端数据，故当被试在 3000ms 内没有反应时，视被试没做出反应，实验将自动跳到下一个试次 trail。两个刺激呈现之间的间隔为 1500ms。实验前，被试用 5 个非实验字进行练习，以使被试熟悉实验程序。实验流程如图 2-1 所示。

（2）实验二：不同刺激呈现时间的 Stroop 范式的变式

实验一只能从一个角度上来看纳西族儿童汉字识别的情况，要想进一步研究汉字识别中形、音、义激活的时间进程，则需要运用实验二来细致研究不同刺激

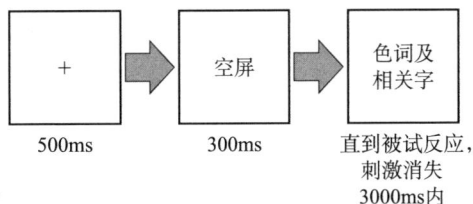

图 2-1 实验一流程图

呈现时间或不同 SOA 条件下，纳西族儿童汉字识别的形、音、义的激活进程。实验二和实验一基本相同，不同之处是实验的刺激字呈现时间。实验一的刺激字是一直呈现 500ms，而实验二的刺激呈现时间分别是 57ms、100ms、145ms、270ms。如果被试在刺激呈现时间内没有作出反应，则取而代之的是空屏呈现，以等待被试作出反应。电脑自动记录从刺激呈现到被试作出反应的时间间隔，并记录被试的反应正误。实验流程如图 2-2 所示。

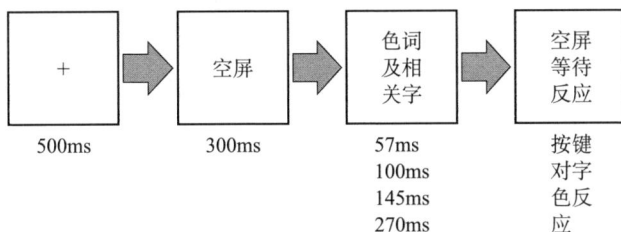

图 2-2 实验二流程图

3. 数据处理

电脑自动记录被试的反应时和正误。统计时去除反应时在平均数 ±3 个标准差外的数据，有一个三年级被试的数据不符合条件被删除。用 SPSS 16.0 对数据进行统计分析。启动量是用对目标字的平均反应时减去对中性字的平均反应时而得到。

三、实验结果与分析

（一）实验一：形、音、义激活的经典 Stroop 效应比较

在经典 Stroop 实验中，以刺激类型、词的颜色与词义的一致性为被试内变量，以年级为被试间变量对反应时和正确率进行方差分析检验。结果发现，反应时的一致性主效应显著，$F(1, 70) = 16.685$，$p < 0.001$，一致条件下被试对目标

字的反应时短于不一致条件。一致条件下被试对目标字的反应快于对无关字的反应，不一致条件下被试对目标字的反应慢于对无关字的反应。反应时的年级间差异显著，$F(2，70)=3.272$，$p<0.05$（表2-7），表现为四年级被试反应时明显长于三年级和六年级被试。以九种类型刺激字为被试内变量，以年级为被试间变量进行重复测量的方差分析检验。结果发现刺激类型的主效应显著，$F(8，560)=3.609$，$p<0.001$。分别对四种类型下的一致条件和不一致条件进行 T 检验（表2-8），颜色字一致条件和不一致条件下反应时差异十分显著，$t(72)=-2.963$，$p<0.01$；颜色字形似字的一致条件与不一致条件下反应时差异也十分显著，$t(72)=-2.497$，$p<0.05$；音同字一致条件和不一致条件反应时差异不显著，$t(72)=-1.383$，$p>0.05$。语义联想字的一致条件和不一致条件命名反应时差异十分显著，$t(72)=-2.627$，$p<0.05$。正确率的刺激类型主效应显著，$F(3，210)=3.733$，$p<0.05$；刺激类型和一致性交互作用显著，$F(3，210)=3.858$，$p<0.05$；年级间差异接近显著，$F(2，70)=2.953$，$p=0.059$（表2-7）。

实验一表明，在经典的 Stroop 范式下，纳西族儿童在汉字识别中对不同类型刺激识别的反应时存在显著差异，一致条件下的反应时显著短于不一致条件下的反应时，表现出明显的 Stroop 效应。具体的分析表明，在一致和不一致的条件下，颜色字、颜色字的形似字、语义联想字差异显著，而颜色的音同字却差异不显著，提示语音在纳西族儿童汉字识别中的作用很小，他们的汉字通达过程可能是由字形直接通达字义。到底是否真的如此，还要通过实验二进行检验。

表 2-7　经典 Stroop 范式反应时和正确率的年级间效应

统计项目	变异来源	SS	df	MS	F	p
反应时	年级	685 341.232	2	342 670.6	3.272	0.044
正确率	年级	0.211	2	0.105	2.953	0.059

表 2-8　经典 Stroop 范式各刺激类型一致和不一致反应时对比

刺激类别	M/ms	SD	t	p
颜色字一致-颜色字不一致	-43.738	126.111	-2.963	0.004
形同字一致-形同字不一致	-39.998	136.879	-2.497	0.015
音同字一致-音同字不一致	-21.132	130.519	-1.383	0.171
语联字一致-语联字不一致	-33.838	110.048	-2.627	0.011

（二）不同刺激呈现时间下形、音、义激活的时间进程

1. 刺激呈现时间为 57ms 时，不同年级纳西族儿童的汉字识别情况

以刺激类型、词的颜色与词义的一致性为被试内变量，以年级为被试间变量，对反应时和正确率进行重复测量的方差分析检验。结果发现，反应时的一致性主效应显著，$F(1, 70)=20.646$，$p<0.001$，一致条件下对目标字的反应时显著短于不一致条件下的反应时。一致条件下对目标字的反应快于对无关字的反应，不一致条件下对目标字的反应慢于对无关字的反应；反应时的刺激类型和一致性交互作用显著，$F(3, 210)=2.842$，$p<0.05$；反应时的刺激类型、一致性和年级交互作用显著，$F(6, 210)=2.259$，$p<0.05$；反应时的年级间差异显著，$F(2, 70)=5.249$，$p<0.01$，表现为四年级被试反应时明显长于三年级和六年级被试（表 2-9）。对九种类型刺激进行重复测量的方差分析结果表明，各类型的反应时差异非常显著，$F(8, 560)=4.058$，$p<0.001$。分别对四种类型下的一致条件和不一致条件进行 t 检验发现（表 2-10），颜色字一致条件和不一致条件反应时差异十分显著，$t(72)=-4.116$，$p<0.001$；颜色字的形似字的一致条件与不一致条件反应时差异也十分显著，$t(72)=-2.497$，$p<0.05$；音同字、语义联想字的反应时一致条件和不一致条件反应时差异都不显著，t 检验的结果分别为 $t(72)=-1.400$，$p>0.05$ 和 $t(72)=-1.421$，$p>0.05$。正确率的刺激类型主效应不显著，$F(3, 210)=0.504$，$p>0.05$；一致性主效应显著，$F(1, 70)=15.749$，$p<0.001$；刺激类型和一致性交互作用显著，$F(3, 210)=5.133$，$p<0.01$；年级间差异显著，$F(2, 70)=5.653$，$p<0.01$（表 2-9）。

表 2-9　呈现时间为 57ms 时反应时和正确率的年级间效应

统计类别	变异来源	SS	df	MS	F	p
反应时	年级	1 078 652.397	2	539 326.2	5.249	0.008
正确率	年级	0.921	2	0.461	5.653	0.005

表 2-10　呈现时间为 57ms 时各刺激类型一致和不一致反应时对比

刺激类别	M/ms	SD	t	p
颜色字一致-颜色字不一致	-66.18	137.377	-4.116	0.000
形同字一致-形同字不一致	-28.02	132.900	-2.011	0.046
音同字一致-音同字不一致	-18.70	114.152	-1.400	0.166
语联字一致-语联字不一致	-16.97	101.999	-1.421	0.160

2. 刺激呈现时间为 100ms 时，不同年级纳西族儿童的汉字识别情况

以刺激类型、词的颜色与词义的一致性为被试内变量，以年级为被试间变量对反应时和正确率进行重复测量的方差分析检验。结果发现，反应时的一致性主效应显著，$F(1，70)=11.024$，$p<0.01$，一致条件下对目标字的反应时显著短于不一致条件下的反应时。一致条件下对目标字的反应快于对无关字的反应，不一致条件下对目标字的反应慢于对无关字的反应。反应时的年级间差异显著，$F(2，70)=4.257$，$p<0.05$，表现为四年级反应时明显长于三年级和六年级（表 2-11）。对九种类型刺激进行重复测量的方差分析表明，九种类型刺激都显著，$F(8，560)=3.561$，$p<0.001$。分别对四种类型下的一致条件和不一致条件进行配对 T 检验表明（表 2-12），颜色字一致条件和不一致条件下的反应时差异显著，$t(72)=-2.528$，$p<0.05$；颜色字的语义联想字的一致条件与不一致条件下的反应时差异也显著，$t(72)=-2.664$，$p<0.05$；形似字、音同字的反应时一致条件和不一致条件下的反应时差异不显著。正确率的刺激类型、一致性主效应不显著；刺激类型和一致性交互作用显著，$F(3，210)=2.83$，$p<0.05$；正确率年级间差异显著，$F(2，70)=4.198$，$p<0.05$（表 2-11）。

表 2-11　呈现时间为 100ms 时反应时和正确率的年级间效应

统计项目	变异来源	SS	df	MS	F	p
反应时	年级	813 058.858	2	406 529.43	4.257	0.018
正确率	年级	0.714	2	0.357	4.198	0.019

表 2-12　呈现时间为 100ms 时各刺激类型一致和不一致反应时对比

刺激类别	M/ms	SD	t	p
颜色字一致-颜色字不一致	-33.856	114.416	-2.528	0.014
形同字一致-形同字不一致	-14.876	125.797	-1.010	0.316
音同字一致-音同字不一致	-19.506	121.050	-1.377	0.173
语联字一致-语联字不一致	-34.352	110.174	-2.664	0.010

3. 刺激呈现时间为 145ms 时，不同年级纳西族儿童的汉字识别情况

以刺激类型、词的颜色与词义的一致性为被试内变量，以年级为被试间变量对反应时和正确率进行重复测量的方差分析检验。结果发现，反应时的一致性的主效应显著，$F(1，70)=26.361$，$p<0.001$，一致条件下对目标字的反应时显著短于不一致条件下的反应时。一致条件下对目标字的反应快于对无关字的反应，不一致条件下对目标字的反应慢于对无关字的反应。年级间差异

边缘显著，F（2，70）=2.520，p=0.080，表现为四年级反应时长于三年级和六年级（表 2-13）。对九种类型刺激进行重复测量的方差分析表明，各类型差异非常显著，F（8，560）=4.092，p<0.001。分别对四种类型的一致条件和不一致条件下的反应时进行配对 t 检验表明（表 2-14），颜色字一致条件和不一致条件下的反应时差异十分显著，t（72）=-2.269，p<0.05；颜色字的音同字的一致条件与不一致条件下的反应时差异也十分显著，t（72）=-4.121，p<0.001；语义联想字的反应时一致条件和不一致条件下的反应时差异也显著，t（72）=-2.653，p<0.05；形同字在两种条件下的反应时差异不显著，t（72）=-0.543，p>0.05。在正确率上，刺激类型、一致性的主效应均不显著；刺激类型和一致性交互作用显著，F（3，210）=3.520，p<0.05；正确率的年级间差异显著，F（2，70）=10.820，p<0.001（表 2-13）。

表 2-13　呈现时间为 145ms 时反应时和正确率的年级间效应

统计类别	变异来源	SS	df	MS	F	p
反应时	年级	584 921.114	2	292 460.56	2.613	0.080
正确率	年级	1.647	2	0.824	10.820	0.000

表 2-14　呈现时间为 145ms 时各刺激类型一致和不一致反应时对比

刺激类别	M/ms	SD	t	p
颜色字一致-颜色字不一致	-29.911	112.609	-2.269	0.026
形同字一致-形同字不一致	-7.262	114.199	-0.543	0.589
音同字一致-音同字不一致	-52.785	109.438	-4.121	0.000
语联字一致-语联字不一致	-37.936	122.150	-2.653	0.010

4. 刺激呈现时间为 270ms 时，不同年级纳西族儿童的汉字识别情况

以刺激类型、词的颜色与词义的一致性为被试内变量，以年级为被试间变量，对反应时和正确率进行重复测量的方差分析检验。结果表明，反应时的一致性主效应显著，F（1，70）=19.078，p<0.001，表现为一致条件下对目标字的反应时显著短于不一致条件下的反应时。一致条件下对目标字的反应快于对无关字的反应，不一致条件下对目标字的反应慢于对无关字的反应。反应时的刺激类型和一致性交互作用显著。反应时的年级间差异显著，F（2，70）=3.709，p<0.05，表现为四年级的反应时明显长于三年级和六年级（表 2-15）。对九种类型刺激进行重复测量方差分析检验，结果各刺激类型间差异非常显著，F（8，560）=2.770，p<0.01。分别对在一致条件和不一致条件下被试对四种类型的反

应时进行配对 t 检验，结果表明（表 2-16），在一致条件和不一致条件下被试对颜色字的反应时差异十分显著，$t(72)=-2.742$，$p<0.01$；颜色字的形似字在一致条件与不一致条件下的反应时差异也十分显著，$t(72)=-2.701$，$p<0.01$；音同字在两种条件下的反应时边缘显著，$t(72)=-1.817$，$p=0.07$；语义联想字在一致条件和不一致条件下的反应时差异不显著。正确率的刺激类型、一致性主效应都不显著；正确率的年级间差异显著，$F(2,70)=6.619$，$p<0.01$（表 2-15）。

表 2-15　呈现时间为 270ms 时反应时和正确率的年级间效应

统计类别	变异来源	SS	df	MS	F	p
反应时	年级	834 827.239	2	417 413.62	3.709	0.029
正确率	年级	1.256	2	0.628	6.619	0.002

表 2-16　呈现时间为 270ms 时各刺激类型一致和不一致反应时对比

刺激类别	M/ms	SD	t	p
颜色字一致-颜色字不一致	-4.75779E1	148.26767	-2.742	0.008
形同字一致-形同字不一致	-3.17633E1	100.464	-2.701	0.009
音同字一致-音同字不一致	-23.79	111.887	-1.817	0.073
语联字一致-语联字不一致	-3.441	103.820	-0.283	0.778

四、综合讨论

（一）纳西族儿童在汉字识别中形、音、义激活的特点

实验一是经典的 Stroop 范式，表现出了明显的 Stroop 效应。具体的分析表明，在一致和不一致的条件下，颜色字、颜色字的形似字、语义联想字条件下差异显著，而颜色的音同字差异却不显著，提示语音在纳西族儿童汉字识别中的作用可能很小，他们的汉字通达过程可能是由字形直接通达字义。在实验二中，当刺激呈现时间为 57ms 时，只有颜色字、颜色字的形似字在一致和不一致条件下差异显著，说明此时字形已得到了激活。当刺激呈现时间为 100ms 时，只有颜色字、颜色字的语义联想字在一致和不一致条件下差异显著，说明此时字义得到了激活。当刺激呈现时间为 145ms 时，颜色字、颜色字的音同字、语义联想字在一致和不一致条件下差异都非常显著，说明此时字音和字义都得到了激活。当刺激呈现时间为 270ms 时，颜色字、颜色字的形似字在一致和不一致条件下差异非常显著，说明此时字形激活又得到了增强；音同字差异边缘显

著，语义联想字差异不显著（图 2-3）。综合以上几种情况，笔者提出了形、音、义激活的连续模型。本模型的要点在于，形、音、义的激活是一个从无到有、再从有到无的连续过程，而不只是在某个时间点上得到激活。形、音、义激活的起始时间点表现为字形激活在先，字义激活早于字音激活，并且三种激活在时间维度上存在部分重合，从激活的起始点上看本研究的结果与语义通达的直通理论较为吻合。

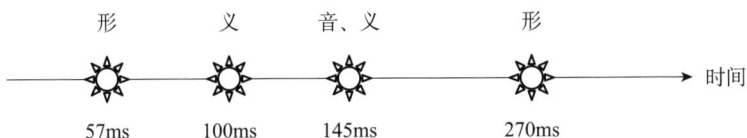

图 2-3　形、音、义激活时间进程图

心理量本身就具有模糊的性质，它不能用全有或全无的二元逻辑来描述，而应该用从无到有之间的连续逻辑值来描述。至于研究中选择 SOA 为 57ms、100ms、145ms 和 270ms 进行实验，主要源于我们不可能取无限多个时间点进行实验，从而不得不选取有限的时间点进行实验，并通过这些点的实验结果推测连续心理量的分布特征。汉字的形、音、义三种特性的激活除了都可以看做是一个连续的心理量并存在时间维度上重合的共性外，又具有各自的特点。如图 2-4 所示，字形激活的特点是，随着时间的推移，字形的激活程度先由强变弱，然后再逐渐增强，其激活模式是呈"U"形分布；字音激活的特点是，随着时间的推移，字音的激活程度先由弱变强，然后再逐渐减弱，其激活模式是呈倒"U"形分布；字义激活的特点是，随着时间的推移，字义的激活程度先由弱变强，然后再逐渐减弱，激活时间表现为比字音激活时间长，其激活模式也是呈倒"U"形分布。

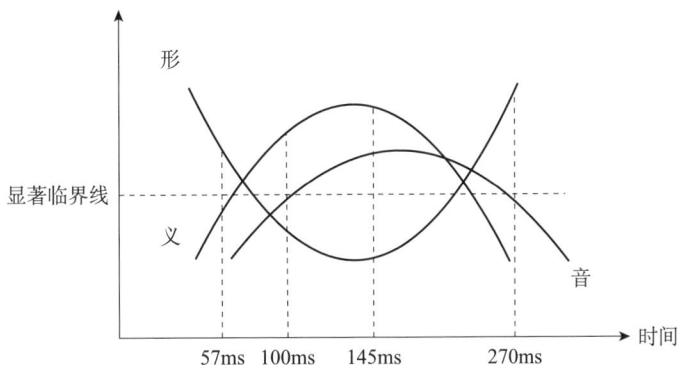

图 2-4　纳西族儿童汉字识别中的形、音、义激活模式图

（二）字音的自动激活及在汉字识别中的作用

字音的自动激活是指在不需要字音激活的任务中，字形表征的激活会自动传递到语音表征上。在以往的 Stroop 范式中，对目标刺激的反应大都采用口语报告的方式，这样做的结果导致无法分辨出字音的激活到底是由于实验任务还是由字音的自动激活造成的。在本实验中，研究者把反应方式由口语报告改成了通过按相应的键进行反应，被试不需要为实验任务激活语音信息。如果实验结果表明字音得到了显著激活，那么就可以断定字音得到了自动激活。实验二中，当呈现时间为145ms时语音得到了十分显著的激活，说明字音在纳西族儿童汉字识别过程中得到了自动激活，这一点与以往的研究结果较为一致（Orden，1987；杨珲，2000；彭聃龄，2003）。

（三）年级变量对纳西族儿童汉字识别的影响

在本研究的两个实验中，纳西族儿童汉字识别的反应时基本都表现出了显著的年级差异。实验一和实验二都表现为四年级纳西族儿童反应时长于三年级和六年级纳西族儿童。结合在正确率方面表现出三年级纳西族儿童正确率最低这一点，研究者认为，虽然三年级纳西族儿童和六年级纳西族儿童都表现出较短的反应时，但三年级纳西族儿童的高成绩是以高错误率为代价的，六年级纳西族儿童无论在反应时还是正确率方面都表现出较好的成绩。由此可知，纳西族儿童汉字阅读水平随着年级的增加而逐渐提高。已有研究表明，四年级是儿童思维和认知发展的关键期，在本研究中，四年级也表现出了汉字识别中的转折现象。

五、研究结论

（一）纳西族儿童汉字识别的形、音、义激活进程

纳西族儿童汉字识别中形、音、义激活的进程为：字形最先激活，整个激活过程呈现从强到弱、再从弱到强的正"U"形分布；然后是字义的激活，最后是字音的激活，但激活不是瞬间完成，二者激活过程都呈现由弱到强然后再由强到弱的倒"U"形分布。总的来说，虽然汉字识别的形、音、义激活起始点和结束点有一定的先后顺序，但它们在时间维度上有相当多的重合。

（二）纳西族儿童汉字识别的字音自动激活

本研究的两个实验均要求被试通过按相应的键进行反应，并没有使字音激活成为必须。但本研究的实验二中却出现了显著的字音激活效应，这表明纳西族儿童汉字识别的过程中存在字音的自动激活。

（三）纳西族儿童汉字识别的年级间效应

本研究的两个实验中，被试的反应时表现出了比较一致的年级间显著差异，表现为三年级和六年级纳西族儿童的反应时显著短于四年级纳西族儿童，而在正确率方面，三年级纳西族儿童显著低于四年级和六年级纳西族儿童。由此可知，虽然三年级纳西族儿童和六年级纳西族儿童的反应时都比四年级的反应时短，但三年级纳西族儿童的高成绩却是以高错误率为代价的，表明六年级纳西族儿童汉字阅读水平有很大提高。

第四节　云南少数民族地区汉字识别教学的应对策略

一、对不同年级的学生采用不同的识字教学方法

宋华（1995）对字音、字形在汉字阅读中的作用的研究表明，初学阅读者更依赖语音，而熟练阅读者更依赖字形。本章第二节对傣族儿童汉字识别过程中形、音、义的激活特征研究也发现，对于低年级的学生而言，在识别汉字的过程中需要借助语音把字形和字义联系起来，语音充当了汉字形－义转换的中介；而对于高年级的学生，语音在汉字识别中的作用并不明显。因此，对于不同年级的学生，应当采用不同的识字教学法，具体而言：

第一，在对低年级学生进行识字教学时，应以汉语拼音教学为主，注重字音的教学，利用图形建立汉字的形义连结，并采用多种教学方式增强识字的趣味性，使学生体会到学习汉字的乐趣。

心理语言学的研究表明，人们的言语理解就是通过语音信号或语音形式建立语义的过程，因此字音的教学非常重要，有了字音这个基础，儿童就能通过读出一个字的字音而与字义建立起联系（伶乐泉，1999）。在字音教学方面，可以采用以音带字法和同音串认法进行教学。以音带字法，是指在音节教学中结合识字的教学方法。具体做法是：让每个音节都带出生字，让学生在学习字音的同时掌握

字形和字义。例如：d→a　dà→大（"大小"的"大"）；x→iao　xiǎo→小（"小学"的"小"）；sh→an　shān→山（"山水"的"山"）。同音串认法，是指在字音教学中以熟字带生字，以易字带难字，把同音字串联起来进行教学的方法。例如，"爸"和"坝"都读"bà"，"半"和"伴"都读"bàn"，"机"和"基"都读"jī"，在教学中可以把它们组合在一起进行练习。具体的操作方法是：先让学生找出同音字，然后找出其中的规律，再进行练习（如组词）。

在学习汉字的初级阶段，主要学习的是一些简单的象形字，如："日、月、水、火、山、石、田、土"等，这些字都是实物的象形，笔画简单，与图画接近，并且课本配有大量的插图和字理图。教师可充分利用这一优势，运用图解识字法来引导低年级学生观察和思考，帮助他们学习汉字。所谓图解识字法，是指利用图画（简笔画、贴画等）帮助识记字形的一种方法。课本插图色彩鲜艳、生动有趣，只要教师加以引导，自然就能激发低年级学生的学习兴趣。此外教师还可以让他们模仿古人造字，例如让学生画画大山的"山"是什么样，让学生们说说"田"字怎么写，激发大家造字、说字的浓厚兴趣，同时从中体会到以形象造字的成就感，而且也利用字形识记了字，同时还培养了低年级学生的画画能力和想象力。

另外，在教学中，教师可以设计各种与生字相关的游戏，引起低年级学生的学习兴趣，激发他们的学习积极性，从而有效地提高识字教学的效率和质量。例如，摘水果游戏。教师先画出不同的果树，再把写有形近字的水果形卡片贴到同一棵果树上，如"师、帅""刻、孩""栏、拦"等，教师读哪个字，就让学生把带有这个字的水果摘下来，然后用这个字组词。这样，不仅有利于低年级学生辨清字形，也能更好地理解字义，读准字音。再如猜字谜游戏。教师根据字形特点，编成谜语或儿歌，以猜谜的方法让低年级学生记忆生字，如双木不成林——"相"；人在云上走——"会"；一半绿，一半红，红的怕水，绿的怕火——"秋"；一点一横，叉叉顶门——"文"等。猜谜是学生较喜欢的种活动，不仅能活跃气氛，又可以培养学生的逻辑思维能力。

第二，在对小学高年级学生进行识字教学时，教师应注重结合汉字的造字法来分析汉字的意义结构，可采用熟字带生字法、偏旁识字法等方法进行汉字教学。

汉字是表意性文字，是音、形、义的统一，汉字中百分之七十以上是形声字。因此，正确掌握形声字是完成小学识字任务的关键之一。在低年级儿童学习的常用汉字中，常用字、非形声字占很大的比例，这表明低年级儿童不太容易把握形声字的认识规律；随着识字量大幅度增加，汉字结构的内部规律越来越明显，在适当引导的基础上，高年级学生很容易产生汉字表义的观念和形声系统的观念。因此，在识字教学中，要抓住汉字的特点，重点分析字形、字音、字义间的关系，使学生将字形、字音、字义三者联系起来，加以全面的掌握和消化，就能起到举一反三、事半功倍的作用。例如，"蜻"是"蜻蜓"的"蜻"，所以用虫字旁，右边读"qīng"，整个字也读"qīng"。用这样的方式讲解，学生就很容易记住、记牢。在对高年级学生进行汉字教学的过程中，可以采用以下几种方法：

熟字带生字法。是指利用已学过的熟字，通过"加一加、减一减"变成一个新字，帮助学生识字的一种方法。如"园"字的学习，利用已学过的"元"字加上"围墙"（囗），就是"园"字，再联系"校园、公园"都有围墙，从而区别了"元"和"园"的用法，也记住了"园"字；"加"字的学习，可利用已学过的"架"字减去"木"就是"加"。

偏旁识字法。常用字中，形同的偏旁所代表的含义基本上是一致的，教师可以将具有相同偏旁的字归类教学。如，"松、柏、桦、树"都有木字旁，说明这些字都是与树木有关的字，如"河、清、湖、海"等都是与水有关的字。这样，不仅让学生学会了生字，而且还掌握学习生字的方法。对于那些没有学过的生字，学生可以利用偏旁的意义，借助声旁，大体了解字义和读音。

二、根据不同教学类型的特点采用不同的汉字教学方式

在双语型教学模式中，少数民族语言是一种辅助教学的手段，教师在教授汉语文教材中，用当地民族语言解释汉语词义，用民语讲解汉语文课文内容。这种模式教学效果好坏，取决于教师对民族语和汉语的掌握程度。因此，对于实施双语型教学模式的民族小学，首先应当提高教师自身的普通话水平或民族语言水平，以满足教学的需要。在识字教学过程中，教师应注意观察学生，发现学生在理解某个汉字的意思上有困难时，应当及时地用本民族语翻译，帮助学生理解。由于学生没能用本族文字来帮助记录语文的译意，对一些字、词，教师在授课时虽然已用本民族语翻译解释，但过后学生容易遗忘，对已学过的字、词还是不够理解。因此，教师应对学生难于理解的字词反复强调，反复练习，以帮助他们掌握和巩固所学的知识。

在双文型教学模式中，民族学生在学前班或一年级时就开始学习民族语文及一些汉语日常用语，这使他们具有一定的汉语口语会话能力，为学好汉语打下了基础。因此，在教学过程中教师应尽可能发挥母语的优势，注意以母语为

先导，提高学生看图说话、学文能力，适当进行翻译训练，指导学生将用本民族文字写的字、词翻译成汉文。这不仅可以帮助他们巩固所学的民族语知识，而且还促进了汉语知识的学习与巩固。另外，云南大部分少数民族语言和汉语同属汉藏语系，文字和汉语文相同相近的地方较多。例如，在语音方面，傣语与汉语有着相同的音节结构类型，即都由声母、韵母、声调构成，但傣语的声母简单，韵母比较复杂。傣语、汉语均有丰富的构词方式等。在教学的过程中教师应当注意它们之间的共同性和差异性，凡是相同的部分可以触类旁通，举一反三，差异的部分则应重点突破。

对于既不开展双语也不开展双文教学模式，全部使用汉语教学的学校，这种教学在双语环境地区、儿童有一定双语基础的条件下是可行的，有利于学生直接掌握汉语文。但是对那些没有汉语环境、学生入学前又不懂汉语的地方，教师采用这种教学模式，学生学习吃力，又对学过的字、词不理解，知其音而不知其义，会读会写不会用，给学生的思想压力很大，容易产生厌学心理。因此，对于既不开展双语也不开展双文教学的少数民族小学，教师应当对学生的成长环境、汉语水平等有一个大概的了解，以便在教学过程中做到因材施教。在汉字教学中，教师可以先从学生生活中常见的、容易理解的实物对应的汉字入手，通过肢体语言、图片或实物来帮助学生看清字形、理解字义，使学生轻松掌握汉字，这样可以增加学生学习汉字的积极性，使学生乐于学习。

三、采取有力措施，积极开展民汉双语文教学

少数民族地区教育发展较缓慢，教学质量较低，主要原因是学生在学习过程中存在语言障碍。就汉语文学习来讲，少数民族学生与汉族学生，一个是间接的接受，一个是直接的接受，要求民、汉同龄生在不同的起跑线上同时到达同一个终点，对少数民族学生来讲困难无疑很大。要缩短这个距离，最有效的办法是开展"双语双文"教学，以母语文为媒介，发挥其桥梁作用。实践表明，在不通汉话的民语区，先学好民语文是发展民族儿童思维、增长知识的有效途径（方柠，2002），这说明开展民族语文教育对学生学习汉语文是十分重要的。为此，作者提出以下建议：

第一，编写适合少数民族学生学习的教材。少数民族汉语教材，应是在以语言间对比为基础、教学为目的的汉语本体研究的基础上，针对不同民族、不同母语背景的教学对象，排列出不同教学重点、难点的一套科学的教学文本。少数民族地区不宜使用统编教材，应根据少数民族实际，增加口语训练的部分。

同时，要根据不同语种编写侧重点不同的教材，因为不同母语的学生，教学中的重点和难点都不同。由于教材不能考虑到每个学生的情况，同一语种的学生出现的偏误具有相似性，但每个学生由于学习态度、方法、动机等差异，偏误情况又不尽相同。因此，教学过程中教师要注重因材施教，打破旧有的"一刀切"的教学模式，有针对性地解决学生出现的问题。

第二，针对不同民族，编辑并翻译出版该民族读物，以满足各类学校学生学习的需要。读物是帮助学生提高文化知识水平必不可少的工具，目前除了课本外，几乎没有什么其他的读物适合少数民族学生阅读，学生学习比较单调、乏味。因此，负责民族语文教学的管理人员，应协助教育、出版部门，编辑并翻译出版关于民族文字的科普知识、工具书及文艺作品等，以满足学生扩充知识面的需要。

第三，重视民-汉双语文师资培训，以保证民-汉双语文教学的质量。发展民族教育，提高教育质量，关键的是教师。教师学习动机的强弱、语言的应用机会、语言教学方法灵活生动与否，甚至教师的性格，都会影响教师的语言学习。此外，语文教师对所教授的语言的认识，对语言教学——尤其是第二语言和外语的教学，有更深刻的影响。目前从少数民族汉语教学总体情况来看，教师的学历参差不齐，而且普通话水平也不一样，有些教师讲课时多带有当地方言或母语口音，无法适应民-汉双语文教学的需要。为此，各县市教研室、各乡镇教委办，应通过各种渠道，采取有效措施，加强对民-汉双语文教师的培训工作，努力提高他们的政治、业务素质，以适应双语文教学的需要。此外，各级教师将汉语与少数民族语言对比的成果应用到教学中时，应注意教学方法的运用。

第四，采取适当的行政手段和配套的政策，促进民-汉双语文教学的实施。政府应当对民-汉双语文教学的实施给予更多的支持和鼓励。对认真开展民-汉双语文教学工作的学校，以及长期从事民-汉双语文教学教研工作的教师，在核拨经费、达标晋级、职称评定、待遇福利等方面，应予适当的政策倾斜；对当地傣族学生在本州的招生、招工、招干的考试中应加试傣语文，考试分数计入升学或招干招工考试的总分；对实施民-汉双语文教学校点的基础设施，如教材、音像器材等教学设备，各级政府应制定规划逐步加强和完善。这一系列配套政策的实施这一系列配套的政策，将会对负责民-汉双语文教学的教师和广大学生学习本民族语言文字起到积极的鼓励和促进作用。

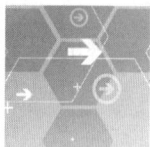

第 三 章

少数民族儿童的汉语词汇认知

"词"是最小的能够独立运用的语言单位，它是表情达意的起点，也是人们语言习得和认知的起点。汉语词汇属于表意文字的词素音节文字，大多数是由单音节语素组成的，单独使用时就是词，不单独使用时就是构词成分。如"光"和"明"既是两个语素，又是两个词。构成语素分为两种：一种叫词根，指的是意义实在、在合成词内位置不固定的不成词语素或成词语素；一种叫词缀，指的是意义不实在、在合成词内位置固定在前或在后的不成词语素。例如"房子"中的"房"是词根语素，"子"是词缀语素。

词汇是儿童认识世界的最重要的学习内容之一，汉语词汇是少数民族儿童在学龄前后普遍必须掌握的交流工具。目前，双语教学是少数民族地区普遍采用的教学方式。那么在学习过程中，儿童如何在本民族语言和汉语间进行快速有效地切换呢？近年来，"双语切换"是受到广泛关注的一个问题，大多数研究者以汉－英双语者为研究对象进行跨文化研究，而关于中国少数民族地区的研究则寥寥无几。本研究以傣族和纳西族两个少数民族地区的儿童为研究对象，对他们在汉语词汇认知过程中的发展特点进行研究，以进一步丰富双语研究的内容。

在这一章中，我们首先介绍相关的词汇认知理论，特别是当代影响最大的心理词典理论和言语提取理论。接着介绍各种理论的相关实验研究，并着重介绍双语者词汇选择机制的两种实验范式研究——语码切换任务和图－词干扰范式。然后介绍了双语者词汇选择的影响因素，包括双语熟练程度和双语发展水平。最后，在结合理论和前人研究的基础上，以傣族和纳西族儿童为例，针对少数民族儿童的词汇表征抑制机制进行了两项实证研究，从而得到少数民族儿童汉语词汇认知的特征和发展趋势。

总之，本章在前人研究的基础上，结合笔者的研究，力图进一步揭示少数民族儿童词汇认知能力的发展特点和规律，为少数民族地区的双语教学提供一些建议和研究支持，促进少数民族儿童的汉语认知水平的提高。

第一节　汉语词汇认知理论及相关研究

双语者是指那些掌握两种或两种以上语言或方言的人。自 Chomsky（1969）提出转换生成语法以来，关于双语者心理词典表征的研究成为语言心理研究的热点。Treisman（1960）提出，心理词典是词的意义在心理上的表征。也有研究者认为心理词典不仅包括词的意义部分，还包括词的音、形部分。由于心理词典的表征受到多种因素的影响，所以在音、形、义这三个层次上形成了各种相互对立又融合的理论和模型。针对心理词典中词汇信息（音、形、义）的表征和提取，研究者们提出了许多问题：

1）双语者两种语言的语义是共同存储在一个语义系统中还是分别有各自的语义系统？研究者据此提出了语义表征理论；

2）语义激活相关词汇是特定言语提取还是非特定言语提取呢？进而研究者提出了言语提取理论；

3）双语者的词汇选择机制会受到自身双语发展水平的影响，那么，熟练双语者与非熟练双语者的词汇选择机制是否一致？针对这一问题，语码切换任务和图－词干扰范式是两种有效的研究范式，本研究将采用这两种范式进行实验研究。

一、词汇的认知理论

（一）双语的心理词典理论

Carroll 等（1999）指出，心理词典是指永久性储存于记忆中的词及词义的心理表征，即词的意义在人的心理中的表征。双语研究发现，双语者具有两部独立的心理词典。在进行言语相关任务时，双语者需要从其中一部心理词典中选择符合需要的词语进行表征。多数实验结果表明，在双语心理词典的存储中，双语者需要从依赖母语逐步发展到直接通过第二语言通达语义层，即将两个心理词典逐步整合（Kroll et al.，1988；Leung et al.，1989）。

Chen（1986，1989）、Leung（1989）、Kroll（1994）等人认为，外语学习者从初学到成为高熟练程度双语者，会转换获得和储存双语信息的途径。这种转换对于不同语言类型的双语者来说是不同的，当第一语言和第二语言相似时，学习者从词汇联结策略转换到多通路获得策略；当第一语言和第二语言不相似时，伴随着第二语言水平的提高，学习者会从词汇联结策略转换到语义中介策略。Kroll 等（1997）认为，二语水平尚未熟练的双语者在理解型作业中可以用第二语言来直接提取语义信息，但在产出型作业中，直接提取语义信息的能力会受到制约。虽然第二语言初学者也能用第二语言对语义信息进行一定程度的加工，但是熟练双语者和非熟练双语者在提取语义信息的对象和效率上可能存在差异。熟练双语者会对一些高频词汇或者基本词汇直接进行语义信息加工，但对大多数第二语言词汇仍以词汇联结为主。

结合 Chen 等人的研究成果，Markus（1977）提出了双语学习者所拥有的两个心理词典的三种联结模式：

1）词汇联结模式。无论第一语言和第二语言是否相似，非熟练双语者的两个心理词典联结模式都主要是词汇联结模式（第二语言通过转换为第一语言来理解语义）。但在一定条件下，非熟练双语者也能够对一些词汇直接进行语义加工，也就是直接通过词形理解词义，比如"人、草、雪、数学"等。国内学者以非熟练中－英双语者为研究对象探讨第二语言的语义通达机制，发现第二语言只能借助汉语对译词的词汇表征通达其语义概念表征，从而支持词汇联结模型。此外，词汇联结模式并不是指第一语言词汇和第二语言词汇在形式上的联结，而是一种以语义获得为主要目标的词汇联结。

2）语义中介模式。Markus（1977）认为，在双语者所掌握的双语拼写不相似的情况下，如果其第二语言熟练程度较高，那么双语者的第一语言和第二语言心理词典的联结模式是语义中介模式（第一语言和第二语言直接通过语义联系，两种语言之间不通）。此时，两个心理词典共享一个语义系统，两个心理词典中的词汇通过共享的语义来联结。进一步说，双语者的两个心理词典中，具体词和双语同源词共享一个语义系统，而抽象词和非同源词则有各自独立的语义系统。

3）多通路模型。在双语者所掌握的双语拼写非常相似的情况下，如果其第二语言熟练程度较高，那么双语者两个心理词典之间的联结模式是多通路模型，也称为非对称性模型（即在语义、第一语言和第二语言之间互相转换）。

当两种语言在形、音上相似时，非熟练双语者可能由第一语言词汇直接联结到第二语言词汇，即使两种语言在书写系统上存在相似性，但对于学习者来说，第二语言仍是外语。而对于熟练双语者来说，虽然不必通过母语翻译来掌握第二语言的词汇，但在很大程度上，两种语言的词汇仍要通过语义才能建立彼此间的联系、建立双语者两个心理词典之间的联结。随着第二语言词汇能力的发展，双语者第二语言词汇的形式表征（形、音）逐渐稳固，相应概念的联结逐渐加强，最终摆脱对母语的依赖，完成从词汇联结型到概念调节型的过渡。

（二）双语的语义表征理论

双语语义表征理论主要探讨双语者两种语言的语义是共同存储还是独立存储的问题。Potter 等（1984）认为，双语者两种语言的语义是共同存储的。Potter 的图片命名实验研究发现，第一语言翻译为第二语言的时间与单独使用第二语言命名图片的时间是相等的，因此，Potter 认为双语者的词汇联结是以语义为中介的，即第一语言和第二语言是通过共同的语义发生联系。

Kroll（1994）对 Potter 的图片命名实验进一步验证发现，被试用第一语言命名图片比第二语言快，在翻译任务中，第一语言翻译为第二语言比第二语言翻译为第一语言所用时间长。因此，Kroll 提出了非对称性模型，该模型强调双语者的两种词汇之间、词汇与语义之间都存在联系，但是联系的强度不一致，第一语言到第二语言的语义之间是强联结，第二语言到第一语言的语义之间是弱联结。

（三）双语的言语提取理论

当人们使用一种语言的时候，能够以每秒两个单词的速度和千分之一的错误率找到合适的词来表达自己的想法，这一特殊能力引起了许多研究者的关注，人们的词汇选择和提取机制是怎样的呢？双语者在词汇提取过程中，存在对目标词汇和非目标词汇的选择性提取的问题，那么在提取目标词汇时，非目标词汇是否会激活呢？ Roelofs（1992）和 Levelt（1993）提出了语义非分解模型，认为与语义相关的词汇节点都能够得到激活，即非目标词汇也会得到激活。Dell（1986）认为，特定的语义包含有一组特定的结构特征，比如鸟的特征有翅膀、羽毛等，"鸟" 这个概念能够激活是由于与此相关的特征词汇节点得到了激活，因此，非目标词汇也会得到激活。既然非目标词汇在目标词汇提取过程中会得到激活，那么目标词汇如何提取呢？已有研究表明，目标词汇的提取依据激活水平的高低而定，人们会选择激活水平最高的词汇作为目标词汇，语义相关程度最密切且激活水平最高的词汇作为非目标词汇，因此，非目标词汇激活水平越高，对目标词汇的提取就越困难。那么，当人们使用两种语言时，如何抑制非目标语言词汇的提取呢？对此研究者形成了不同的解释理论。

1. 非特定言语提取理论

Green 等（1986）、Poulisse 等（1994）认为语义系统激活双语者的两个语言词汇系统，而非单一的词汇系统，但仅存在一个非目标语言词汇激活的抑制系统。语义系统偏向于激活目标语言词汇系统，抑制非目标语言词汇系统。因此，目标语言中与语义联系最密切的词汇将得到最大程度的激活而被提取，而非目标语言词汇因受到抑制，使得激活水平较低而不能被提取出来。Glaser 等人（1984）、Starreveld 等人（1996）采用图 - 词干扰范式进行研究，结果表明，当图片和干扰词存在语义联系时，图片命名的反应时要长于图片和干扰词不存在语义联系时的反应时，因此，他们认为双语者两种语言的词汇水平之间存在竞争，支持非特定言语提取理论。Green（1986）在非特定言语提取理论的基础上提出抑制控制模型，认为在双语言加工过程中，非目标语言的词汇表征参与目标词汇的选择竞争。目标词汇的选择是通过抑制非目标语言的词汇表征来实现的。该模型强调抑制有两方面特征：①激活后抑制。即抑制与当前任务无关且处于激活状态的词汇表征，且词汇表征激活强度越大，所需的抑制控制就越强；②解除抑制所需的加工时间。即对某一词汇系统的抑制将影响随后对该系统的重新激活，且抑制控制越强，解除抑制所需的时间越长。依据这一模型可知，由于非熟练双语者的熟练语言 L1 和非熟练语言 L2 的熟练程度差异较大，导致双语者在完成语码切换任务时 L1 的激活程度大于 L2，所需的抑制控制也随之增强，解除对 L1 抑制所需时间也更长。因此，非熟练双语者的切换代价呈现出不对称性。

2. 特定言语提取理论

Penfield（1959）认为，在语义系统中存在一个转换装置，这个装置只激活目标语言的词汇系统，而抑制非目标语言词汇系统的激活，即在某一时间内双语者只有一个词汇系统处于激活状态。Roelofs（1992）针对 Green（1986）的抑制模型，将激活扩散网络和语言产生规则结合起来，认为在语言产生的过程中，两种语言同时得到激活，但语言产生规则系统倾向于选择有语言标签的词汇。另一方面，Costa 等（2005）指出，图 - 词干扰实验中出现的语义干扰效应可能存在两种作用机制：一种是基于非特定言语提取理论的解释，非目标语言的词汇激活干扰目标语言词汇的提取；另一种是特定语言提取理论的解释，当非目标词汇和图片存在语义联系时，非目标词汇可能通过翻译为目标语言的词汇而激活与目标语言相关的语义，在语义层面上与目标词汇产生竞争，影响目标词汇的提取。

Costa 等（1999）提出特定言语提取理论，认为词汇选择机制只与目标语言中相关词汇的激活水平有关，非目标语言词汇并不参与目标词汇的选择和通达，因此无需对非目标语言的词汇进行抑制。只有当目标语言的词汇表征被整合到一个心理词典中时，才能通过该选择机制来完成目标词汇的选择。对熟练双语者来说，两种语言的词汇表征被整合到一个心理词典中，因此可以通过特定言语选择机制来完成目标词汇提取。相对不熟练语言的词汇表征也能被整合到一个心理词典中，也就能通过特定语言选择机制来选择目标词汇。依据特定言语提取理论，熟练双语者的词汇选择是根据目标语言词汇表征是否被整合到一个心理词典而选择不同的机制。由此可见，在言语产生过程中，不同的双语者采用不同的选择机制。对于非熟练双语者而言，因为激活第二语言的词汇表征需要借助于第一语言，因此只能通过抑制控制机制来选择目标词汇。而对于熟练双语者来说，因为经常在两种语言之间切换，使得切换机制发生了质变，因此会依据目标语言的不同而采用不同机制。只要两种语言的词汇表征可以被整合到一个心理词典中，熟练双语者就能通过特定言语提取机制来完成词汇选择。否则，他们就会和非熟练双语者一样，是采用抑制控制机制完成词汇选择的。

由于研究范式和被试差异等原因，特定言语提取理论和非特定言语提取理论一直存在争议。李利等（2006）认为，在双语言产生过程中，词汇提取机制研究的新趋势主要为以下两个方面：第一，双语发展水平是影响双语者词汇提取的重要因素，熟练双语者为特定言语提取，而非熟练双语者倾向于非特定言语提取；第二，非特定言语的提取机制是通过对非目标语言的抑制而实现的。

（四）双语的范式理论

基于非特定言语提取理论和特定言语提取理论之间的争议，众多研究者主要采用语码切换任务和图-词干扰范式进行实验研究，为双语者抑制控制能力研究提供证据和解释。

1. 语码切换理论

语码切换是指双语者在不同语言之间的转换。双语者从正在使用的语言转换为另一种语言时，反应时会变长，错误率也会增加，这种现象就是语码切换代价。Grosjean（1988）采用类别知觉范式，结果发现在英语句子中加入法语语音标记的词汇、在法语句子中加入英语语音标记的词汇的反应时，要长于没有标记的句子反应时，即句子中占优势的语言会干扰到非优势语言的加工，而无论优势语言是否为第一语言。Meuter 等（1999）用不同的颜色标记数字，不同的颜色使用不同的语言命名，实验分为转换系列和非转换系列。结果发现，转换系列的反应时比非转换系列要长，从第二语言转换为第一语言比第一语言转换为第二语言需要更长的时间。

对于切换代价的原因主要存在抑制说和非抑制说两种解释。抑制说认为，一种语言激活的同时，另一种语言处于抑制状态，因此在两种语言的切换中，切换系列需要重新激活处于抑制状态的语言，从而导致反应时增加。非抑制说认为，当前不使用的语言仍然处于激活状态。Costa 等（2005）采用语义判断任务，要求被试判断两种语言的词汇属于何种类型。结果表明，两种语言的混合词对和单一语言的非混合词对的反应时并不存在明显差异，两种语言都处在激活状态。在命名任务中对非目标语言存在抑制，并且对第一语言的抑制大于第二语言的抑制，因此第一语言转换为第二语言的切换代价小于第二语言转换为第一语言的切换代价。祁志强、彭聃龄和丁国盛（2010）以汉英双语者为被试，采用图片命名和词汇判断任务进行实验研究，结果表明，双语者在语言理解和语言产生中存在不同的切换代价，具体为图片命名任务中只有汉语出现切换代价，词汇判断任务中只有英语出现切换代价。张积家（2008）利用藏－汉－英三语者为被试，研究发现三种语言之间存在切换代价，切换代价的大小受到语言熟悉度的影响，如果两种语言熟悉程度相当，切换代价不明显，如果两种语言熟悉程度差异较大，切换代价明显。

2. 图－词干扰范式理论

图－词干扰范式存在着语义干扰效应（Semantic Interference Effect）和语义促进效应（Semantic Facilitation）。方燕红等（2007）的研究发现，在图－词干扰范式下，语义干扰词对图片命名有一定的影响，或者起干扰作用，或者起促进作用。产生这两种截然不同的语义效应的机制主要有两种假说：

1）词汇选择竞争说。当干扰词和目标图画有语义关联时，干扰词和目标图画所对应的概念表征相互激活，从而造成语义干扰，词汇节点要通过竞争才能得到选择。Roelofs（1992）指出词汇选择竞争说有两个关键假设：一是当干扰词和目标图画有语义关联时，干扰词和目标图画所对应的概念表征相互激活，激活会沿着概念水平到词汇水平自动扩散；二是词汇节点要通过竞争才能得到选择。一个词汇节点能否得到选择不仅依赖它本身的激活水平，还依赖其他词汇节点的激活水平。如果在选择过程中其他词汇节点受到高度激活，那么，目标词汇节点的选择将会滞后。之所以产生语义干扰效应，是因为语义关联的干扰词比非关联的干扰词会产生更强的词汇竞争，语义关联干扰词的干扰作用更大。因为图片的语义表征激活了相关联的干扰词的词汇节点，没有激活非关联的干扰词的词汇节点，这样关联词的词汇节点就受到来自图片语义表征和它自身语义表征两方面的激活，而非关联词的词汇节点只受到来自它自身语义表征的单方面激活。因而关联干扰词的词汇节点的激活水平不仅高于非关联词的词汇节点，甚至高于目标词的激活水平，带来更激烈的词汇竞争，致使目标词汇节点的选择难度加大，反应潜伏期延长。

2）相对范畴水平说。决定语义效应及效应大小的关键因素是干扰词和目标词之间的范畴水平。如果干扰词和目标图画处在同一范畴的相同水平，则产生语义干扰。如果干扰词和目标图画处在同一范畴的不同水平，则产生语义促进。Glaser 等（1989）通过控制干扰词与目标词的语义关联性和转换命名任务，研究干扰词汇对目标词汇提取的影响。结果发现，在基本水平命名任务中，图－词有语义关联的图片命名反应时比图－词无语义关联长，出现了语义干扰效应。而在范畴水平命名任务中，图－词有语义关联的图片命名的反应时比图－词无语义关联短，出现了语义促进效应。

二、词汇认知的相关实验研究

（一）双语语义表征的研究

双语语义表征研究比较关心的一个问题是，双语者的语义在大脑中是单独存储还是共同存储。为了解决这个问题，出现了如下几个具有代表性的范式：词汇联想范式（Koler，1963）、双语 Stroop 实验范式（Preston et al.，1969）、词语翻译和图片命名范式（Kroll et al.，1988）、跨语言的语义启动（Schwanenflugel et al.，1986）范式等。下面简单介绍 Stroop 实验范式和跨语言启动范式。

对红墨水写成的有意义刺激"绿"和无意义刺激"X"的颜色进行命名时，会发现前者的命名时间比后者的命名时间要长得多。这种同一色词的颜色信息（红色）和词义信息（绿）相互发生干扰的现象，就是著名的 Stroop 效应。

跨语言启动范式是研究双语者第一语言和第二语言之间语义联系的方法。在典型的启动实验中，采用一种语言词汇作为启动词，另一种语言词汇作为目标词，启动词和目标词之间的关系主要有语义相关关系、对等翻译关系、音似关系和形似关系等。被试的任务主要有目标词的语义范畴判断和真假字判断等，观测变量往往是反应时和正确率。根据激活扩散模型，如果双语者第一语言和第二语言的语义是重叠关系，那么当启动词和目标词之间存在语义关系时，启动词对语义的激活能同时激活目标词的词汇节点，那么对目标词的反应时就要比没有语义关系时的反应时要短。如果两种语言之间的语义是独立存储的，那么双语间的语义关系对目标词汇的反应时就不会造成明显的差别。

然而，对跨语言启动模型的研究和大多数其他模型一样，研究结果很不一致。有些研究发现了跨语言启动效应（Chen et al.，1989），有些研究则没有发现跨语言启动效应。有些研究发现第一语言对第二语言启动较多，第二语言对第一语言启动较少（Keatley et al.，1994）。有些研究认为同源词、形似词和具体词会出现启动效应（De Groot et al.，1991；Paivio et al.，1980）等。由此可见，双语词汇的语义表征并不是简单的独立存储或共同存储。大量研究发现，双语者的双语语义表征从不熟练到熟练经历了由词汇中介联结到概念联结的转变、大脑内部的激活区域从分离到逐步的整合。但双语词汇语义表征仍然有许多问题需要解决，比如不同类型的语言文字之间（象形文、表意文）是否也有拼音文字之间的规律，不同类型词汇之间的表征方式是否有差异等，这为后人的继续研究留下了很大的空间。

（二）双语抑制控制的研究

图－词干扰范式和语码切换范式是双语抑制控制能力研究的主要范式。

1. 图－词干扰范式研究

图－词干扰范式（Picture-Word Interference Paradigm，PWI）是 Stroop 效应研究的经典范式之一。在图－词干扰范式中，研究者给被试呈现图片和干扰词，干扰词镶嵌在图片之上，实验时主试要求被试忽视干扰词，尽量快而准地说出图片名称（一般称为目标词），以此来研究干扰词对被试命名反应时的影响，探讨语义、词形、语音效应及其机制。干扰词一般分为语义关联干扰词，如葡萄－桂圆，和语义无关联干扰词，如苹果－老虎。

图－词干扰范式下出现的语义效应促进了研究者对语义效应产生机制的探讨。Costa 等（1999）运用图－词干扰任务，分别以熟练平衡双语者（加泰罗尼亚语言和西班牙语）和熟练不平衡双语者（西班牙语和英语）作为被试，考察了干扰词对图画命名的影响。结果发现，当干扰词与图画名称有语义关联、语言条件不一致时，出现了跨语言的语义干扰效应，这个结果支持特定言语提取理论。

Costa 等（2003）通过变化干扰词和目标图片的范畴水平关系、命名任务，发现干扰词与目标词所属范畴的相对水平影响语义效应的大小及性质（促进或干扰）。当二者为相同范畴的相同水平时（狗－老鼠），表现为语义干扰效应，相同范畴的不同水平时（狗－动物），则表现为语义促进效应。当二者为不同范畴时，表现为语义干扰作用，且水平相同时（动物－交通工具）干扰作用大，水平不同时（动物－卡车）干扰作用小。

Costa 等（2005）进一步细分图片名称与干扰词的语义关系类型，这些类型包括：①范畴关联，图片名称与干扰词属于同一范畴的同一水平，两者处于平行关系，如黄蜂－蜜蜂；②范畴不关联，两者不属于同一范畴，如黄蜂－蚂蚁；③语义关联，干扰词表征的是图片表征物体的一部分，两者处于从属关系，如黄蜂－刺；④语义不关联，两者没有语义关联，黄蜂－仙人掌。结果发现，范畴关联干扰词的干扰作用（黄蜂－蜜蜂）大于范畴不关联干扰词（黄蜂－蚂蚁）。

张清芳等（2004）采用图－词干扰实验范式，探索汉语单词产生语义、字形和语音激活的时间进程。实验采用 7（SOA：−300、−200、−100、0、+100、+200、+300）× 4（干扰类型：语义干扰、语音干扰、字形干扰、无关干扰）的实验设计，SOA 指的是图片和干扰词呈现之间的时间间隔，"−"表示干扰词在图片呈现 300ms、200ms、100ms 之前出现，"+"表示干扰单词在图片呈现 300ms、200ms、100ms 之后出现，结果发现了语义干扰条件对图画命名的促进作用。

2. 语码切换任务研究

语码切换是指双语者在两种或多种语言之间转换的过程，语码切换是言语产生领域常用的研究范式，在语码切换过程中的资源消耗称为切换代价。在经典的语码切换研究中，被试依据背景颜色的提示（例如，当背景颜色是绿色时，用第一语言命名；当背景颜色是红色时，用第二语言命名）命名依次呈现的图片或阿拉伯数字。一般包括无切换系列和切换系列两种材料呈现方式，其中无切换系列中所有的材料都用同一种背景颜色呈现，要求被试根据指导语来命名，切换系列包括预期切换（ABAB）和无预期切换（radom）。无切换系列一般包括两个，第一语言和第二语言分别组成一个无切换系列。而切换系列一般只有一个，同一系列包括两种背景颜色，要求被试依据不同的背景颜色来选择语言进行命名任务。

Kahneman（1973）从心理资源分配的角度提出了第一个认知资源理论（Cognitive Capacity Theory），该理论把注意看做是人类有限心理资源的信息加工系统，注意只能在心理资源许可的范围内承担有限的任务。当人们同时面临两种或多种任务时，便造成了系统对资源的竞争，人类信息加工系统会根据不同的任务目标分配有限的资源，选择一部分输入信息进行加工，其他输入信息因资源的限制而不能得到加工，最终被放弃。认知资源理论认为，当人们同时进行两项活动时，产生的问题并不是这两项活动相互干扰，而是进行两项活动需要较多的资源，超过了资源总量。只要这些活动不超过资源总量，人们就可以同时进行这些活动。例如，当人们同时听两种语言时会感到困难，但人们可以边散步边交谈，边骑车边唱歌，当行人穿过马路时，就会把更多的资源分配到注意行驶的车辆，这时就往往停止了唱歌或谈话。

Allport（1999）研究结果发现，对于非熟练双语者而言，在切换系列中的命名反应时要比无切换系列的反应时更长，错误率更高，这一现象被称为切换代价（Switching Cost）。同时，被试用熟练语命名时显著快于用另一语言命名，而且切换至熟练语言的代价显著大于切换至不熟练语言的代价，即存在着切换代价的不对称性（Asymmetrical Switching Cost）。Costa 等（2006）对此进行了实验研究，他们比较了两类双语者，除前面提到的非熟练双语者外，还选择了掌握多种语言且一种非母语的语言能力达到非常熟练程度的被试，这类被试有两种语言（母语和一种非母语）达到熟练程度，因此也称之为熟练双语者。通过系列比较发现，对于非熟练双语者而言，无论任务语言是 Catalan-Spanish（卡特兰语－西班牙语），还是 Spanish-Korean（西班牙语－韩语），都存在切换代价及切换代价的不对称，而且，切换至熟练语言的代价大于切换至非熟练语言的代价。但是，对于熟练双语者而言，切换至熟练语的代价和切换至另一语言的代价几乎相当。

（三）双语者词汇选择的影响因素研究

1. 双语熟练程度的研究

Costa（2004）以母语为西班牙语（相对熟练）、第二语言分别是加泰罗尼亚语（非常熟练）和英语（不熟练）的双语者作为被试，采用图片命名任务研究发现，熟练程度相当的双语者（平衡双语者：西班牙语－加泰罗尼亚语）在两种语言之间切换时，两种任务语言的切换代价相当，即不存在切换代价的不对称性。后期研究还发现，熟练双语者（不平衡双语者）在熟练程度不同的两种语言之间进行切换时，两种任务语言的切换代价也相当。关于熟练双语者的研究结果支持特定言语提取理论，依据该理论，对于熟练双语者而言，非目标语言未参与目标词汇选择竞争，完成两种语言之间的切换时，无论是切换至熟练语言，还是切换至比较熟练语言，目标词汇选择过程都相似。据此，他们提出，熟练双语者的目标词汇选择机制不同于单语者，单语者采用非特定言语提取理论，熟练双语者则转向特定言语提取理论。

Costa 等（2006）再次采用图片命名任务，进一步考察了熟练双语者的词汇选择，以及语音相似性对语码切换及其代价的影响。结果发现熟练双语者（不平衡双语者）进行熟练语言与新学的、不熟悉的语言之间的切换时，存在切换代价的不对称性，采用的是非特定言语提取理论，这与以往熟练双语者在熟练且相似的语言之间的切换特点相似。这个结果表明，熟练双语者的词汇选择机制并非一成不变，而是受到语言熟练程度的影响，且不受语言相似性的影响。

张积家等人（2007，2008）以母语为藏语、汉语熟练、英语不熟练的汉-英、藏-汉-英双语者为被试，采用真假词判断的研究任务，在无切换、预期切换和无预期切换三种条件下，考察藏、汉、英三种不同熟练程度的语言之间的语码切换及其代价。研究发现，藏-汉-英双语者在字词识别中，语言熟练程度影响语码切换特点，两种语言的相对熟练程度决定了切换代价的不对称性。对于汉语和藏语均为熟练语言的平衡双语者，两种语言的切换代价并不存在显著差异，且切换代价对称，采用特定言语提取理论。而对于藏语熟练、英语不熟练的双语者，在两种语言切换时存在切换代价的不对称性，采用非特定言语提取理论。

张积家等（2008）再次通过图片命名任务的语码切换代价，探讨了藏-汉-英双语者在言语产生中的词汇选择机制。结果表明，在完成熟练的两种语言（藏语、汉语）之间切换时，不存在切换代价的不对称性，支持了特定言语提取理论；而在熟练语言切换至相对熟练的语言时（藏-英、汉-英），都存在切换代价的不对称性，支持非特定言语提取理论。该结果进一步支持以往的观点，双语者言语产生的词汇选择机制受到语言熟练程度的影响，且该结果进一步得到崔占玲和张积家（2010）的验证。他们考察了汉-英双语者语码切换的机制及切换代价的来源，再次证实语言熟练程度依然是影响双语者语码切换及切换代价的主要因素。

杨静等（2004）综合大量相关文献分析了第二语言年龄和熟练程度对双语表征的影响，认为第二语言学习越早，熟练程度越高。双语者的大脑加工机制和第二语言的发音越接近单语者，但这种影响机制还需要进一步的研究。

2. 双语发展水平与认知控制的研究

人类认知系统的一个重要特征是它能根据知觉选择、反应偏向以及实时更新的情境信息，调节自身状态以适应特定的任务，使这种适应性得以实现的认知过程就是认知控制。认知控制是一个根据内部目标来协调行动与当前情境关系的内部认知机制，它与许多认知成分都有关系。已有研究发现，儿童的认知控制能力随着年龄的增长稳步发展。在青年人中，熟练双语者的双语抑制控制能力和一般认知能力都高于非熟练双语者，说明双语现象也和较高的认知控制能力相联系。在老年人中，双语减缓了认知控制能力的衰减速度。

Peal 等（1962）对年龄、性别、社会经济地位相匹配的法－英双语儿童和法语单语儿童的智力进行了比较，结果发现双语儿童在非言语智力测验和总智力测验得分显著高于单语儿童。Bialystok（1988）设置了单词大小判断任务，要求单语和双语儿童在 hippocampus 和 skunk 这样的词对中判断哪一个单词更大。要正确完成这一任务，儿童必须忽略单词所指物体的大小，而将注意选择性地指向单词本身的长度，即需要儿童对注意进行选择性地控制。结果发现，双语儿童能更好地认识到单词大小不同于物体大小，因而正确地回答了问题。Yelland 等（1993）采用同样的任务发现，学习意大利语 5 个月的小学一年级英语儿童也表现出了单词意识的优势。

Zied 等（2004）对中年双语者和老年双语者的双语抑制控制能力进行了对比研究，实验采用 3（语言：熟练双语者、法语优势的双语者、阿拉伯语优势的双语者）×2（年龄：青年、老年）×2（任务：翻译、命名）的三因素混合实验设计，其中语言和年龄是被试内变量，任务是被试间变量。对这些被试进行 Stroop 测验，依次读出所呈现的色词、色词颜色并进行翻译。结果发现，在所有的 Stroop 任务条件下，在非熟练的双语者中存在着更多的语言间干扰。与法语优势和阿拉伯语优势的双语者相比，老年熟练双语者反应更快，在青年双语者中也发现了这一现象。这些研究结果表明，非熟练双语者随着年龄的增长，双语的抑制控制能力下降，熟练双语者随着年龄的增长，双语抑制控制能力没有变化。

Bialystok（1988）的一项研究发现，双语者执行控制加工的能力更强，双语现象减缓了老年人认知控制能力的衰退。该研究采用两个实验比较了中年和老年单、双语者的西蒙测验成绩，结果发现，双语者西蒙效应明显小于单语者的西蒙效应；中年组的西蒙效应小于老年组的西蒙效应（Simon Effects）即在刺激和反应一致效应的范畴下，即使靶子的方位维度与当前任务不相关的时候，空间一致效应也会发生；在要求更多抑制控制工作记忆的条件下，双语者的反应显著快于单语者的反应。

沈德立（2003）对分心抑制与年龄关系的位置负启动效应进行了实验研究。实验采用 4（年龄：小二、初二、大一、老年人）×2（位置：启动显示、探测显示）的研究设计。研究结果发现位置抑制且与先前研究发现的特性抑制存在分离，充分说明了位置抑制与特性抑制在人类抑制系统中是两个相互独立的加工过程。位置抑制能力最早获得最晚衰退，在生命发展过程中基本保持恒定；而特性抑制能力则是一个从上升到衰退的过程。

李星（2007）用本科生和研究生作为被试，探讨了不同熟练水平双语者的双语抑制控制能力的差异，并进一步对其机制进行了实验研究。被试分为熟练双语者和非熟练双语者，对这些被试进行 Stroop 范式和刺激－刺激、刺激－反应相容性任务范式的实验。研究表明，熟练双语者的双语抑制控制能力高于非熟练双语者的双语抑制控制能力；在不同语言干扰条件下，不同熟练水平双语者的抑制控制能力不同。

第二节　傣－汉双语儿童汉语词汇形音的语义通达特点

一、前言

傣汉双语者（bilingual）是指在日常生活中能使用傣语和汉语两种语言的傣族个体。随着地域之间、民族之间交流需求的增加，以及国家、家庭对儿童教育的重视，汉语教学在傣族地区普及程度越来越高。双语双文教学是傣族儿童学习汉语的主要方式，具体是指在学校教学中教师同时使用傣语和汉语口语来讲解知识，教材使用傣语和汉语两种书面文字。双语双文教学的目的在于：一方面是为了传承傣族本民族的民族文化；另一方面是因为傣族儿童入学之前只会说傣语，汉语学习必须以傣语为中介（刘钰，等，2011）。

以往国内外关于词汇识别的研究发现，语音对词汇的识别起到促进或干扰的效应，当呈现的词汇具有多个发音时，会延长对该词汇判断的时间（Rubenstein 等，1971），以汉语为材料的启动研究结果表明，启动词汇同目标刺激语音一致时的词汇判断反应时要快于不一致时的反应时（Pexman 等，2001）。进一步研究发现同音词汇的频率是影响同音效果的一个重要因素（管益杰等，2001）。然而汉语词汇的频率统计是以成人的阅读材料为基础的，对于正在识字阶段的小学儿童来讲，这种成人字频统计没有实际的应用意义，学习年龄（Learning Age，LA）却是一个替换频率的有效指标（Brysbaert et al.，2000）。学习年龄是指，第一次学会某一个词或图片意义的年龄（Bonin et al.，2001）。早习得的词汇比晚习得的词汇加工要容易（Tan et al.，2005），这就是学习年龄效应。以阅读障碍者为研究对象发现，语音对英语阅读有重要影响，而字形对汉语阅读的影响更大（陈宝国等，2001；刘艳等，2015a，2015b）。对词汇识别过程中形、音、义激活的时间进程的研究结果表明，词汇频率是影响形、音、义激活时间进程和他们之间关系的一个重要因素。以汉语为研究材料的启动条件下目标范畴判断作业研究发现，高频汉字形、音、义激活的时序为字形－字义－字音的顺序（陈宝国等，2003）。低频汉字形、音、义激活的时序呈现不同的特点，字形的激活在先，字义和字音的激活同时进行（陈宝国等，2007）。

　　傣语属汉藏语系壮侗语族壮傣语支，是典型的拼音文字，而汉语是表意文字，在这种以拼音文字为母语的学习环境里，汉语在心理中的表征特点是否会受到母语环境的影响？汉语书面词汇和汉语口语语音是学生接触最多的汉语形式，那么这两种形式的汉语各自通达语义的特点是什么呢？最后，不同年级对同一汉语材料的学习年龄是不一样的，在语义通达过程中是否会表现出不同的特点？围绕着这三个问题，本书通过两个启动实验加以探讨，实验一是以汉语语音为启动刺激，实验二是以汉语书面词汇为启动刺激，分别分析他们对图片语义激活的影响。

二、实验一

（一）目的

　　本实验考查启动刺激汉语语音与目标刺激图片汉语名称发音一致时，启动刺激能否对目标刺激产生启动效应，以及不同年级所表现出的特点。

（二）被试

　　从云南省德宏州某傣汉双语小学二、四、六3个年级中随机抽取被试各21名，母语均为傣语，这些被试直到进入小学学前班才开始接触汉语，在1～2年级的某阶段才能说汉语。其中二年级被试年龄为8～9岁，四年级被试年龄为10～11岁，六年级被试年龄为12～13岁。所有被试智力正常，视力正常。

（三）实验设计

　　采用3×2两因素混合实验设计，自变量分别为年级和启动条件。年级是被试间变量，分为二、四、六3个年级，启动条件是被试内变量，分为启动刺激汉语语音与目标刺激图片汉语名称一致和不一致两个水平。因变量是反应时和正确率。同时把启动量作为启动效应大小的一个指标，启动量指条件不一致时的反应时与条件一致时的反应时之差，用以分析不同年级间的启动效应特点。

（四）实验材料和程序

实验材料包括汉语的语音刺激材料和图片刺激材料。从当地小学一年级和二年级的语文教材中选取 60 个汉语双字名词词汇，其中生物和非生物词汇各 30 个。词汇的频率是影响加工速度的一个重要因素，但该研究的被试是小学儿童，因此，材料的筛选标准是从正式实验以外的一、四年级学生中随机抽取 10 名学生来对词汇进行识别，选取其中能被所有学生快速读出并发音正确的生物词汇和非生物词汇各 10 个作为正式实验的文字材料，将其录制成 400～500ms 长度的汉语音频，并制作其对应的彩色图片。经学生检测，所有的音频和图片都能被学生正确识别。随机从 10 个生物刺激音频中选择 5 个作为一致条件刺激组的启动刺激，也就是汉语音频和图片的汉语名称一致，剩下的五张图片与先前选出的音频随机匹配作为不一致条件刺激组，非生物刺激材料的选取和配对方式同生物材料刺激一致。实验中生物刺激和非生物刺激组随机出现。

实验程序通过 E-Prime 1.1 呈现。首先，呈现注视点"+"500ms，然后，出现启动刺激汉语音频 500ms，此时屏幕为白色界面，音频消失后紧接着出现目标刺激图片，要求被试判断目标刺激图片里面的物体是生物还是非生物。被试看到生物图片时按"F"键，看到非生物图片按"G"键，余下被试按键要求相反。目标刺激呈现的最长时间是 3000ms，该时间段内要求被试做出相应的按键反应，按键后目标刺激立即消失，间隔 1000ms 空屏后进入下一组刺激。如在该时间段内被试没有按键反应，目标刺激也自动消失，该刺激以错误反应记录，以该被试的系列平均反应时代替，间隔 1000ms 空屏后进入下一组刺激。正式实验开始前，被试需要正确通过由正式实验以外的材料所编制的练习实验，练习实验有生物刺激和非生物刺激材料各 4 个，其中一致和不一致条件材料各 2 个，时间设置同正式实验相同。

（五）结果与分析

统计前删除错误率在 40% 以上的数据，其中二年级有一名男生数据被删除，同时删除反应时在 $M\pm4SD$ 的数据，占数据总量的 0.87%。具体数据见表 3-1。

对反应时的重复测量方差分析结果表明，年级的主效应非常显著，$F1$（2，59）=18.94，p=0.000，$F2$（2，27）=243.64，p=0.000；进一步多重比较发现，二年级反应时显著长于四年级和六年级，p=0.000，四年级和六年级之间差异不显著，p=0.993。反应时的启动条件主效应非常显著，$F1$（1，59）=97.57，p=0.000，$F2$（1，27）=34.49，p=0.000；一致条件下的反应时显著短于不一致条件下的反应时。反应时的年级和启动条件交互作用不显著，$F1$（2，59）=1.38，p=0.259，$F2$（2，27）=0.69，p=0.510。

表 3-1　3 个年级在语音启动条件下的反应时、正确率和启动量

年级	一致反应时/ms	正确率/%	不一致反应时/ms	正确率/%	启动量/ms
	M（SD）	M（SD）	M（SD）	M（SD）	
二年级	1016.45（238.89）	0.91（0.11）	1200.77（283.39）	0.92（0.11）	184.33
四年级	676.20（106.08）	0.96（0.07）	842.34（217.37）	0.95（0.10）	166.15
六年级	699.19（199.25）	0.90（0.16）	820.48（226.97）	0.91（0.14）	121.29
总计	793.74（242.03）	0.92（0.12）	950.56（296.27）	0.93（0.12）	156.82

对启动量的单因素方差分析表明，年级的主效应不显著，$F1$（2，59）=1.38，p=0.259，$F2$（2，27）=0.69，p=0.510。

对正确率的重复测量方差分析表明，年级主效应不显著，$F1$（1，59）=1.12，p=0.334，$F2$（1，27）=0.99，p=0.383。启动条件主效应不显著，$F1$（1，59）=0.49，p=0.489，$F2$（1，27）=0.24，p=0.630。启动条件和年级之间的交互作用不显著，$F1$（2，59）=0.70，p=0.499，$F2$（2，27）=0.42，p=0.663。不同年级和不同条件下的正确率无显著差异，图片对各个年级被试而言难度一致。

通过分析表 3-1 的数据发现，数据的标准差较大，这主要是小学生在实验过程中注意力不稳定所导致，尽管在实验中要求学生集中注意力，但依然存在分心的情况。而标准差的增加导致一部分有较大差异的数据在统计上不显著，因此在本实验及实验二的结果分析中，会结合数据的发展趋势来加以分析。

实验一的结果表明，对图片语义提取的速度二年级和四、六年级被试之间存在显著差异，四年级和六年级却不存在这种差异。因此，二、四年级之间存在一个图片语义提取加工速度的快速发展期，四年级以后这种能力趋于稳定。在一致条件下和不一致条件下，儿童对图片语义的提取存在显著差别，在一致条件下的反应时显著短于不一致条件，说明汉语的语音对图片语义的提取有明显的促进作用。从启动量方面来看，年级之间不存在显著差别，但是随着年级的升高，启动量存在递减的趋势，这种趋势表明年级越低儿童对图片语义的提取更依赖语音，年级越高这种依赖性越低。

实验一探讨了汉语口语语音－语义通达在不同年级上的发展特点，那么汉语书面词汇作为另外一种主要的汉语表达形式，他的语义通达会表现出什么样的发展特点呢？这正是实验二要探讨的内容。

三、实验二

（一）目的

实验二考查启动刺激汉语词汇与目标刺激图片汉语名称字形一致时，启动刺激能否对目标刺激产生启动效应，以及不同年级所表现出来的特点。

（二）被试

同本节实验一。

（三）实验设计

实验二采用 3×2 两因素混合实验设计，自变量包括年级和启动条件。年级是被试间变量，分为二、四、六 3 个年级，启动条件是被试内变量，分为启动刺激汉语词汇与目标刺激图片的汉语名称一致和不一致两个水平。因变量是反应时、启动量和正确率。

（四）实验材料和实验程序

实验材料同实验一。

实验程序通过 E-Prime 1.1 呈现。首先，呈现注视点"+"500ms，然后，出现启动刺激汉语词汇 60ms，紧接着出现空屏 50ms 后，出现目标刺激图片，要求被试判断目标刺激图片里面的物体是生物还是非生物，被试看到生物图片时按"F"键，看到非生物图片按"G"键，其余被试按键要求相反。目标刺激的呈现和按键要求同实验一。正式实验开始前，被试需要正确通过由正式实验以外的材料所编制的练习实验，练习实验有生物刺激和非生物刺激各 4 个，其中一致和不一致条件各 2 个，时间设置同正式实验。

（五）结果与分析

统计前删除错误率在 40% 以上的数据，其中二年级有一名男生数据被删除，同时删除反应时在 $M \pm 4SD$ 的数据，占全部数据 0.74%。具体数据见表 3-2。

对反应时的重复测量方差分析结果表明，年级的主效应非常显著，$F1$（2，59）=18.96，p=0.000，$F2$（2，27）=238.02，p=0.000；进一步多重比较发现，二年级和四、六年级之间的差异都非常显著，p=0.000，二年级反应时显著长于四年级和六年级。条件的主效应非常显著，$F1$（1，59）=17.39，p=0.000，$F2$

（1，27）=12.37，p=0.002，被试在一致条件下的反应时显著短于不一致条件下的反应时。年级和条件之间的交互作用不显著，$F1$（2，59）=0.95，p=0.392，$F2$（2，27）=1.20，p=0.316，两种条件在 3 个年级上的变化趋势一致。

表3-2   3 个年级在汉语词汇启动条件下的反应时、正确率和启动量

	一致/ms	正确率/%	不一致/ms	正确率/%	启动量/ms
	M（SD）	M（SD）	M（SD）	M（SD）	M（SD）
二年级	1116.26（198.07）	0.89（0.15）	1154.78（221.50）	0.92（0.12）	38.52
四年级	722.86（183.04）	0.92（0.15）	804.35（198.15）	0.91（0.15）	81.48
六年级	816.44（185.55）	0.88（0.16）	910.46（265.61）	0.91（0.16）	94.01
总计	881.46（250.36）	0.90（0.15）	953.33（269.94）	0.91（0.14）	71.86

对启动量的单因素方差分析表明，年级之间的主效应不显著，$F1$（2，59）=0.95，p=0.392，$F2$（2，27）=1.20，p=0.316。

对正确率的重复测量方差分析表明，年级的主效应不显著，$F1$（1，59）=0.06，p=0.942，$F2$（1，27）=0.01，p=0.988。条件的主效应不显著，$F1$（1，59）=1.72，p=0.195，$F2$（1，27）=0.69，p=0.414。条件和年级之间的交互作用不显著，$F1$（2，59）=1.19，p=0.312，$F2$（2，27）=0.52，p=0.603。不同年级和不同条件下的正确率无显著差异，图片对各个年级被试而言难度一致。

实验二的结果表明，在年级发展特点上，二年级和四、六年级之间存在非常显著的差异，与实验一具有类似的特征。被试在一致条件下的反应时显著短于不一致条件下的反应时，表明一致条件下汉语词汇对目标图片的语义提取出现了启动效应，汉语词汇的出现有助于对图片的理解。启动量在年级上的变化呈现出与实验一相反的趋势，尽管这种趋势没有年级上的显著差异，但是从这种趋势中可以看到二年级的启动量明显小于四年级和六年级，说明二年级的汉语词汇与语义之间的联结还很弱。

四、综合讨论

（一）傣–汉双语者图片语义提取速度的年级差异

实验一和实验二的结果表明，二年级学生的图片提取速度要显著慢于四年级和六年级，四年级和六年级之间不存在显著的差异。这说明对图片语义提取速度的发展主要在二到四年级之间，四年级以后发展相对稳定。这种发展特点

可以通过学习年龄来进行解释，以往图片命名实验发现，学习年龄是图片命名反应时的主要指标，学习年龄越早，反应时越快（林泳海等，2010；郝美玲等，2003）。但以 9 岁组和 12.8 岁组瑶族儿童为被试的高频汉字语义启动实验研究表明，高年级组的反应速度仍然快于低年级组（Pind et al.，2002），在时间段上与本研究结果存在差异，在本研究中目标刺激是图片，这是否意味着图片语义提取的认知加工关键期较文字早还需进一步验证。

实验中材料的选取是以一年级和二年级的语文课本为依据的，3 个年级学习年龄存在一个递增的时间序列关系，二年级学生接触的时间最短，反应时最长，这与以往研究结果相似（Hallahan et al.，1976），但是四年级和六年级没有出现显著差异，与以往研究结果表现出不同的变化趋势。原因可能在于材料难度和实验任务不同，相对于四、六年级来说，尽管存在学习年龄上的差异，但是由于材料是从一、二年级教材中获得的，而且是较为常见的图片材料，因此四、六年级对材料的熟悉度已经达到较高水平，因此没有显著差异。

（二）傣－汉双语者汉语语音和汉语词汇语义通达的特点

从实验一和实验二的结果可以看出，汉语语音和汉语词汇对图片语义的提取都有显著的启动效应，均能促进儿童对图片的语义提取。以英语被试为研究对象的结果表明，高低水平阅读者之间的差异主要是因为语音意识之间的差别导致的（陈宝国等，2005）。而在汉字的识别过程中，语音对低频字字形的加工也有一定影响，多音字越多，反应时越长（彭聃龄等，1997a），但是在以汉语为材料的研究中，并不是所有的研究都支持汉语发音能起作用（吴汉荣等，2008）。

在启动量的变化趋势上，尽管年级之间没有显著的差异，但是以汉语语音为启动刺激时的启动量是随年级升高而减少的，这与以三、五年级为研究对象的研究结果相似（Jared et al.，1999）。而以汉语词汇为启动刺激时的启动量是随年级升高而增加的，与语音的启动作用呈现相反的发展趋势。以往的研究发现，语音有助于低频词意义的激活，与表现较好的阅读者相比较，表现较差的阅读者需要先激活语音才能通达语义，而高水平阅读者则先通达语义（赵金铭，1997）。彭聃龄用大学生、小学六年级和三年级为被试的 Stroop 实验考察了阅读水平对语音激活和对汉字语义提取的影响，语音的自动激活有助于语义通达，并且低年级被试的语义提取更多地依赖于语音编码。因此，年级越低，对汉语语音的激活越有助于图片语义的提取。

汉语词汇对图片语义提取的启动量呈现递增的趋势，原因主要在于对汉语词汇材料的加工速度和汉语词汇与语义联结的强度上，汉语学习是一个从口头语到书面语的过程，相对于汉语语音刺激来说，二年级学生对书面汉语的加工速度还处于弱势地位，需要比四、六年级更多的加工时间才能提取其语义，因此导致了在 60ms 的时间里不能有效地提取语义，从而也说明汉语书面词汇与语义之间的联结在二年级要弱于语音与语义之间的联结。随着年级的升高这种联结强度差异减小，但整个小学阶段语音与语义的联结强度都要强于词汇与语义的联结强度。

五、结论

（1）傣－汉双语者图片语义提取速度二年级显著慢于四年级和六年级，这说明不同年级被试受材料熟悉度影响存在学习年龄效应。

（2）傣－汉双语者汉语语音对图片语义提取的促进作用大于汉语词汇，这说明语音是傣族小学生学习汉语的主要中介。

（3）傣－汉双语者汉语语音对图片语义提取的促进作用随年级升高而减少，汉语词汇对图片语义提取的促进作用随年级升高而增加，这说明随着汉语水平的升高，汉字字形优势逐渐体现出来。

第三节　傣－汉双语儿童词汇选择过程中的抑制控制

一、前言

双语者是指可以同时使用两种标准语言的个体（Grosjean，1982）。由于双语者习得两种语言的顺序不同，先习得语言为第一语言（L1），后习得语言为第二语言（L2）。在双语者使用语言的过程中，非目标语言也可能会被激活，有时甚至会导致双语者词汇选择错误（Gollan et al.，2011）。词汇选择是言语产生的组织阶段，是指为所表达的概念选择适当的词汇，建立词汇的语法结构和发音结构（张清芳，2006）。因此，对双语者词汇选择过程进行研究将有助于减少双语者言语产出过程中相互干扰的现象。词汇选择过程需要抑制无关语言并做出正确反应。研究者通常使用语码切换范式（Language-Switching Paradigm）对这一认知控制过程进行研究（Costa et al.，2004；Finkbeiner et al.，2006；Guo et al.，2013）。

　　语码切换（language-switching）是指双语者能在两种或两种以上语言之间进行转换。语码切换通常使用视觉线索提示的方式进行，如背景或者颜色边框等提示被试使用何种目标语言，同时抑制非目标语言。一般来说，当双语者从正在使用的语言转换为另外一种语言时，反应时会变长，错误率也会增加，这被称为语码切换代价（Language-Switching Costs）。在语码切换任务中需要降低非目标语言的激活水平，解决语言之间相互干扰的问题。总的来说，语码切换任务本质上反映了双语者的抑制控制过程（Kroll et al.，2008；陶云等，2015）。

　　关于语言控制的一个重要模型是抑制控制模型（Inhibition Control Model，IC 模型）（Green，1998）。该模型认为语言控制是基于抑制的，语码切换源于持续性的抑制，在对当前试次进行反应的时候需要抑制与当前任务无关的语言激活。Green 认为抑制过程与先前的激活有关，语言激活的程度越大则越难抑制。当前对双语产出抑制过程的研究发现了语码切换的不对称性，切换至 L1 的代价大于切换至 L2 的代价（Jin et al.，2014；Macizo et al.，2012；Peeters et al.，2014）。基于 IC 模型的解释认为 L1 的激活强于 L2，所以 L1 更难以抑制，从而切换代价也更大。除了语码切换任务，在 Simon 任务中也发现切换代价不对称性与抑制能力有关（Simon，1969）。虽然有许多研究发现了切换代价的不对称性，但也有研究发现切换代价是对称的（Verhoef et al.，2010；Declerck et al.，2015），尤其在阅读理解过程中并没有发现切换代价的不对称性（Macizo et al.，2012）。对已有研究的进一步分析显示，切换代价的对称性主要出现在高度熟练双语者的语言产出过程中（Costa et al.，2004，2006）。出现切换代价不对称的研究主要是针对第二语言学习者，即有明确的主导语言 L1 和相对弱势的 L2，这种双语者 L1 和 L2 的能力有明显的差别。认知心理学对熟练和非熟练双语者的研究指出，双语者具有两部独立的心理词典（Weinreich，1979），在完成言语相关任务时需要从其中的一部心理词典中选择符合需要的词语进行表征。研究表明，非熟练双语者和熟练双语者的词汇选择机制是不一致的，非熟练双语者以 L1 为中介才能通达 L2 心理词典（张茜等，2007）；而高度熟练的双语者 L1 和 L2 都达到高度熟练水平，没有相对优势的语言，双语都可以直接通达心理词汇的概念层面（La Heij，2005），在切换过程中抑制很少甚至没有抑制（Schwieter et al.，2008）。综上所述，切换代价的不对称性主要出现在非熟练双语者的词汇选择过程中，切换代价的本质是词汇选择过程中的抑制控制。

　　抑制控制过程分为注意控制和反应抑制两个阶段。抑制控制研究常用的实验范式有 Stroop 范式、Simon 范式以及 SART 范式（Sustained Attention to

Response Task）（Robertson et al., 1997）。其中, 采用 Stroop 范式和 Simon 范式的研究发现, 抑制的控制主要发生在注意控制阶段。这两种范式不同之处在于, 前者属于刺激－刺激相容任务, 而后者属于刺激－反应相容任务。然而, 使用属于刺激－反应相容任务的 SART 范式的研究却发现, 抑制控制发生在反应抑制阶段（Bialystok et al., 2008; Zhang et al., 1999）。由此可知, 以往研究中探讨抑制控制发生阶段的结论受到了实验范式选择的影响。基于此, Kornblum（1992）提出了刺激－刺激和刺激－反应相容任务（也称为二维重叠模型, Dimensional Overlap, DO）, 既包含了刺激－刺激维度, 也包含刺激－反应维度。Kornblum 用平行分布加工模型来解释刺激－刺激和刺激－反应匹配任务中观察到的各种效应。该模型认为, 认知加工是在一个分为不同层次结构的、相互联结的模块系统中进行的, 在刺激－刺激和刺激－反应相容性任务中, 认知加工可以分为两个层次: 输入层和输出层, 分别针对注意控制和反应抑制两个阶段进行研究（Kornblum, 1992; Frühholz et al., 2011; Wang et al., 2014）。

　　本研究选取德宏州芒市的傣族傣－汉双语小学生为被试。傣族儿童的母语属于汉藏语系壮侗语族壮傣语支, 其书面形式为傣文, 是一种来源于梵文字母的拼音文字（罗美珍, 2008）。以往对词汇选择过程中的语码切换代价及抑制控制过程的研究, 主要围绕拼音文字之间的切换进行, 而使用表意文字与表音文字之间的语码切换研究较少, 针对少数民族学生母语与汉语的语码切换代价及抑制控制过程的研究也较少。因此, 本研究通过语码切换任务以及刺激－刺激和刺激－反应相容任务两个实验, 探讨不同熟练程度傣－汉双语小学生在词汇选择过程中抑制控制的差异。

二、实验一: 傣－汉双语小学生的语码切换及其代价

（一）研究方法

1. 被试选取

　　实验选取云南省德宏州芒市某傣族小学三年级学生 126 人, 其中, 男生 61 人, 女生 65 人。平均年龄为 10.06 ± 1.15 岁。分别计算学生最近两次傣语和汉语测试的平均成绩, 选取傣、汉语文平均成绩均在高分段 27% 的被试为熟练双语组, 低分段 27% 的被试为非熟练双语组。再请任课的语文老师进行他评, 确认熟练和非熟练双语组各 30 人, 共 60 人。其中, 熟练双语组男生 15 人, 女生 15 人, 平均年龄为 10.59 ± 1.24 岁; 非熟练双语组男生 14 人, 女生 16 人, 平均

年龄为 10.36 ± 1.43 岁。所有被试均为右利手，视力或矫正视力正常，无色盲和色弱。

2. 实验材料

实验选择 2 种类型的图片，分别为：名词性图片（水果、动物）和动词性图片（运动、劳动）。其中，水果、动物、运动和劳动图片各 10 张。每张图片有两种呈现方式：蓝色背景框呈现和红色背景框呈现。最终共合成带背景框图片 80 张，每张带背景框图片的大小为 400 × 400 像素。

3. 实验设计

本实验采用语码切换实验范式，包含 3 个系列：无切换系列、预期切换系列及无预期切换系列。无切换系列要求被试对同一个 block 中的图片均使用同一种语言进行命名；预期切换和无预期切换系列均要求被试按照图片背景框的不同颜色用不同的语言对图片进行命名，出现蓝色框用傣语命名，出现红色框用汉语命名。在预期切换系列中，图片背景框颜色以 "ABAB" 顺序交替呈现；在无预期切换系列中，图片背景框颜色的呈现顺序随机，无规律可循。

实验为 2（被试类型：熟练、非熟练）× 2（语言类型：傣语、汉语）× 3（任务类型：无切换、预期切换、无预期切换）三因素混合设计。其中，被试类型为被试间变量，语言类型和任务类型为被试内变量，因变量为被试对图片命名的反应时和错误率。

4. 实验程序

实验采用 E-prime 2.0 软件编程并呈现。实验开始前，要求被试双眼距离电脑屏幕 57cm 并平视屏幕中央。电脑显示器下方放置麦克风，用于采集被试进行图片命名时的语音。

实验开始时，要求被试认真阅读屏幕上呈现的指导语，在理解实验要求后，按键盘上的 "Q" 键进入练习阶段。每个 block 均设置 6 个练习 trails，当被试熟悉实验操作后，可按键盘上的 "空格键" 进入正式实验。练习中出现的图片不再出现在正式实验中。每个 trail 的具体流程为：首先，在白色背景的屏幕中央呈现黑色注视点 "+" 1000ms，然后呈现一张带背景框的图片。要求被试根据背景框的颜色，使用指导语中要求的语言，既快又准地对图片进行命名。如果被试在 5000ms 之内未做出任何反应，则自动进入下一个 trail。实验共包含 4 个 blocks，分别对应语码切换范式中的 3 个系列：无切换、预期切换和无预期切换。其中，无切换系列包含红色背景框和蓝色背景框 2 个 blocks，每个 block

包含 20 个 trails；预期切换和无预期切换各 1 个 block，每个 block 包含 40 个 trails。每个 block 中名词图片和动作图片出现的概率均等。在预期切换和无预期切换 block 中，红色背景框和蓝色背景框出现的概率均等，且出现在红色背景框中的图片不再出现在蓝色背景框中。对 Block 的呈现顺序进行被试间平衡。

（二）实验结果

对反应时数据进行重复测量方差分析，结果显示（表 3-3），任务类型的主效应非常显著，$F_{(2, 118)} = 97.60$，$p < 0.001$，$\eta_p^2 = 0.63$，被试在预期切换和无预期切换条件下的反应时显著长于无切换条件，无预期切换条件下的反应时显著长于预期切换条件。语言类型的主效应非常显著，$F_{(1, 59)} = 13.75$，$p < 0.001$，$\eta_p^2 = 0.19$，傣语命名的反应时显著长于汉语命名。被试类型的主效应非常显著，$F_{(1, 59)} = 60.22$，$p < 0.001$，$\eta_p^2 = 0.51$，非熟练双语者的反应时显著长于熟练双语者。被试类型和任务类型的交互作用显著，$F_{(2, 118)} = 3.67$，$p < 0.05$，$\eta_p^2 = 0.06$。简单效应分析表明，在三种切换条件下，非熟练双语者的反应时均显著长于熟练双语者（$p < 0.001$）。语言类型和任务类型的交互作用非常显著，$F_{(2, 118)} = 11.73$，$p < 0.001$，$\eta_p^2 = 0.17$。简单效应分析表明，在无切换条件下，傣语命名的反应时显著长于汉语（$p < 0.001$）。其余交互作用均不显著。

表 3-3　熟练 / 非熟练双语者在不同切换任务下的反应时及错误率

被试类型	人数/人	任务类型	傣语 M（SD）		汉语 M（SD）	
			反应时/ms	错误率/%	反应时/ms	错误率/%
熟练双语者	30	无切换	1648（231）	0.10（0.07）	1391（187）	0.08（0.06）
		预期切换	1823（223）	0.21（0.06）	1847（257）	0.19（0.06）
		无预期切换	1983（278）	0.30（0.07）	2070（198）	0.30（0.06）
非熟练双语者	30	无切换	1941（206）	0.15（0.06）	1657（226）	0.13（0.05）
		预期切换	2110（225）	0.31（0.07）	2082（285）	0.30（0.06）
		无预期切换	2185（318）	0.50（0.08）	2113（309）	0.49（0.08）

对错误率进行重复测量方差分析，结果显示，被试类型的主效应显著，$F_{(1, 59)} = 272.10$，$p < 0.001$，$\eta_p^2 = 0.82$，熟练双语者的错误率显著低于非熟练双语者。任务类型的主效应显著，$F_{(2, 118)} = 593.89$，$p < 0.001$，$\eta_p^2 = 0.91$，无切换条件下的错误率显著低于预期切换条件（$p < 0.001$）和无预期切换条件（$p < 0.001$），预期切换条件下的错误率显著低于无预期切换（$p < 0.001$）。被试类型和任务类型的交互作用显著，$F_{(2, 118)} = 43.47$，$p < 0.001$，$\eta_p^2 = 0.43$。简单

效应分析表明，在三种切换条件下，熟练双语者的错误率均显著低于非熟练双语者（$p<0.001$）。其余主效应和交互作用均不显著。

为了能更清晰地反映熟练与非熟练双语者在语码切换任务中的差异，采用反应时指标计算切换代价：①在预期切换条件下，Cost$_{傣语}$=RT$_{预期切换系列傣语}$－RT$_{无切换系列傣语}$，Cost$_{汉语}$=RT$_{预期切换系列汉语}$－RT$_{无切换系列汉语}$；②在无预期切换条件下，Cost$_{傣语}$=RT$_{无预期切换系列傣语}$－RT$_{无切换系列傣语}$，Cost$_{汉语}$=RT$_{无预期切换系列汉语}$－RT$_{无切换系列汉语}$（Beauvillain et al.，1987）。结果如表 3-4 所示。

表 3-4　熟练／非熟练双语者的语码切换代价

被试类型	人数/人	切换代价类型	傣语切换代价/ms	汉语切换代价/ms
熟练双语者	30	预期切换	175	455
		无预期切换	335	678
非熟练双语者	30	预期切换	169	425
		无预期切换	244	457

分别对预期切换代价和无预期切换代价进行重复测量方差分析，结果显示，在预期切换代价指标中，语言类型的主效应非常显著，$F_{(1,59)}=19.02$，$p<0.001$，$\eta_p^2=0.25$，傣－汉双语者从傣语切换至汉语的代价显著大于汉语切换至傣语的代价。其余主效应和交互作用均不显著。在无预期切换代价指标中，被试类型的主效应显著，$F_{(1,59)}=7.18$，$p<0.001$，$\eta_p^2=0.11$，熟练双语者的切换代价显著大于非熟练双语者。语言类型的主效应非常显著，$F_{(1,59)}=21.05$，$p<0.001$，$\eta_p^2=0.27$，被试从傣语切换至汉语的代价显著大于汉语切换至傣语的代价。其余主效应和交互作用均不显著。

实验一结果表明，傣－汉双语小学生在语码切换过程中存在切换代价不对称现象，且切换至汉语（L2）的代价要显著大于切换至傣语（L1）的代价。语码切换过程中的切换代价不对称现象，一般归结于双语抑制控制能力的作用，而抑制控制过程又可分为注意控制和反应抑制两个阶段。那么，熟练与非熟练双语小学生的抑制控制能力是否存在差异？如果存在，这种差异具体发生在哪个阶段？为进一步明确抑制控制发生的阶段，我们将着重在汉语词汇条件下探讨傣－汉双语小学生的抑制控制机制（汉语水平高于傣语）。实验二和三采用刺激－刺激和刺激－反应相容任务，进一步探讨不同熟练程度傣－汉双语小学生在汉语词汇和傣语词汇干扰条件下抑制控制能力的差异。

三、实验二：傣－汉双语小学生汉语词汇选择过程中抑制控制能力差异研究

（一）实验方法

1. 被试选取

实验选取云南省德宏州芒市某傣族小学三年级学生 83 人，其中，男生 43 人，女生 40 人。平均年龄为 10.36±1.23 岁。依据实验一的被试筛选方式，选取熟练和非熟练双语组各 20 人，共 40 人。其中，熟练双语组男生 10 人，女生 10 人，平均年龄为 11.53±1.64 岁；非熟练双语组男生 11 人，女生 9 人，平均年龄为 10.66±1.07 岁。所有被试均为右利手，视力或矫正视力正常，无色盲和色弱。

2. 实验材料

实验选择 2 种类型的图片，分别为名词性图片（动物）和动词性图片（劳动），每种类型图片各 16 张，共 32 张。图片的大小为 320×320 像素。

此外，实验选择与动物相关和与劳动相关动词的中文词各 32 个，与图片匹配与不匹配条件各半。所有文字都为紫色（RGB 值为：125，0，228），字体为宋体，大小为 72 点。

3. 实验设计

实验为 2（被试类型：熟练双语者、非熟练双语者）×2（刺激一致性：一致、不一致）×2（反应一致性：一致、不一致）三因素混合设计。因变量为被试的反应时。

本实验采用刺激－刺激和刺激－反应相容任务范式，任务中存在的各种维度有四种模块。在输入层包含两个模块，其中一个代表任务的相关刺激维度（如本实验中"图片名称的词性"动词或名词），另一个则代表不相关的刺激维度（如本实验中的汉语词汇），输入层的竞争是与语言相关的任务。在输出层也包含两个模块，分别为代表任务相关（左右手反应）和不相关的（左右位置）反应维度，输出层的竞争与语言无关。因此，实验共包含 4 种实验条件：①刺激－刺激一致，刺激－反应一致；②刺激－刺激一致，刺激－反应不一致；③刺激－刺激不一致，刺激－反应一致；④刺激－刺激不一致，刺激－反应不一致。

4. 实验程序

实验采用 E-prime 2.0 软件编程并呈现。实验开始前，要求被试双眼距离电

脑屏幕 57cm，并平视电脑屏幕中央。实验开始时，要求被试认真阅读屏幕上呈现的指导语，在理解实验要求后，按键盘上的"Q"键进入练习阶段。当被试熟悉实验操作后，按"空格键"进入正式实验。练习中出现的图片不再出现在正式实验中。每个 trail 的具体流程为（图 3-1）：首先在白色背景的屏幕中央呈现注视点"+"1000ms，然后在屏幕的左侧或者右侧呈现一张图片，同时在屏幕中央呈现一个词语。要求被试忽略图片呈现的位置及词语的内容，而对图片名称的词性做判断。若呈现的图片为动词性图片，则用左手的食指按键盘上的"A"键；若呈现的图片为名词性图片，则用右手的食指按键盘上的"L"键。如果被试在 3000ms 之内未做出任何反应，则自动进入下一个 trail。正式实验共包含 64 个 trails，其中，名词和动词、名词性图片和动词性图片随机搭配呈现，并保证其在每个 block 中出现的概率均等。

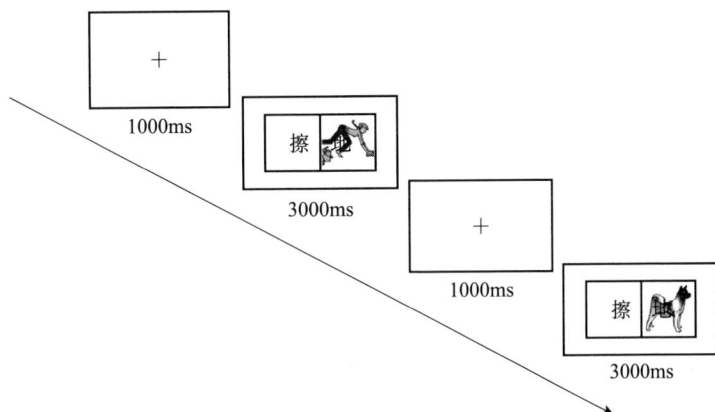

图 3-1 刺激－刺激和刺激－反应相容实验流程图

（二）实验结果

被试在刺激一致性和反应一致性不同条件下的反应时和标准差见表 3-5。

表 3-5 被试在刺激一致性和反应一致性条件下的反应时

被试类型	人数（人）	刺激一致/ms M（SD）	刺激不一致/ms M（SD）	反应一致/ms M（SD）	反应不一致/ms M（SD）
熟练双语者	20	717（103）	764（91）	725（94）	756（100）
非熟练双语者	20	1148（105）	1198（83）	1096（79）	1251（97）

重复测量方差分析结果显示，被试类型的主效应非常显著，$F(1, 39)=234.96$，$p<0.001$，$\eta_p^2=0.86$，非熟练双语者的反应时显著长于熟练双语者。刺激一致性的主效应非常显著，$F(1, 39)=19.09$，$p<0.001$，$\eta_p^2=0.33$，刺激不一致条件下的反应时显著长于刺激一致条件。反应一致性的主效应非常显著，$F(1, 39)=124.97$，$p<0.001$，$\eta_p^2=0.77$，反应不一致条件下的反应时显著长于反应一致条件。被试类型和反应一致性的交互作用非常显著，$F(1, 39)=56.11$，$p<0.001$，$\eta_p^2=0.60$。简单效应分析表明，无论是熟练双语者还是非熟练双语者，在反应不一致条件下的反应时显著长于在反应一致条件下的反应时（$p<0.001$）。被试类型、刺激一致性和反应一致性的交互作用显著，$F(1, 39)=4.52$，$p=0.040$，$\eta_p^2=0.11$。简单效应分析表明，熟练双语者在注意阶段和发音阶段交互作用不显著（$p=0.204$），而非熟练双语者两阶段的交互作用显著（$p<0.01$）。其余交互作用均不显著。为了能够更清晰地呈现傣－汉双语小学生的抑制控制能力差异，采用反应时指标来计算抑制控制效应量：$Effect_{注意控制} = RT_{刺激不一致} - RT_{刺激一致}$，$Effect_{反应抑制} = RT_{反应不一致} - RT_{反应一致}$（Kornblum et al.，1995）。结果见表3-6。

表 3-6　汉语条件下被试抑制控制的效应量　　　　单位：ms

抑制控制阶段	熟练双语者 M（SD）	非熟练双语者 M（SD）
注意控制	47（46）	50（88）
反应抑制	31（46）	155（59）

重复测量方差分析结果显示，被试类型的主效应非常显著，$F(1, 39)=27.58$，$p<0.001$，$\eta_p^2=0.42$，熟练双语者的效应量显著小于非熟练双语者。抑制控制阶段的主效应显著，$F(1, 39)=8.31$，$p<0.01$，$\eta_p^2=0.18$，被试在注意控制阶段的效应量显著小于反应抑制阶段。被试类型和抑制控制阶段的交互作用显著，$F(1, 39)=15.48$，$p<0.001$，$\eta_p^2=0.29$。简单效应分析表明，在注意控制阶段，熟练双语者与非熟练双语者的效应量差异不显著（$p=0.88$），而在反应抑制阶段，熟练双语者的效应量显著小于非熟练双语者（$p<0.001$）。

四、实验三：傣－汉双语小学生在傣语词汇选择过程中抑制控制能力差异研究

（一）研究方法

本阶段除实验材料外，被试选取、实验设计以及实验程序均与实验二相同。

本实验所选图片与实验二相同，但在词语选择上有差异，具体为：本实验选择与动物相关和与劳动相关动词的傣文词各 32 个，与图片匹配与不匹配条件各半。所有文字都为紫色（RGB 值为：125，0，228），字体为 DaiNew-1，大小为 72 点。

（二）实验结果

被试在刺激一致性和反应一致性条件下的反应时和标准差如表 3-7 所示。

表 3-7　被试在刺激一致性和反应一致性条件下的反应时　单位：ms

被试类型	人数/人	刺激一致	刺激不一致	反应一致	反应不一致
		M（SD）	M（SD）	M（SD）	M（SD）
熟练双语者	20	670（76）	792（73）	726（73）	737（67）
非熟练双语者	20	1114（72）	1327（64）	1208（63）	1237（61）

重复测量方差分析结果显示，被试类型主效应非常显著，$F(1, 39)=644.02$，$p=0.00$，$\eta_p^2=0.95$，$SP=1.00$，熟练双语者的反应时显著快于非熟练双语者。刺激一致性主效应非常显著，$F(1, 39)=217.82$，$p=0.00$，$\eta_p^2=0.85$，$SP=1.00$，被试在刺激一致条件下的反应时显著快于在刺激不一致条件。反应一致性主效应显著，$F(1, 39)=5.98$，$p=0.02$，$\eta_p^2=0.14$，$SP=0.66$，被试在反应一致条件下的反应时显著快于在反应不一致条件。被试类型和刺激一致性的交互作用非常显著，$F(1, 39)=13.87$，$p=0.00$，$\eta_p^2=0.27$，$SP=0.95$。经简单效应分析表明，无论是熟练双语者还是非熟练双语者，在刺激一致条件下的反应时显著快于在刺激不一致条件（$p=0.00$）；无论在刺激一致还是不一致条件下，熟练被试的反应时显著快于非熟练被试（$p=0.00$）。其余主效应及交互作用均不显著（$F \leqslant 1.22$，$p \geqslant 0.28$）。

傣语条件下被试抑制控制的效应量平均数与标准差如表 3-8 所示。

表 3-8　傣语条件下被试抑制控制的效应量　单位：ms

抑制控制阶段	熟练双语者 M（SD）	非熟练双语者 M（SD）
注意控制	122（55）	204（82）
反应抑制	10（27）	28（65）

经两因素重复测量方差分析可知，被试类型主效应非常显著，$F_{(1, 39)}$=12.81，p=0.00，η_p^2=0.25，SP=0.94，熟练双语者抑制控制的效应量显著小于非熟练双语者。抑制控制阶段主效应非常显著，$F_{(1, 39)}$=117.37，p=0.00，η_p^2=0.76，SP=1.00，被试在反应抑制阶段的效应量显著小于注意控制阶段。被试类型和抑制控制阶段的交互作用显著，$F_{(1, 39)}$=5.97，p=0.02，η_p^2=0.14，SP=0.66，经简单效应分析表明，无论是熟练双语者还是非熟练双语者，在反应抑制阶段的效应量显著小于注意控制阶段（p=0.00）。在注意控制阶段，熟练双语者的效应量显著小于非熟练双语者（p=0.00）；在反应抑制阶段，熟练和非熟练双语者的效应量差异不显著（p=0.28）。

五、总讨论

（一）傣–汉双语小学生语码切换代价的不对称性

在以往研究中，语码切换代价的不对称性仅存在于非熟练双语者的语码切换任务中，对于熟练双语者而言，其切换代价是对称的（Kroll et al.，2008）。然而，在本研究中，熟练傣–汉双语小学生的语码切换代价仍是不对称的。根据 Thomas（2000）的研究结论，可将这一结果解释为熟练傣–汉双语小学生的汉语熟练程度高于傣语。研究者在实验结束后对被试的傣语和汉语任课老师进行访谈获知，傣族小学生从小与汉族杂居生活，接触汉语较早，入学后又接受傣–汉双语教育，汉语的使用频率与傣语大致相同，但在具体的使用范围上略有不同。例如，在族群内以傣语为主，在族群间以汉语为主，这很可能导致汉语取代傣语而成为傣族小学生的主导语言。周晓林（2008）对朝鲜族的研究也发现类似结果，汉语由于使用频率更高而取代朝鲜语成为主导语言。另外，在双语研究中，除了熟练双语者和非熟练双语者的划分之外，还有研究将双语者划分为平衡双语者（Balanced Bilinguals）和非平衡双语者（Non-Balanced Bilinguals），平衡双语者是指那些双语水平以及使用频率都基本一致，而不存在优势语言的双语者，非平衡双语者是指双语水平以及使用频率不一致，且存在优势语言的双语者。Costa 等人（2006）进一步考察了熟练双语者的词汇选择，发现熟练双语者在进行熟练语言与新学的非常不熟悉语言之间的切换时，存在切换代价的不对称性。这说明，熟练双语者的词汇选择机制并非一成不变，而是因任务语言的熟练程度而异。本研究在预期切换和无预期切换条件下，语言类型的主效应都显著，均是切换到汉语的代价更大，存在不对称性。这一结果可能是因为本研究所选取的不同熟练程度双语者属于汉语为优势语言的非平衡双语者。从心理词典的角度进行分析，非平衡双语者拥有两部独立的心理词典，在语码切换任务中，需要占用更多的认知资源从两部心理词典中进行词汇选择以完成图片命名任务，出现了切换代价的不对称性。

在预期切换系列中，被试在反应之前可以进行词汇选择的准备，这就减少了抑制控制的难度（Declerck et al.，2015），因此，熟练和非熟练双语者之间没有出现差异。而在无预期切换系列中被试不可能有词汇选择的准备状态，所以出现了被试间差异，而且熟练组的切换代价大于非熟练组，说明其语言激活程度大于非熟练组，从而需要更长时间解除抑制，这符合 Green（1998）提出的IC 模型。

（二）傣 - 汉双语小学生抑制控制的差异及特征

IC 模型认为，抑制是由一个独立的、一般性的中央控制系统决定的，双语对于刺激注意控制和反应抑制的影响应该是分离的（Green，1998）。

实验二和实验三采用刺激 - 刺激和刺激 - 反应相容任务范式，分别对汉语和傣语条件下被试的抑制控制能力进行考察。结果发现，在傣语条件下，熟练与非熟练傣 - 汉双语小学生在注意控制阶段存在抑制控制能力差异，非熟练双语小学生的抑制控制能力要弱于熟练双语小学生。这个结果验证了李星（2007）的研究结果，即在非熟练语言条件下，非熟练双语者的抑制控制能力明显弱于熟练双语者。本研究结果表明，在傣语条件下，语言已成为抑制被试完成任务的主要因素。由于熟练双语小学生的傣语发展水平高于非熟练双语小学生，所以，非熟练双语小学生需要在注意控制阶段占用更多的认知资源对傣语干扰词汇进行辨别和判断，而熟练双语小学生则可以熟练对傣语词汇进行加工而削弱其对图片名称提取的干扰作用，并在实验过程中始终保持着比非熟练双语小学生更强的反应能力和更快的反应速度。根据 Martin-Rhee 等人（2008）的研究结果，研究者推测，由于傣 - 汉非熟练双语小学生的傣语发展水平较低，傣语词汇对图片判断的干扰增加，需要占用的认知资源随之增多。因此，非熟练与熟练双语小学生在傣语条件下的抑制控制能力差异主要体现在注意控制阶段。而反应抑制阶段任务对于二者而言可能相对简单，因此，二者在该阶段的抑制控制能力差异并不显著。

此外，在汉语条件下，熟练与非熟练傣 - 汉双语小学生在反应抑制阶段存在抑制控制能力差异，且非熟练双语小学生的抑制控制能力要弱于熟练双语小学生。熟练与非熟练双语者在冲突控制阶段没有出现差异，说明两组被试都较好地抑制了语言的干扰。两组被试的认知控制能力差异主要表现在反应抑制阶段，熟练双语者具有较好的反应抑制能力。以往使用刺激 - 刺激和刺激 - 反应相容范式对单语者、双语者抑制能力的研究发现，单语者和双语者在冲突控制阶段存在差异，这可能是由语言经验的差异造成的（刘敏，2012）。而本研究发现注意控制阶段没有差异，而在反应抑制阶段出现抑制能力差异，说明双语者内部的抑制控制能力差异比单、双语者更晚出现，这可能也预示着双语者内部差异更小，都能成功抑制刺激输入阶段的冲突，排除语言的干扰。而反应是一种局部的抑制功能，主要在需要抑制当前不适合的优势反应的条件下发挥作用，其实并未参与双语者的词汇选择过程（Bialystok，2007）。实验二的两组被试在反应阶段出现差异说明，其抑制能力的差异是与语言因素无关的一般抑制能力的差异。

六、结论

1）熟练与非熟练傣 - 汉双语小学生的语码切换代价均存在不对称现象，切换到汉语的代价均大于切换到傣语的代价。

2）在汉语词汇干扰条件下，熟练与非熟练傣 - 汉双语小学生的抑制控制能力差异主要表现在反应抑制阶段。在傣语词汇干扰条件下，抑制控制能力差异主要表现在注意控制阶段。

第四节　纳西 - 汉双语儿童言语产生中的词汇选择机制

一、前言

随着地域之间、民族之间交流需求的增加，以及国家、家庭对儿童教育的重视，汉语教学在傣族地区普及程度越来越高。双语双文教学成为少数民族儿童学习汉语的主要方式，具体是指在学校教学中教师同时使用少数民族语言和汉语口语来讲解知识，教材中将少数民族语言与汉语对照（例如，纳西语与汉语）。本研究基于研究现状和现实需要，以掌握纳西语和汉语的小学生为被试，通过分析不同熟练程度及任务水平的切换特点，深入考察双语者的词汇选择机制及影响因素。本研究试图在两种实验范式下，分别改变任务的难度和加工水平，即采用基本水平（命名图片）和范畴水平（对图片所属的范畴进行命名，能吃或不能吃）这两种图片命名任务，探讨纳西－汉双语小学生言语产生过程中的词汇选择机制。

实验预期语言熟练程度和任务水平影响纳西－汉双语者的语码切换特点。首先，纳西－汉双语小学生在双语言语产生中的词汇选择机制会随着被试两种语言熟练性的增加而发生变化：①平衡双语者在熟练程度相似的两种语言之间切换时，不存在切换代价的不对称性，遵循特定言语提取理论；②非平衡双语者在熟练程度不同的两种语言之间切换时，存在切换代价的不对称性，遵循非特定言语提取理论。换句话说，语言的熟练程度影响词汇的选择机制。其次，实验任务的难度会影响纳西－汉双语小学生在言语产生中的词汇选择机制。①在基本水平的实验任务中，用纳西语和汉语命名图片时，存在切换代价的不对称性；②在范畴水平的实验任务中，用纳西语和汉语命名图片时，不存在切换代价的不对称性。

二、实验一：语码切换范式下基本水平任务中的词汇选择机制

（一）实验目的

采用语码切换范式中的基本水平图片命名作业，考察纳西－汉双语小学生在言语产生过程中的词汇选择机制。

（二）实验方法

1. 被试选取

本研究采用分层随机抽样的方法，随机抽取云南省丽江市古城区大东乡大东建新完小的57名被试（男生29人，女生28名），其中二年级、四年级和六年级分别为19、20和18名。被试视力或矫正视力正常，纳西语作为其母语，汉语作为其第二语言。被试的基本信息见表3-9。

表3-9 实验一被试的基本信息

年级	人数/人	男/人	女/人	年龄阶段/岁
二年级	19	14	5	8～11
四年级	20	7	13	11～12
六年级	18	8	10	12～14
总计	57	29	28	8～14

　　实验前，使用自评和他评两种方式，用5点量表评定被试纳西语和汉语的熟练程度，"5"表示非常熟练，"1"表示非常不熟练。其中，他评方式主要由被试所在学校的10名教师进行，经分析其内部一致性系数为0.99，内部一致性程度较高。两种语言熟悉程度的数据见表3-10。

表3-10　被试纳西语和汉语熟练程度的自评和他评平均数与标准差

年级	学生自评			教师他评		
	纳西语	汉语	t	纳西语	汉语	t
二年级	2.58（0.51）	2.84（0.60）	1.46	2.60（0.52）	2.80（0.42）	0.95
四年级	3.60（0.50）	3.95（0.22）	2.85	3.50（0.53）	3.90（0.32）	2.06
六年级	3.83（0.38）	4.89（0.47）	7.37***	3.90（0.57）	4.90（0.32）	4.87***
总计	3.33（0.72）	3.86（0.95）	3.33**	3.37（0.76）	3.87（0.94）	2.26*

　　注：*$p<0.05$；**$p<0.01$；***$p<0.001$。

　　自评结果显示，纳西语和汉语的平均熟练程度分别为3.33和3.86，存在非常显著的差异，$t（104）=3.33$，$p<0.01$，即总体上被试的纳西语为基本熟练语言，汉语为相对熟练语言。其中，二年级被试的纳西语和汉语平均熟悉程度分别为2.58和2.84，不存在显著差异，故称二年级为双语不熟练组；四年级被试的纳西语和汉语平均熟悉程度分别为3.60和3.95，不存在显著差异，称四年级为双语相对熟练组；六年级被试的纳西语和汉语平均熟悉程度分别为3.83和4.89，存在非常显著的差异，$t（34）=7.37$，$p<0.001$，称六年级为双语熟练组。方差分析检验表明，不同年级被试汉语自评熟悉度差异显著，$F（2，54）=86.49$，$p<0.001$，事后检验结果显示，不同年级之间均存在非常显著的差异；对于纳西语自评熟悉程度，年级差异非常显著，$F（2，54）=37.87$，$p<0.001$，事后检验发现，二年级分别与四年级、六年级之间存在显著差异，四年级和六年级之间不存在显著差异。

　　他评结果显示，被试纳西语和汉语的平均熟练程度分别为3.37和3.87，存在显著差异，$t（58）=2.26$，$p<0.05$，即总体上被试的纳西语基本熟练语言，汉语为相对熟练语言。其中，二年级被试的纳西语和汉语平均熟悉程度分别为2.60和2.80，不存在显著差异，故称二年级为双语不熟练组；四年级被试的纳西语和汉语平均熟悉程度分别为3.50和3.90，其差异不显著，称四年级为双语相对熟练组；六年级被试的纳西语和汉语平均熟悉程度分别为3.90和4.90，存在非常显著的差异，$t（18）=4.87$，$p=0.001$，称六年级为双语熟练组。

方差分析检验表明：不同年级汉语自评熟悉度差异显著，$F_{(2, 27)}=87.62$，$p<0.001$，事后检验结果显示，不同年级之间都存在非常显著的差异；对于纳西语自评熟悉程度，年级差异非常显著，$F_{(2, 27)}=16.25$，$p<0.001$，事后检验发现，二年级分别与四、六年级之间存在显著差异，四、六年级之间不存在显著差异。对于被试的双语熟悉程度而言，他评与自评的结果是一致的，评价有效。

2. 实验设计

实验采用 3（年级：二、四、六年级）×2（语言类型：纳西语、汉语）×3（任务类型：无切换系列、切换系列）混合设计，年级是被试间变量，语言类型和任务类型是被试内变量。自变量是语言类型和任务类型，因变量为被试对图片命名的反应时和正确率。

3. 实验材料

从舒华等人修订的 Snodgrass（1980）的标准图片库中选取 30 个汉语词所对应的 30 张标准图片，自制图片 2 张，大小为 460×460 像素，图片格式为白色底面和不同颜色边框的 BMP 格式。所选用的图片具有良好的命名一致性、熟悉性、表象一致性和视觉复杂性，并由 10 名教师以 5 点量表评定图片的纳西语、汉语名称的熟悉性，非常熟悉的评定为"5"，非常不熟悉的评定为"1"。评定结果表明，图片的纳西语、汉语名称的平均熟悉度分别为 4.77 和 4.98。T 检验结果表明，两种语言名称熟悉度之间的差异不显著，$t_{(9.29)}=1.032$，$p>0.05$。其中，10 名专家的内部一致性系数为 0.9853，内部一致性程度较高。

4. 实验仪器

实验采用 IBM 电脑，屏幕的分辨率为 1366×768 像素，刷新率为 60 赫兹。并采用 E-prime 2.0 系统软件编程。

5. 实验程序

实验在隔音室内进行个别施测。图片以幻灯片形式在 IBM 笔记本电脑屏幕中央呈现，被试端坐在 IBM 笔记本电脑前 50cm 处，固定话筒做好准备。接着，被试阅读指导语，主试说明图片边框颜色提示的语言任务类型。被试明确要求后，自行按"Q"键进入练习，通过练习熟悉该系列的语言任务类型。确保被试对实验要求理解明确无误后，进入正式实验。实验流程见图 3-2。首先，在屏幕中央呈现黑色"+"注视点，持续 500ms 后消失，随即出现与练习阶段语言任务类型相同的图片，让被试根据要求的语言类型又快又准地命名图片，并按空格

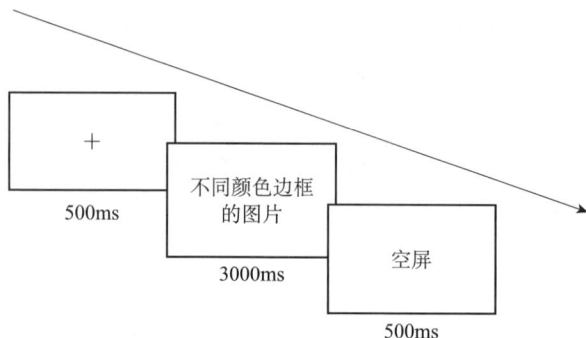

图 3-2　语码切换范式下基本水平任务中的词汇选择机制实验流程图

键进入下一个刺激。纳西语和汉语均熟练的记录员在答案卡上记录被试的正确反应。计算机自动记录从注视点呈现到被试反应之间的音频文件。如被试在3000ms 内未做出反应，刺激自动消失。空屏 500ms 后再呈现黑色"+"注视点，接着呈现下一刺激。如此反复，直至该系列任务结束，进入下一个系列，各系列程序基本相同。

实验采用指示转换范式，提前告知被试要执行的任务，在下一指示前一直执行同类任务。实验任务的语言类型由图片的边框颜色提示，分蓝、红两种，对背景颜色进行被试间平衡。任务包括无切换和随机切换两种，无切换任务系列是指在整个任务系列中被试都用同一语言反应，包括汉语词命名或纳西语词命名两方面；随机切换任务系列则是指在整个任务系列中被试要在两种任务语言之间随机变换，即随机呈现两种边框颜色的图片，被试依据边框颜色，随机用汉语或纳西语命名图片。在此实验中，被试的任务总是根据图片的边框颜色对图片进行命名。实验主要包括两个系列，第一个系列是被试都用同一种语言反应，包括汉语词命名或纳西语词命名两个部分。第二个系列是被试要在两种任务语言之间随机变换，即随机呈现两种边框颜色的图片，被试依据边框颜色，随机用汉语或纳西语命名图片。第一个系列的每个部分有 4 张练习图片、12 张正式实验图片，第二个系列有 8 张练习图片、24 张正式实验图片。被试间平衡分配系列顺序。

（三）实验结果

实验所采集的音频文件主要由音频编辑软件 Cool Edit Pro 2.0 进行分析，该软件可以分析声音的波形，在该软件下打开一个声音文件，立刻出现该声音的波形图形（图 3-3）。该图以时间为横坐标，以音强为纵坐标。时间坐标的刻度为 1ms，满足采集反应时数据精确度的需要，误差为 1ms。

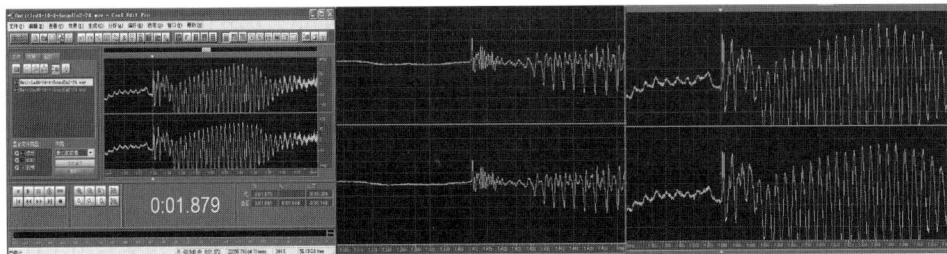

图 3-3　音频波形分析图

使用 SPSS 17.0 对数据进行整理和分析，删除未反应的和反应时在平均数 3 个标准差之外的数据（占总数据的 7.7%）。57 名被试的平均反应时和平均正确率见表 3-11。

表 3-11　语码切换范式基本水平任务下命名的平均反应时、正确率

年级	切换类型	纳西语反应时/ms	汉语反应时/ms	纳西语正确率/%	汉语正确率/%
二年级	无切换	1933.06（165.92）	1808.50（218.12）	81.58（17.25）	94.30（7.38）
	随机切换	2514.27（299.98）	2435.51（341.28）	74.12（14.14）	85.96（17.80）
	切换代价	581.21	627.01	−7.46	−8.33
四年级	无切换	1712.79（234.97）	1702.57（266.80）	89.58（13.21）	96.25（7.39）
	随机切换	2168.31（311.08）	2223.29（390.40）	83.75（15.64）	86.67（19.57）
	切换代价	455.52	520.72	−5.83	−9.58
六年级	无切换	1695.83（190.34）	1534.87（145.44）	90.74（14.26）	99.54（1.96）
	随机切换	2073.59（242.91）	2100.15（256.66）	78.70（18.79）	90.74（11.03）
	切换代价	377.76	565.28	−12.04	−8.80

反应时的重复测量方差分析表明，语言类型主效应显著，$F_{(1, 54)}=5.18$，$p<0.05$，被试用汉语命名图片的反应显著快于用纳西语命名。切换任务类型主效应显著，$F_{(1, 54)}=364.21$，$p<0.01$，无切换条件下的图片命名反应显著快于切换条件。年级的主效应非常显著，$F_{(2, 54)}=10.27$，$p<0.001$，表明不同年级间对图片命名的反应时存在非常显著的差异。年级和语言类型、年级和切换任务类型的交互作用均不显著。语言类型和切换任务类型的交互作用显著，$F_{(1, 54)}=7.89$，$p<0.01$。经简单效应分析表明，在切换条件下两种语言之间差异不显著，在无切换的条件下两种语言之间存在非常显著的统计学差异，$p<0.001$，使用纳西语反应显著慢于汉语反应。其中，用两种语言反应下，无切换条件下的反应显著快于有切换条件，$p<0.001$。年级和语言类型、切换任务类型三者之间的交互作用不显著。

正确率的语言类型主效应显著，$F(1, 54)=19.66$，$p<0.001$，被试用汉语命名图片的正确率显著高于用纳西语命名。切换任务类型主效应显著，$F(1, 54)=25.66$，$p<0.001$，切换条件下的正确率显著低于无切换条件下的正确率。年级主效应不显著，表明不同年级间对图片命名的正确率不存在显著差异。年级和语言类型、年级和切换任务类型，以及语言类型和切换任务类型两两之间的交互作用都不显著。年级和语言类型、切换任务类型三者之间的交互作用也不显著。

切换代价的方差分析表明，在反应时上语言类型的主效应显著，$F(1, 54)=7.89$，$p<0.01$，切换至汉语的代价显著大于切换至纳西语的代价；年级的主效应不显著；年级和语言类型的交互作用不显著。在正确率上，主效应和交互作用均不显著。

（四）讨论

实验一发现，在反应时和正确率两方面，语言类型和切换任务类型的主效应都显著。这说明纳西－汉双语者在无切换、随机切换系列中，用汉语和纳西语命名图片的反应时和正确率的差异都显著，用汉语命名的反应显著快于纳西语，存在切换代价；两种语言中，随机切换条件下的反应时显著长于无切换条件。在切换代价的反应时上，语言类型主效应显著，表明切换代价存在语言熟练度的不对称性，切换至汉语的代价明显大于切换至纳西语的代价。以上结果说明，对小学纳西－汉双语者而言，在纳西语熟悉程度和汉语熟悉程度不平衡的语码切换中，切换至相对熟练语言（汉语）的代价大于切换至基本熟练水平语言（纳西语）的代价。该结果支持非特定的语言选择假说，在语言的切换中，非目标语言参与了目标词的选择竞争。按照抑制控制模型，为了完成当前目标词的选择，当前不使用的语言需要处于抑制状态，抑制的程度取决于两种切换语言的熟练度。因为汉语的熟练程度相对较高，需要抑制的程度也相对要高一些，故在切换至汉语时，需要解除之前抑制所需的时间要长，从而造成切换至汉语的代价要大于切换至纳西语的代价。

在切换代价上，语言与年级的交互作用不显著，说明二、四、六年级在两种语言的切换代价上并不存在显著差异，即语言的熟练程度对词汇选择机制没有影响。此结果与以往的研究结果不同。以往研究发现，不同熟练程度双语者的词汇选择机制是不一致的，词汇选择机制会随着两种语言熟练程度的变化而发生质变。为何在本实验中不同熟练程度的双语者在两种任务语言的切换代价上不存在差异呢？一方面，这可能与本研究的样本大小有关，双语的熟练程度作为被试间变量，无疑需要保证每组被试是大样本容量，但局限于被试的选取条件，不同熟练程度的被试样本量仅为 19、20 和 18，缺乏一定的统计功效。另一方面，这可能是由于不同年级间两种语言的熟练程度差异并不大，以自评和他评的方法来确定被试的语言熟练度，缺乏一定的说服力，即被试间的语言熟练程度差异没有达到数据所显示的显著水平。

为了确定切换任务的难易会不会影响语码切换及词汇的选择机制，我们进行了实验二，让被试进行语码切换范式下范畴水平的图片命名任务，探讨任务难易（水平）对词汇选择机制的影响。

三、实验二：语码切换范式下范畴水平任务中的词汇选择机制

（一）实验方法

与实验一不同的是被试的任务是对图片所属的范畴（能吃，不能吃）进行命名。

（二）实验结果

语码切换范式范畴水平任务下被试命名的反应时和正确率如表 3-12 所示。

表 3-12　语码切换范式范畴水平任务下命名的平均反应时、正确率

年级	切换类型	纳西语反应时/ms	汉语反应时/ms	纳西语正确率/%	汉语正确率/%
二年级	无切换	1616.67（123.15）	1646.16（180.90）	96.49（5.77）	96.93（4.98）
	随机切换	2470.18（332.31）	2457.34（325.21）	86.84（10.14）	85.96（15.79）
	切换代价	853.50	811.19	-9.65	-10.96
四年级	无切换	1548.59（209.05）	1543.44（153.31）	98.33（4.36）	99.58（1.86）
	随机切换	2272.64（390.56）	2312.09（345.01）	89.58（17.07）	87.50（11.31）
	切换代价	724.05	768.65	-8.75	-12.08
六年级	无切换	1457.96（174.70）	1468.61（155.73）	96.30（4.26）	95.37（8.68）
	随机切换	1994.85（230.55）	2060.31（321.07）	82.41（18.94）	80.56（16.91）
	切换代价	536.89	591.07	-13.89	-14.81

反应时的重复测量方差分析表明，语言类型的主效应不显著，切换任务类型主效应显著，$F(1, 54) = 523.88$，$p < 0.001$，无切换条件的反应显著快于切换条件。年级的主效应非常显著，$F(2, 54) = 9.50$，$p < 0.001$。事后检验发现，六年级的反应显著快于二年级和四年级，$p < 0.05$。二年级和四年级之间的反应时

差异不显著。语言类型和年级、语言类型和切换任务类型的交互作用都不显著。年级和切换任务类型的交互作用显著，$F（2，54）=6.22$，$p<0.01$。简单效应分析表明，在二、四、六这三个年级中，有、无切换条件的反应时存在显著差异，$p<0.001$，有切换条件的反应时长于无切换条件的反应时。其中，在切换条件下，六年级的反应明显快于二、四年级，$p<0.05$。在无切换条件下，二年级的反应明显慢于六年级，$p<0.01$。年级和语言类型、切换任务类型三者之间的交互作用不显著。

正确率的语言类型主效应不显著，切换任务类型主效应显著，$F（1，54）=48.36$，$p<0.001$，切换条件下的正确率显著低于无切换条件下的正确率。年级主效应不显著。年级和语言类型、年级和切换任务类型，以及语言类型和切换任务类型两两之间的交互作用都不显著。年级和语言类型、切换任务类型三者之间的交互作用不显著。

切换代价的方差分析表明，在反应时上，语言类型的主效应不显著，年级的主效应显著，$F（2，54）=6.22$，$p<0.01$。简单效应发现，六年级的切换代价明显低于二年级和四年级，$p<0.01$。其他主效应和交互作用均不显著。

（三）讨论

实验二发现，在反应时和正确率两方面，语言类型的主效应不显著，切换任务类型的主效应显著。这说明纳西－汉双语者在无切换、随机切换系列中，用汉语和纳西语命名图片的反应时和正确率差异不显著，两种语言中，随机切换条件下的反应时显著长于无切换条件下的反应时。在切换代价的反应时上，语言类型主效应不显著，表明切换代价不存在语言的不对称性，切换至汉语的代价和切换至纳西语的代价相当。这说明，对小学纳西－汉双语者而言，在纳西语、汉语的语码切换中，切换至相对熟练语言（汉语）的代价与切换至基本熟练水平语言（纳西语）的代价相当。该结果支持了特定语言选择假说，即在范畴水平的命名任务中，当前不使用的语言虽然已经激活，但并没有对目标语言的选择造成了竞争或干扰。年级与语言类型的交互作用不显著，表明语言熟悉度对双语言语产生中词汇选择机制并没有造成影响。

因此，从任务本身的难度或加工水平看，对图片所属的范畴（能吃、不能吃）进行命名，其任务反应较为独特和简单，被试重复对能吃和不能吃这两个概念进行反应，反应的重复次数相比实验一的基本水平任务更频繁，且只需要从心理词典中两个方面的任务图示进行选择；从加工资源的角度看，是因为被试在加工目标语言的范畴水平时并不需要占用较多的资源。

四、实验三：图－词干扰范式下基本水平任务的词汇选择机制

（一）实验目的

采用图－词干扰范式中的基本水平图片命名作业，考察小学纳西－汉双语者在语言产生过程中的语义效应和词汇选择机制。

（二）实验方法

1. 被试选取

被试与实验一相同。

2. 实验设计

实验采用3（年级：二、四、六年级）×2（干扰类型：有语义关联、无语义关联）。年级是被试间变量，干扰类型是被试内变量。自变量是任务类型，因变量为被试对图片命名的反应时和正确率。

3. 实验材料

实验三的图片材料同实验一，不同的是图片处理方法，即实验三图片没有带颜色的边框，并且图片中央镶嵌着与图片内容有语义关联或无关联的干扰词（汉字）。干扰词来自二、四年级学生对图片的语义联想，均出自《现代汉语词典》，并在笔画、词频等方面都与图画名称对应的词语进行匹配，最终选取联想频率最高的词语作为干扰词。干扰词是中文宋体48号加粗的双字词，与图画名称有语义相关以及无关的双字词共16对。

4. 实验程序

实验采用图－词干扰范式，给被试随机呈现图片（中央镶嵌着汉语干扰词），要求被试忽视汉字（有语义关联的或者无语义关联的），尽量快而准地用纳西语说出图片名称，以此来研究干扰词对被试命名反应时的影响。被试端坐在IBM笔记本电脑前50cm处，固定话筒做好准备。然后阅读指导语，主试说明任务。被试明确要求后，按"Q"键开始练习，通过练习熟悉任务要求。确保被试对实验任务理解明确无误后，自行按键进入正式实验。流程图如图3-4所示。

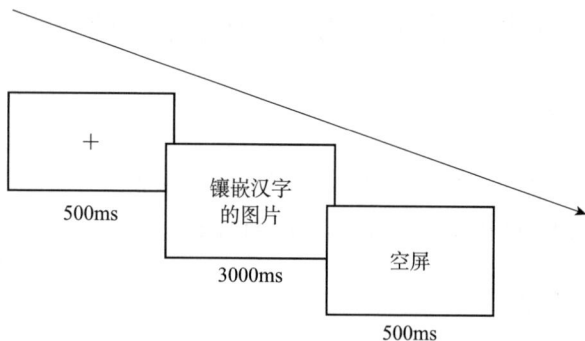

图 3-4　图－词干扰范式下基本水平任务的词汇选择机制实验流程图

首先，在屏幕中央呈现黑色"+"注视点，持续 500ms 后消失，随即出现与练习阶段任务类型相同的图片，要求被试用纳西语又快又准地命名图片。计算机自动记录从注视点呈现到被试反应之间的音频文件。若被试在 3000ms 内未做出反应，刺激自动消失。空屏 500ms，再呈现黑色"+"注视点，接着随机呈现下一刺激。

（三）实验结果

音频文件的分析和处理方法同实验一相同，数据分析结果见表 3-13。

表 3-13　图－词干扰范式基本水平任务下命名的平均反应时、正确率

年级	语义相关词组反应时/ms	语义无关词组反应时/ms	语义相关词组正确率/%	语义无关词组正确率/%
	M（SD）	M（SD）	M（SD）	M（SD）
二年级	2386.32（248.20）	2284.99（339.02）	72.37（21.53）	74.12（21.68）
四年级	1976.43（277.85）	1943.39（272.93）	93.33（7.93）	93.75（8.92）
六年级	1842.31（341.13）	1780.31（204.33）	86.57（14.33）	87.04（18.57）

反应时的重复测量方差分析表明，干扰类型的主效应显著，$F(1, 54)=4.37$，$p<0.05$，对于有语义关联干扰词的图片命名时间显著长于无语义关联词的图片命名时间，出现了语义干扰效应。年级的主效应非常显著，$F(2, 54)=20.36$，$p<0.001$。对年级的主效应进行事后检验发现，二年级的反应速度显著慢于四年级和六年级，$p<0.001$；四年级和六年级之间的反应时差异不显著，干扰类型和年级的交互作用不显著。

正确率的干扰类型主效应不显著，年级的主效应非常显著，$F(2, 54)=8.88$，$p<0.001$。对年级的主效应进行事后检验发现，二年级的正确率显著低于四年级和六年级，$p<0.05$，四年级和六年级之间的正确率差异不显著。干扰类型和年级

之间的交互作用不显著。

（四）讨论

实验三的结果表明，在反应时上，干扰类型的主效应显著，这说明图－词有语义关联时图片命名的反应时长于图－词无语义关联的反应时，出现语义干扰效应。纳西－汉双语者在纳西语的言语产生中采用非特定语言选择假说，即当干扰词和目标图画所对应的概念有语义关联时，干扰词和目标图画所对应的概念表征相互激活，激活会沿着概念水平－词汇水平自动扩散，且词汇结点之间要通过竞争才能得到选择。考虑到二、四、六这3个年级被试的两种语言熟悉程度的不同，在反应时和正确率上，干扰类型和年级的交互作用均不显著，表明语义干扰效应并没有受到两种语言熟练程度的影响。

语义干扰效应产生的原因是语义关联的干扰词比不关联的干扰词汇产生更强的词汇竞争，语义关联干扰词的干扰作用更大。因为图片的语义表征激活了相关联干扰词的词汇结点，没有激活不关联干扰词的词汇结点，这样关联词的词汇结点就受到来自图片语义表征和他自身语义表征两方面的激活，而不关联词的词汇结点只受到来自它自身语义表征的单方面激活，因而关联干扰词的词汇结点的激活水平高于不关联词，甚至高于目标词的激活水平，从而带来更激烈的词汇竞争，致使目标词汇结点的选择难度加大，反应潜伏期延长。

五、实验四：图－词干扰范式下范畴水平任务的词汇选择机制

（一）实验方法

实验方法同实验三相似，不同的是被试的任务是忽视汉字，用纳西语对图片所属的范畴（能吃的、不能吃的）进行命名。

（二）实验结果

图－词干扰范式范畴水平任务下命名反应的平均数、标准差及正确率如表3-14所示。

反应时的重复测量方差分析表明，干扰类型的主效应不显著，年级的主效应非常显著，$F(2, 54)=8.99$，$p<0.001$。对年级主效应进行事后检验发现，二年级的反应速度显著慢于四年级和六年级，$p<0.05$，四年级和六年级之间的反应时差异显著，$p<0.05$。干扰类型和年级的交互作用不显著。对正确率的方差分析

表明，各主效应与交互作用均不显著。

表 3-14　图 – 词干扰范式范畴水平任务下命名的平均反应时、正确率

年级	语义相关词组反应时/ms	语义无关词组反应时/ms	语义相关词组正确率/%	语义无关词组正确率/%
	$M(SD)$	$M(SD)$	$M(SD)$	$M(SD)$
二年级	1715.06（184.03）	1718.54（206.47）	95.61（7.01）	96.05（7.54）
四年级	1602.91（218.54）	1593.84（213.99）	99.17（2.57）	99.17（4.60）
六年级	1442.81（154.33）	1479.41（140.10）	96.30（6.53）	97.22（4.95）

（三）讨论

实验四的结果表明，在反应时和正确率上，干扰类型的主效应不显著，这说明当图 – 词有语义关联时，图片命名的反应时和图 – 词无语义关联的反应时没有显著差异，并没出现语义干扰效应。这说明在范畴水平的命名任务中，图片干扰词激活后没有对目标图画所对应的概念表征的激活造成影响，词汇结点之间不需要通过竞争来能得到选择，支持了特定语言选择假说。

考虑到二、四、六这 3 个年级被试的第二语言（汉语）的熟悉度不同，在反应时和正确率上，干扰类型和年级的交互作用都不显著，表明语言熟练程度在图 – 词干扰的范畴水平下并不影响词汇的选择机制。在范畴水平的任务中，干扰词对目标词的选择机制没有造成影响，且不同熟练程度双语者都是如此。之所以这样，一方面是因为干扰词是基于基本水平，但对目标词的反应要求基于范畴水平，基本水平的干扰词不属于反应集中的项目，因而不参与竞争。另一方面，范畴水平的任务相对较容易，要求被试进行反应的重复次数较多，被试能够建立一个可以在记忆中容纳的反应集，干扰词不是词汇选择的竞争者，因此不易造成干扰。

六、综合讨论

第三章通过四个实验，在不同的任务水平、实验范式下，探讨了不同熟练程度双语者在言语产生中的词汇选择机制。实验一发现，在语码切换范式的基本水平任务中，对相对熟练的语言反应更快，正确率更高；对相对不熟练语言的反应更慢，正确率更低，即存在切换代价；且切换至熟练语言的代价大于不熟练语言的代价，存在切换代价的不对称性，支持非特定言语提取理论，且不同熟练程度双语者的词汇选择机制相同。实验二发现，语码切换范式的范畴水平任务中，对相对熟练的语言反应更快，正确率更高；对相对不熟练语言的反应更慢，正确率更低，即存在切换代价；且切换至熟练语言的代价与不熟练语言的代价相当，不存在切换代价的不对称性，支持特定言语提取理论，且该机制不受双语熟练程度的影响。实验三表明，在图–词干扰范式的基本水平任务中，干扰词与目标图片有语义关联和无语义关联的反应时存在显著差异，存在语义干扰效应，支持非特定言语提取理论，且对于不同熟练程度的双语者，语言选择机制相同。实验四表明，在图–词干扰范式的范畴水平任务中，干扰词与目标图片有语义关联和无语义关联的反应时不存在显著差异，且不同熟练程度的双语者都没有出现语义干扰效应，支持特定言语提取理论。结论显示，任务水平影响词汇的选择机制，语言的熟练程度和实验范式并不对词汇的选择机制造成影响。在基本水平中，双语不同熟练程度的双语者在不同实验范式下遵循非特定言语提取理论，在范畴水平中，双语不同熟练程度的双语者在不同实验范式下遵循特定言语提取理论。

（一）纳西–汉双语者言语产生中的词汇选择机制

在忽略不同年级语言熟悉程度变化的情况下，对于纳西语作为基本熟练语言、汉语为相对熟练语言、熟练程度存在显著差异的纳西–汉双语小学生而言，其词汇选择机制受到任务水平的影响。即在基本水平的任务中，不同的实验范式都证实了被试采用非特定言语提取，非目标语言对目标语言的产生造成一定的影响。但在范畴水平的任务中，不同的实验范式都证实被试采用特定言语提取，言语产生过程中两种语言之间没有发生竞争。考虑到不同熟练程度双语者的情况，年级与语言类型的交互作用不显著，说明语言的熟练程度并不影响词汇的选择机制。即在不同的实验范式和任务水平下，语言熟练程度都不影响词汇的选择机制。

（二）语言熟悉度对词汇选择机制的影响

通过考察双语者在图片命名中的切换特点和语义干扰情况，可以推测双语者言语产生中的词汇选择机制。最初研究者认为，在语码切换范式中，双语者的词汇选择机制直接受到两种任务语言的熟练程度的影响，当两种语言的熟练程度存在差异时，切换至熟练语言的代价要大于不熟练语言的代价，采用了非特定的语言选择机制；但当两种语言都达到熟练程度，熟练程度相当的情况下，采用的是特定语言选择机制，即熟练双语者的词汇选择机制并不是一成不变的，而是因任务语言的熟练程度而异。但是，随着本研究的深入，与以往的研究结果不同的是，语言的熟悉度并不对词汇选择机制造成影响，在基本水平和范畴水平的任务中，语言的熟练度并不影响切换代价的不对称性和语义效应，不同语言熟练度的被试都采用一样的词汇选择机制。大量证据表明，语言的熟练程度并不是单独对语言加工有影响。

（三）任务难度对词汇选择机制的影响

本研究表明，在忽略语言熟悉程度的情况下，任务水平一直影响着被试的词汇选择机制。基本水平任务中不同的实验范式下被试都采用非特定言语提取，范畴水平任务中被试都采用特定言语提取。特定言语提取理论认为，只有当任务语言的词汇表征被整合到一个心理词典中时，才能通过该选择机制进行目标词的选择。因为只有这样，选择机制才能集中于一种语言的心理词典，从而避免来自另一语言的心理词典的干扰。按照这种观点，对于范畴水平任务而言，任务语言只有能吃、不能吃及对应的纳西语四个词汇结点，任务图式较为简单，这导致了目标语言和非目标语言的词汇表征被整合到了一个心理词典当中，双语者就会通过特定言语提取词汇。但是，如果两种语言的词汇没有被整合到一个心理词典中，双语者就不能采用特定的言语提取。在基本水平的任务中，双语者对于图片对应的两种语言的词汇表征较为复杂，能否被整合到一个心理词典中要依据双语者的两种任务语言的熟练程度来决定。在本章的研究中，因为二年级和四年级学生的双语熟练程度都不高，且不存在优势的熟练语言，切换至两种语言的代价也必然相对。但对于熟练程度差异显著的两种任务语言，不熟练的语言就很难被整合到一个心理词典中，双语者就只能通过竞争来选择目标词汇。

（四）实验范式对词汇选择机制的影响

本章的研究表明，在忽略不同年级的语言熟悉程度的情况下，被试的词汇选择机制得到了不同实验范式的验证，实验范式并没有对词汇的选择机制造成影响。在完成两种实验范式任务下，被试在基本水平任务中都采用非特定言语提取，范畴水平任务中都采用了特定言语提取。

首先，在语码切换范式中，基本水平任务要求被试对每个刺激都要有两种反应，要求被试记住两种语言任务并努力保持两种语言处于准备状态。这提高了两种语言的竞争，增加了记忆的负担，占用了更多的加工资源，支持非特定言语提取理论。但在范畴水平任务中，被试的任务语言只有"能吃"和"不能吃"及对应的纳西语四个词汇结点，任务图式都较为简单，目标语言和非目标语言的词汇表征都被整合到了一个心理词典当中，前者只需被试从四个词汇结点中选择一个即可，故非目标语言没有对目标语言造成影响，支持特定言语提取理论。

其次，在图－词干扰范式中，被试对目标图片集合的预期是产生语义干扰的重要因素。Roelofes（1992）认为，只有反应集内的词汇项目才能参与词汇选择机制，从而带来语义干扰效应，反应集之外的词汇项目不会带来干扰。此外，他还认为反应集的大小和反应重复数也是影响词汇选择机制的重要因素。反应集大小是指在试验中需要被试说出的单词数量，如果需要被试说出的单词数量大于 12 个，则属于大反应集，如果需要说出的数量小于 8 ～ 10 个，则属于小反应集。小反应集可以储存在短时记忆里，大反应集不能储存在短时记忆里。此外，如果反应重复许多次，在反应集合不是很大的情况下，被试能够建立一个可以在记忆中容纳的反应集。因此，在基本水平图片命名任务中，以汉字词语作为干扰项的反应集与图片命名任务的反应集在同一范畴，反应集中的词汇项目才能参与词汇选择机制。且由于需要被试命名图片较多，说出的数量较大（属于大反应集），重复次数较少，词汇节点不能储存在短时记忆里，不能够建立一个可以在记忆中容纳的反应集，支持非特定言语提取理论。但在范畴水平任务中，以汉字词语作为干扰项的反应集与图片命名任务的反应集并不在同一范畴，反应集之外的词汇项目不会带来干扰。且由于需要被试命名图片的范畴水平，说出的数量较小（属于小反应集），重复次数较少，词汇节点能储存在短时记忆里，能够建立一个可以在记忆中容纳的反应集，支持特定言语提取理论。因此，不同的实验范式并不会影响语言的选择机制。

七、结论

1）对于纳西语基本熟练、汉语相对熟练的不平衡双语者而言，用纳西语和汉语命名图片时，存在切换代价的不对称性，切换至相对熟练语言（汉语）的代价显著大于切换至基本熟练语言（纳西语）；

2）在基本水平的实验任务中，用纳西语和汉语命名图片时，存在切换代价的不对称性，采用了非特定言语提取机制；在范畴水平的实验任务中，用纳西语和汉语命名图片时，不存在切换代价的不对称性，采用了特定言语提取机制。

3）实验的任务水平是影响词汇选择机制的主要因素，语言熟练程度并不影响双语者词汇的选择机制。

第五节　汉语词汇认知的教学建议

在第三章的前三节，我们重点介绍了汉语词汇认知的理论及相关研究，并开展了自己的研究，探讨少数民族地区儿童在词汇提取过程中的特点和规律，得出了一些新的结论，为双语研究提供了新的研究维度。目前，少数民族地区学校的双语教学体制或多或少都存在一些问题，因此，针对少数民族儿童的双语发展特点，教育工作者需要对现有的教育方式进行有效改善。在结合前人理论和本实验研究的基础上，本书从以下五个方面给出教学指导建议。

一、加强双语师资的培养

教师是儿童在学校接受知识的启蒙者，扮演着十分重要的角色，教师如何开展教学工作尤为重要。双语教师不仅需要精通本学科的知识、技能和能力，还需要具备扎实的外语基础知识和口语表达能力。目前，少数民族地区学校存在的比较普遍的现象是严重缺少符合要求的双语教师。少数民族地区双语教师的工作量大，归根结底是因为缺少双语教师，因此，应该加强师资培训和增加双语教师数量。

首先，可以通过以下两个途径来增加双语教师的数量：第一，在民族师范学校招收双语专业班，培养精通少数民族语言的教师人才；第二，在现有的双语教师中，对教师进行双语教学基本技能的强化培训，实行教师专、兼职结合的策略，校际流动，盘活教师资源。

其次，应该增加双语教师的培训课程，包括双语教学的基本理论、教学技巧和第二外语语言学习的专门课程。鉴于我国特殊的语言环境和国情，我们认为最有效的途径是选派一部分专业课教师到汉语学校或大学进修学习。

再次，民族师范学校应该邀请国内著名大学的专家学者来讲学，或者聘请成功的双语教师介绍教学经验，来达到提高双语教师全面素质的目的。

最后，在教师待遇方面，要利用国家和地方政府两项教育资金投入，从考核、津贴、职称、晋级等方面给双语教师提供一些照顾，以调动少数民族地区双语教师从事双语教学工作的热情，提高他们从事双语教学工作的积极性。

二、开发双语教材，改进教学方法

一直以来，双语教材种类单一和内容滞后是开展双语教学的学校所面临的主要问题。因此，要有计划地开发双语教材，增加其种类，更新其内容。

第一，本着贴近本民族文化、本地特色和农村实际的理念，双语教材的开发应以学校为主体，充分调动广大一线教师的积极性和发挥学校的资源优势。

第二，本着适应具体教学情景和儿童学习需求的原则，要合理选用教学材料，注重教学材料对新事物、新知识、新科技的反映，最终形成的教材也应该由通晓双语和双语文化的专家来审核。

第三，少数民族地区的双语教学应该以训练儿童的汉语口语为突破口，以提高儿童的汉语写作能力为最终目的。具体的做法是：首先，采用幼儿听读游戏法，让学前班的少数民族儿童边听边说、边玩边学，引起他们对一个事物或现象的简单认识；其次，通过提问唤起他们与此相关的体验和经历；最后，在儿童语言知识（声母、韵母、字、词、句等）积累的基础上，儿童能够自然而然地达到读懂一些汉语篇章、书写一些汉语片断的要求。

三、调整双语课程设置

从母语学习过渡到汉语学习，符合少数民族儿童认识客观事物的规律和学习第二语言的心理发展过程。然而接受双语教学的学生仍然存在第二语言过渡困难的问题，主要原因是双语教学课程的设置不合理。结合少数民族地区儿童的学习能力和接受能力，在具体教学实践中，提倡采用听读游戏法。

第一，在教学内容上，可以家庭生活为主题，通过让儿童扮演爷爷、奶奶、爸爸、妈妈等角色，让他们学会喝水、吃饭、睡觉等简单的家庭生活用语。

第二，在课时安排上，应该提高汉语教学课时比例，尽早开设汉语口语课，建议每天上一节或者两天上一节汉语口语课，使少数民族地区儿童能听、说简单的课堂用语和日常生活用语即可。

第三，汉语拼音的学习应该从学前期就开始，而汉字的书写不作为教学的重点，但可在汉语拼音的教学过程中穿插一些汉字基本笔画及简单书写教学内容，从而帮助他们顺利进行汉语学习。

四、少数民族儿童双语词汇教学改进

（一）词汇教学要分类、分块进行

按照词汇类别进行词汇教学的优点是可以让儿童有条理、有层次地学习一类词汇，进而引申学习更高级或低级类别词汇，达到系统化学习的目标。主要方法有：①类别词汇教学可以由简单到困难、由生活向自然的顺序使儿童逐步增加词汇量；②教师给出一组词或词组，让儿童挑出其中不能与某个常用词构成搭配的词，进而进行深化学习，这样能够较好地帮助儿童排除母语负迁移的影响；③结合表格或者结构图，让儿童根据表格或结构图对词汇进行口头复述，这样既能帮助学生整理思路，也能帮助他们正确使用词汇。

（二）进行情境式词汇教学

儿童处于词汇学习的初级阶段，将词汇教学融合在游戏、音乐、讲故事、集体活动甚至生活中，可以提高儿童学习汉语词汇的积极性。游戏活动是儿童的主要活动，教师设计学习汉语词汇的游戏，既可以增加词汇的实用性，也可以让儿童快速地学习。安排儿童自己编写故事，让儿童灵活使用已知的汉语词汇进行学习，也可以增加儿童学习未知词汇的欲望。

（三）强化词汇的使用实践

交流是学习一种语言的快捷有效的方法。教师可以设计实践活动，加强儿童之间使用汉语词汇进行交流，让儿童帮助儿童进行词汇学习，让儿童在交流活动中记录自己的心得体会及词汇的运用情况，以培养儿童主动学习词汇的能力。

五、双语词汇学习策略

双语词汇学习不能停留在"形式意义"层面上，而是要在更高层次上加深和内化词汇知识，避免在浅层次水平上对词汇数量简单重复。如果学生在词汇学习过程中，通过自己的策略理解词汇的意义并且使之内化，词汇的记忆和学习效果会更好。

第一，窄式阅读法。这指的是关于同一主题的若干篇文章的阅读。少数民族儿童可以根据双语教学某单元的主题，从报刊或网络上选取相同主题的文章。

随着学生在阅读过程中对同一主题的逐步了解，背景知识的积累会使他们相对容易地理解相关主题的其他文章。并且，由于相当一部分双语词汇频繁出现在同一主题的文章里，这就有利于少数民族儿童掌握相关的双语词汇，同时可以缓解在阅读材料时词汇量不足的压力。

第二，兴趣激励法。兴趣是思维活性的触发剂，求知的需要是学习动机的基础。所以，少数民族儿童可以根据自己的兴趣方向引导自己的关注点，进而引发对相关词汇的求知欲及学习兴趣。

第三，句子成分替换记忆法。少数民族儿童应该在句子中学习双语词汇，根据词汇在句子中的位置和成分进行特定记忆，灵活运用这种记忆策略可以有效增加词汇量。例如，一位双语教师在讲完水果的相关内容后，就让学生将自己熟知的水果放置在自己的果园里，并依次说出每个水果的名称和产地。

第四，图示联想法。教师引导少数民族儿童，在草稿纸上画出或在头脑中想象出词汇的具体形象及其相关词的形象，以巩固已有的词汇学习效果。例如，在小学数学双语课上，双语教师就可以通过图形来帮助学生学习和记忆几何图形。

第五，分类集中记忆法。教师引导少数民族儿童，根据词汇语义间的各种联系，并与以前学过的旧词汇联系起来，形成语义词对或语义网络，从而扩大原有的组块或者形成一个更有序的组块，以促进词汇学习。

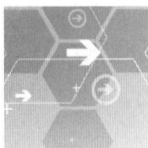

第 四 章

少数民族儿童的句子认知

　　句子是表达完整思想的具有一定语法特征的、最基本的言语单位，是阅读心理学的重要研究领域。句子由一个个词组成，但对句子的理解却不是简单地将词的意义相加，而需要根据一定的语法特征和语义分析，对句子进行认知加工，从而形成一个有效合理的心理命题表征。在阅读心理学中，通常以命题来表征句子的意义，读者在理解句子意义过程中要从句子中来建构意义，即从书面词的序列中最终建造起一个具有层次安排的命题表征（张必隐，1992）。

　　句子理解是语言整体理解的基本形式与核心内容，对句子的理解是儿童语言发展的重要方面。儿童在理解句子的过程中会采取什么样的策略？什么因素对儿童理解句子的过程起决定作用？句法和语义在理解句子过程中的作用是否相同？这些问题一直受到心理学家广泛关注。目前，国内关于句子理解的研究主要集中探讨汉族被试及以汉语为第二语言的被试（外国人）的汉语句子加工机制，而针对少数民族的研究少之又少。对于少数民族双语者，句子阅读过程中心理命题表征的生成不仅涉及句子内部的语义表征和内容结构，还涉及不同语言与文化对认知风格的影响。通过研究少数民族儿童的汉语句子理解过程，还可以进一步探讨少数民族儿童的心理特点和认知风格，这对于汉语教学工作的展开大有裨益。本章节将从心理学的角度，阐述句子加工的相关理论，介绍儿童句子理解的研究现状，并以傣族儿童为例，揭示少数民族儿童在汉语句子认知过程中的语义和句法分析机制，从而理解少数民族儿童句法和语义这两种初级的句子加工过程。同时，我们以不同句子类型为出发点，以藏族儿童为例，对比汉族儿童与藏族儿童在阅读不同类型汉语和藏语句子时的命题表征互换现象的异同，从而分析少数民族儿童句子命题表征建构过程的发展规律和不同语言类型间的差异，以期进一步探索句子理解的过程。

第一节　句子认知过程的语义和句法分析机制

一、句法加工、语义加工及二者在句子理解中的作用

句法是对语言组成成分（包括字、词、短语等）的系统安排。人在思考问题时，可能是以非线性、观念群集的方式进行的，但在交流沟通时就需要按照线性的方式（就是将字词逐一展示出来）进行。这种线性模式要求我们在写作时系统地安排词的顺序及组成成分的位置，由此句法就产生了。人们能够运用句法来传递信息，也可以用它来分析和了解其他人的言语。当然，以上只是一种比较通俗化的解释，事实上句法加工的过程是非常复杂的。

句法加工的含义是：为了能够获得对句子的理解，在句子加工时把句子划分为构成成分，并且决定这些构成成分是按照什么样的语法关系相互联系起来的，从而建立起句子低层结构中的命题的过程（蔡林等，2014）。语义指的是对于脱离语意环境的一个句子，用逻辑方法推导出来的多种意义可能。它是在日常生活中形成的，涵盖概念和表象形式在内的许多事物的表征以及事物之间相互关系的表征。心理是人脑对客观世界的反映，人的大脑内有和自然界互相对应的语义场。这种语义场不是人为的心理词典，而是客观世界的系统性在语义中的反映。所以，语义加工就是为了能够更好地分析和理解语言中所包含的意思，通过联系语词所处的语义场，从它与同一语义场中其他语词之间的相互制约关系中获得语义表征的过程（Zhang Y et al.，2013）。

句子理解过程的实质就是进行意义的建构。按照 Wingfield 等人（1990）的看法，这一过程包括语义加工（semantic process）、句子的句法分析（sentence parsing）、语法的转换（syntactic transform）、短暂的片语留存以及语义和句法的整合，直至命题表征的最终形成。

句法加工在句子理解中所起的作用是提示和安排词汇在句子中的位置和顺序。举个例子来说：

1）妈妈被弟弟拉住

2）妈妈拉住弟弟

从句式上来看，这两个句子都是由两个名词短语（Noun phrase）与一个动词短语（Verb phrase）构成的。这两个句子中的词语所处的位置，除了动词所处的位置发生变化外，其他基本是一样的，然而这两个句子中被拉住的对象却不

一样。之所以会出现这种现象，是因为被动结构的提示字"被"的加入使句子意思发生了变化，也就是说，句法的改变使句子的深层结构也随之发生了变化。

在语言心理学中，通常会采用函数来描述命题，这些命题实质上是有关句子中不同位置的词语的函数关系。例如简单句："Lily is beautiful"，用命题来表示就是：Y=beautiful（x）。这个函数跟我们初中数学课上学的一次函数 $Y=f(x)=kx+b$（k 和 b 是常数）一样具有符号的特点。其中"x"既可以是"Mary"，也可以为"Lucy"。然而需要说明的是，句法加工的结果并没有最终完成命题，原因是命题函数的变元没有被"赋值"。

句法加工产生命题，语义加工则需要通过提供语义表征和命题表征给命题赋值以完成命题。也就是说，只有当这些语义表征及命题表征被"赋值"到诸如 Y=beautiful（x）这样的函数形式里面时，句子的意义才最终构建完成。所以，语义加工是具体函数变元实际"赋值"过程的先决条件，赋值过程是语义信息和句法信息的整合过程。

因此，句法加工和语义加工的作用是相互联系、不可分割的。二者从不同的方面帮助读者分析和理解句子，从而准确地对词汇信息进行排列组合。通过句法加工和语义加工提供的表层结构信息和深层结构信息，人们才能更好地理解句子的意思。

二、句法加工和语义加工研究的相关理论

（一）句法自主理论

句法自主理论认为，语言加工系统是由一系列在功能上相互独立的模块组成的，每一个模块都是独立的加工单位。模块的加工是自我驱动的、强制性的，不会受到其他模块的影响。每个加工过程或理解子系统（例如句法分析）是独立发生作用的，与其他过程没有关系。句法加工构成一个模块，该模块最开始不会受到任何其他非句法信息的影响。句法分析结束之后，接着开始根据语义的、语用的信息，对初始的句法分析结果作出评价。假如不赞成之前的分析结果，句法分析会再进行一次。在这类模型中，最有影响的是 Frazier 等（1982）提出的花园路径模型（Garden-Path Model）。这个模型认为，在句子加工的最初阶段，只有句法信息产生作用，主题和语义的信息在阅读的后期加工阶段才发生作用。读者在见到句子时，会系统地建构句子结构成分的心理表征，这种句法分析独立于、并早于任何的语义加工。在句子加工的早期，即纯结构加工

阶段，能影响句法分析的词汇信息仅为名词、动词等词类信息。接着，语用的和词汇等其他信息才会产生作用，它们将会被用来证明或拒绝初始阶段的设想（Novick et al.，2014）。

句法自主理论提出了句法加工中需要遵守的两个重要分析原则：

1）最简附着（Minimal Attachment）原则。主要指将句子中每一个随后的词汇附加进现存的结构，在句法树中尽可能地少加进新的节点。句法加工器不会建构任何潜在的、不必要的节点，体现出认知经济原则。依据上述观点，当读者在阅读句子的过程中碰见出现歧义的地方时，在最初对句子进行句法分析的时候，句法加工器将会找到最简单的可能结构。举个例子来说，有这样一个句子："The horse raced past the ball fall."（马越过那个球后，球倒了；越过那个球的马跌倒了）。当读者读到"The horse raced past the ball…"这里的时候，他刚开始会将"the ball"理解为动词"raced"的直接宾语，将"raced"理解为主动词，而不是修饰"The horse"的过去分词，也就是说是按照"The horse raced past the ball."（马越过了那只球）来建构这样的简单句式，因为这样在读者头脑中建构的句子节点数最少。而当读者看到"fall"的时侯才发现，以前的理解是不正确的，需要重新建构新的结构，这时才会将"raced"作为修饰"The horse"的过去分词，句子被理解成：The horse raced past the ball fall.（越过球的马跌倒了）。"fall"被用来证实或拒绝最开始阶段的假设，因此读者在见到"fall"时出现了语义加工上的困难。由此可见，句法加工时，读者倾向于将紧接下来的成分作和前面有直接关联的最简单化的处理，而不会将其假设成复杂的情况。

2）迟关闭（Lated Closesure）原则。这种原则指的是在语法允许的条件下，首先会把输入的词、短语、句子等纳入到当前正在打开或者正在建构的句法成分中，而非建构新的结构。根据这种观点，在阅读的时候，如果语法上不存在不合理的解释，读者一般都会倾向于把每个新的语言信息附加到当前假定的从句或短语上。然而在有些句法结构中，例如在"Lily knew Mary well."（莉莉很了解玛丽。）和"Lily knew Mary left."（莉莉知道玛丽离开了。）这两个句子中，读者刚开始会把"Mary"理解为直接宾语，按照第一个句子来分析。而随后的语境表明刚开始的结构分析是不正确的。接下来，读者则不得不对最初始的解释进行修改，此时，读者就进入了Frazier提到的"花园路径"。虽然在这两个句子中，相互对应的词在词长和词频上没有差别，但是读者对"left"的注视时间，明显要比对"well"的注视时间长。Boland（1997）的研究指出，花园路径效应和回扫是由句法形式的复杂性而引起的。句子越难，读者对它的分析就越不容易。在阅读的过程中，有时会遇到加工不符合最简附着和迟关闭原则的歧义句，读者往往在只对其进行了一种分析后，后面出现的信息使其发现对语义进行了不合理的句法加工，因此需要修改最开始的分析。这种情况似乎是读者进入了 Frazier 所提出的使人误入歧途的"花园路径"，即读者在理解句子的过程中，如果误入歧途，那么就不得不重新对句子进行句法分析。虽然该理论预测，最简单的分析不正确的时侯可能会使句法加工的难度增加，而重新分析则需要根据词汇和语境来决定。

（二）交互作用理论

句子加工的交互作用理论认为，在句子加工过程中，句法加工器所得到的句法结构是各种信息交互作用、相互制约与满足的结果，而非句法加工器的独立产物。所有子系统（如句法信息、语义信息和语境信息）都在不断地吸收其它子系统提供的信息，并且不断地向其他系统提供信息（Stroud et al., 2012）。该理论最著名的模型的是 Runelbart 等人于 1986 年提出的制约 - 满足模型（Constraint-Satisfaction Model）。该模型认为，句法加工即时地受到各种信息（词汇的、句法的、上下文的以及非语言的信息）的影响，而且各种特定词汇的可供选择的句法表征平行通达，但每个表征结构的相对可通达性受诸如频率、语境适合性等因素制约。符合语法结构的分析均可能被激活，某个分析被激活的强度则取决于支持它的证据。最可能的句法结构必须满足句法、语义和语境信息的要求，但是这些信息要求的作用大小却并不完全相同。词汇信息在判断、评价和选择各种可能的句法结构过程中起着决定性作用。因此，该理论认为，句法加工所形成的暂时性的分析既要与当前输入的语义信息一致，同时也受句法信息的限制。

交互作用模型又可以分为弱相互作用模型和强相互作用模型。弱相互作用模型认为，当句子存在多种分析可能的时侯，句法分析模块会自主地同时提出多种结构分析，语义和语用信息分析的作用就是在多种结构中即时地选择一种语义合理的结构。如果发现随后的分析和前面的结构一致，会继续进行加工。如果随后的分析和前面的结构出现分歧，就会放弃这种分析结果，同时寻找新的分析，直到找到合理的解释。强相互作用模型认为，当存在两种以上可能的分析时，多种可能的分析结构同时提出并得到加工，并不是只重视句法加工。语义和语用信息直接引导句法分析，并且语义和上下文决定着句法分析只能得出其中的一种结果，来自不同地方的信息共同决定哪一种分析在句子理解中更准确更合理。

（三）同时作用理论

Boland（1997）等人综合前两种理论，提出了同时作用理论（Concurrent Model）。该理论认为各种语言信息在加工过程中没有严格的时间顺序，信息同时被各种功能模块同时处理，所有与自下而上的句法信息一致的结构都将并行产生或者通达，不受语义内容的限制。与交互作用理论相似，它也认为较低层次的信息加工会受到高层次背景知识的影响。与交互作用理论不同的是，同时作用理论认为选择过程既需要来自词汇加工系统的信息，也需要来自高层水平的信息。句法加工器在分析和识别每个新词的时候，会并行地产生所有合乎语法的结构。与此同时，伴随着自下而上的输入，句法加工器会改变和导出一致的结构，并拒绝出现任何不一致的结构。这个过程采用了特定的词汇性结构限制（Lexically Specified Structural Constrains）和一些较少的句法规则，产生的结构由可能性限制（例如：特定动词的每个句法结构的频率等）所权衡，其中权衡过程就是句法选择的一个比较重要的影响因素。同时，语义系统会分析和加工来自各个方面的信息，从而有针对性地根据某个暂时的解释来理解句子。词语的意思、主题因式和句法结构均为输入语义系统的信息，输出则是一个不断改变和修正的浅层语义表征结构。因此，在句子理解过程中，造成句子歧义的句法结构会在得到合理的处理前得到一个解释。假如语义加工在句法加工之前起作用，那么可能就会选择与解释一致的句法结构来理解句子，而没有获得支持的句法结构则会慢慢变得不可以通达，即采用该句法结构对句子的语义不能形成一个合理有效的解释。换句话说，该理论认为句法加工和语义加工并没有孰轻孰重的差别。

纵观以上三种理论，句法自主理论认为句法加工较之语义加工在句子理解过程中所占分量要更重，交互作用理论认为语义加工所占分量更多，同时作用理论则认为两者并无主次之分。同时作用理论认为，句法加工和语义加工存在交互作用，句法加工的结果受到了语义加工的影响。句法自主理论和交互作用理论认为，仅从自下而上的信息着手就可以完成句法加工。同时作用理论则认为，句法加工还需要利用自上而下的信息才可以完成。

三、句子理解的相关研究

语言心理家Bever（1970）在70年代初期，最先采用"理解策略"（comprehension strategy）这个词解释句子的理解过程。他认为人们在理解过程中可以通过某种捷径达到目的。在一项研究中，他采用个别测验的方式，让被试用玩具表演可逆主动句和被动句。实验结果表明，2～2.5 岁的儿童对这两种句子的理解的准确率只相当于随机水平。2.5 岁后的儿童随年龄增长对主动句理解的准确率越来越高，而对被动句理解的准确率反而降低了。到 3 岁时，儿童对被动句理解的准确率降到了最低点，显著低于随机水平。这些结果说明，2.5 岁以前的儿童还不能根据词序推断句子的深层结构，2.5～3 岁的儿童则主要是根据 NVN（名词–动词–名词）词序，即施事–动作–受事关系的策略理解主动和被动句的。这说明不同年龄段的儿童运用了不同的策略来理解句子。

对句子理解策略研究的兴起，一方面是由于 1969 年语言学家 Chomsky（1969）对传统语言学习理论提出批评。他用很多事实证明"刺激–反应–强化"理论不能解释语言获得，儿童在语言获得过程中不是语言输入的被动接受者，而是积极的产生和创造者。另一方面，在儿童语言的观察资料中发现了儿童的一些有规律的系统错误。

Rayner 等（1983）让被试阅读一些具有歧义的句子和一些无歧义的句子（后者作对照），使用眼动技术记录被试注视特定词的时间。结果发现被试在阅读两种句子时，在动词上的停顿时间并无显著差异，说明两类句子在语义加工方面的不同并不影响对句子的句法解释，结果支持句法自主理论。Ferreira 和 Clifton（1986）的实验也表明，上下文语义信息不会即时地影响句法加工，也支持了句法自主理论。

Trueswel 等（1994）用眼动记录的方法研究了歧义句和非歧义句的理解过程，结果发现字词的语义信息即时地影响了后面的句子的句法加工，其实验结果支持了相互作用理论。Crain 和 Steedman（1985）的实验也支持了相互作用理论，但是由于他们采用的实验方法不能直接揭示句子中各个单词的加工情况，因而结论不能令人信服。

当前，对句法分析和语义分析的研究多以英语等印欧语系的语言为实验材料，而对汉语句子的研究还较少。对汉语句子理解的研究开始于 80 年代，Miao 等人（1986）最早对汉语简单句进行了研究，他们选取含有一个动词和两个名词的简单句子呈现给被试，这些实验句都包含暂时的结构歧义。在第一个动词之后的名词既可解释为直接宾语，也可解释为宾语的修饰成分，要求被试判断其中的名词哪一个是施事者。研究发现，以汉语为母语的被试在选择施事者时，主要依据名词语义的动物性。进一步研究则发现词序也起作用，不过其作用要小于词义，这与母语是英语的汉语学习者反应不同，后者更多地依靠词序。Li 等人（1993）和 Liu 等人（1992）对在美国的留学生、访问学者及其家属进行研究也发现，对于讲汉语的人来说，语义线索比句法线索更重要。之后，Chen 等（1998）对 Broca 区失语症患者、Wernicke 区失语症患者理解汉语简单句进行研究，得出了与 Miao 等的相似的研究结果，句子以自主模块的方式理解时，语义解释的作用大。江新等（1999）用句子施事判断和句子判断两个实验探讨句法和语义在汉语简单句中的作用和相互关系，实验采用语义可逆和不可逆的句子，每个句子都是由两个名词和一个及物动词组成的简单句。研究结果表明：①在汉语简单句理解过程中，句法因素的作用是主要的，语义因素的作用是次要的，只有当实验任务强调语义分析时，语义因素才有显著的作用。②句法因素和语义因素分别作用于汉语简单句理解和分析过程中的不同阶段，句法分析是一个可以独立于语义的自主加工过程。这个结论支持句法自主理论，说明句子理解也以自主模块方式进行，但句法（词序）对句子理解有显著的影响。其他的研究结果则支持句子理解句法和语义相互作用的观点（彭聃龄等，1993；陈永明等，1994）。

　　另外，研究者还探讨了汉语为第二语言的学习者在学习汉语的过程中句法和语义的作用和相互关系。Miao 等（1986）以在美国大学学习了三年汉语的母语为英语的大学生为被试，发现母语的加工策略影响了他们汉语理解的过程。在生命属性和词序的提示特征中，这些学生更倾向于使用英语中的词序策略来理解和分析汉语句子，对生命属性的提示特征也表现出低于汉语母语使用者的敏感度。寮菲等人（2004）探讨了语义和词序策略在第二语言简单句理解中的作用，结果发现第一语言为英语、第二语言为汉语的双语者在理解和分析汉语句子时多依赖于语序，而汉语为母语者却多采用语序和语义相结合的方法。Su（2001）研究了母语为汉语的被试的句子加工策略，发现词序和生命属性的交互作用显著，但是对于汉语为母语者来说，生命属性仍然是最重要的提示特征，因为当词序和生命属性出现竞争关系的时候，被试优先选择生命属性的提示特征。王思嘉（2004）在对日本留学生加工四种汉语句式的句法分析和语义分析的研究中发现，日本留学生对汉语句子所使用的加工策略既不同于对日本母语的加工策略，也不和汉语为母语者的加工策略一样。日本留学生对汉语句子加工的过程中，句法策略的作用主要体现在没有语法标记的一类句子中。马春花（2006）在对东乡族儿童汉语语句理解的研究中发现，东乡族儿童和母语为汉语的儿童在理解汉语句子时采用的策略各有侧重，有时语义分析的作用更大，有时句法分析的作用更明显，有时词序和语义分析相互结合。她的研究还发现，汉族儿童在 NVN（名词－动词－名词）、NNV（名词－名词－动词）和"把"字句的理解中，更倾向于把第一个出现的名词作为实施者；在"被"字句中，东乡族儿童则更倾向于将第二个出现的名词作为施事者。

第二节　傣族儿童汉语句子认知过程的语义和句法分析机制

一、问题提出

句子理解指从书面文字中建构意义，句子理解过程的实质是进行意义的建构。澄清句子理解过程中句法和语义加工的作用和关系，有利于我们更深入地了解语言意义的建构过程。近年来，句子加工中的心理机制已成为心理语言学研究的热门问题。研究者们在三个方面取得了较为一致的看法：①读者对句子的表征是随着句子的展开而逐渐增加的。②暂时解释的形成。在句子加工的每一个时间进程上，均会产生暂时的句法结构，并对其后的续接成分作出预期。③人们会快速地利用详尽的词汇信息以达到正确的分析。

然而，对汉语句子理解过程的研究结论还在三个方面存在分歧。不同的理论模型在详尽词汇信息起作用的时间点、句法和语义加工的关系、从句法加工系统得到的输出的表征数量等方面存在着不同的理论预期（余林等，1999）。这三个方面的分歧具体表现在：①汉语句子理解方式是以自主模型还是相互作用模型加工的；②句法和语义因素在句子理解中作用的差异；③句法和语义因素在加工过程中的时间进程，即二者何时参与加工以及作用的时间范围。

目前对句子理解的研究还存在以下一些问题：人们对句子理解的研究主要集中在成人身上，关于儿童对句子理解的研究还比较少，得出的结论也不一致；对句子理解的研究所选实验的材料比较单一，主要集中在简单句上。研究的刺激材料包括相当一部分不合乎语法的无意义的句子，这会导致被试在完成任务时重视语义，而忽视句法结构，其结果不能真实反映对正常汉语句子的加工机制；多数研究主要以汉族为被试，对少数民族儿童在理解汉语句子时句法和语义加工的作用研究则很少。

傣族是一个具有独特生态环境和文化的民族，他们有自己独立的语言（包括书面语言和口头语言），这种语言的语法构成与汉语存在一定差异。因此，傣族儿童在学习汉语句子的过程中，母语的语序可能会对汉语句子的学习起到正迁移或负迁移的作用。已有的双语研究中，大多数研究的对象都是英语和汉语的非接触型双语者，而对于傣族双语者的心理表征研究才处于起步阶段。基于此，本书拟通过对傣族学生在汉语句子理解过程中的句法和语义加工进行研究，探讨傣族儿童句子理解过程中的心理特点，了解句法和语义在傣族儿童理解汉语句子时发挥的作用，以及句法和语义加工的相互关系。

二、实验一：词序和生命属性组合对句子施事判断的影响研究

（一）被试

从云南省芒市一所小学随机选取高年级 50 名傣族儿童进行实验研究，男女各半，平均年龄 12.3 岁。他们的母语均为傣语，第二语言均为汉语。所有被试裸视或矫正视力正常，无阅读障碍。

（二）实验材料

实验材料主要由两个名词和一个动词组成的汉语简单句组成，其中施事者和受事者都是针对句子里的名词性成分与动词的关系来说的，施事者是动作或行为的发出者，而受事者是动作或行为的承受者。据此，目前汉语中符合这种条件的句子组合形式有下面几种：NNV、NVN、N 把 NV 了、N 被 NV 了，其中 V 表示动词，N 表示名词。名词又分为两类：一种是有生命属性的（animacy），用字母 A 表示；一种是无生命属性的（inanimacy），用字母 I 表示。对于"把"字句，无论句型中的两个名词生命属性组合是哪一种，它的施事者都是把字句的主语，即把字句前面的名词。而对于"被"字句，无论句型中的两个名词生命属性组合是哪一种，它的施事者都是被字句后面的名词。因此，本研究将前面四种施受关系组合根据有无特殊语法标记分为两类。一种为无语法标记的句型：NNV、NVN；一种为有语法标记的句型：N 把 NV 了、N 被 NV 了。为了便于数据分析和实验处理，将其作为两个分实验来讨论研究，实验材料举例如下：

1）无语法标记的句型：

① NVN

测试题目举例：

A——有生命（animacy），I——无生命（inanimacy）

AVA——花猫抓住老鼠；IVI——餐厅做了点心；

AVI——小明复习课文；IVA——警察局抓了人。

②NNV

测试题目举例：

AIV——弟弟牛奶喝了；AAV——老人小明照顾；

IIV——新书商店卖了；IAV——日记小明丢了。

2）有语法标记的句型：

①N 把 NV 了

测试题目举例：

I 把 AV 了——学校把学生批评了；

A 把 AV 了——男孩把小狗抱走了；

I 把 IV 了——阳光把屋子照亮了；

A 把 IV 了——弟弟把苹果吃完了。

②N 被 NV 了

测试题目举例：

I 被 IV 了——小树被大风吹倒了；

A 被 AV 了——小偷被警察抓走了；

I 被 AV 了——铅笔被小红拿走了；

A 被 IV 了——爷爷被歌声感动了。

　　四种句型在每一个处理水平的结合上都有 4 个测试句子，每种句型有 16 个测试句子，四种句型共 64 个测试句子。实验时所有测试句子混合在一起，随机呈现。另外有 32 个句子作为干扰句，干扰句的探测词是句子的受事者，句子的结构特点与测验句子一致，被试对此应做"否"反应。

（三）实验设计

　　实验 1a 的研究题目是：无语法标记的汉语句子理解研究。采用 4（生命属性组合：AA、AI、IA、II）×2（词序：NVN、NNV）的两因素实验设计，两个变量都是被试内变量。因变量为被试报告的反应时和正确率。

　　实验 1b 的题目是：有语法标记的汉语句子理解研究。采用 4（生命属性组合：AA、AI、IA、II）×2（词序：N 被 NV 了、N 把 NV 了）的两因素实验设计，两个变量都是被试内变量。因变量为被试报告的反应时和正确率。

（四）实验程序

　　实验材料采用 E-prime 软件进行编程和呈现。所有句子在电脑屏幕中央随机呈现。实验分为练习和测试两个阶段。实验开始前，为确保被试理解实验任务，先给被试讲解指导语：我们来做一个小测试，当你看到电脑屏幕中央出现一个句子时，请快速判断这个句子是不是一个合乎句法并且有意义的句子，即这个句子有没有语病。

在被试了解规则后就进入练习阶段，首先出现一个红色注视点"+"，持续1000ms，之后随机出现句子，在被试报告后，主试立即按键进入下一个循环。在练习阶段，被试做6次反应，主试对被试反应进行反馈。练习结束后进入正式测试阶段，正式测验中主试不给予反馈。在实验中，干扰句和测验句混合在一起随机呈现给被试，程序自动记录被试的反应时和正确率。

（五）结果与分析

由于电脑自动关机，有一个被试的数据没有保存住；一名被试有部分题没有作答视为无效；另外，由于有两名学生的正确率低于40%，视为不认真完成或不理解要求。将这4名被试的数据删除，从而保证数据的可靠性。

1. 实验1a：无语法标志的句子理解加工研究

结果见表4-1。根据傣族儿童对两种无语法标志的句子施事判断的反应时结果，进行2（词序）×4（生命属性组合）的两因素方差分析，结果发现：①词序的主效应显著，$F_{(1, 45)} = 7.377$，$p < 0.01$。②生命属性组合的主效应显著，$F_{(3, 135)} = 5.093$，$p < 0.05$。③词序和生命属性组合的交互作用不显著，$F_{(3, 135)} = 1.369$，$p > 0.05$。无论是两个都是有生命的名词组合、有生命和无生命的两个名词组合还是两个都是无生命的名词组合，被试判断NVN句式的反应时都要比NNV句式所需要的反应时短。实验变异的计算结果发现，句法因素和语义因素引起的变异分别占实验总变异的66.05%和27.17%。

表 4-1　实验 1a 中被试在各种条件下施事判断的平均反应时和正确率

词序	生命属性组合							
	反应时/ms				正确率/%			
	AA	AI	IA	II	AA	AI	IA	II
NNV	1234.84	1119.65	1124.27	1078.05	72.8	83.2	79.3	77.7
NVN	1107.05	963.26	1015.85	1037.83	75.5	88.0	81.0	79.3

对生命属性组合的各个水平做事后检验发现，生命属性组合为AA和AI的反应时差异非常显著（$p < 0.001$），AA和AI组合的反应时的差异显著（$p < 0.05$），AA和II组合的反应时也差异显著（$p < 0.05$），而AI、IA、II两两之间差异却不显著。这说明傣族儿童在以两个都是有生命属性组合的句子中，判断句子动作

的施事者要难于其他三种组合形式的句子。

根据傣族儿童对两种无语法标志的句子进行施事判断的正确率结果，进行 2（词序）×4（生命属性组合）的两因素方差分析，结果表明：①词序的主效应显著，$F(1, 45)=6.383$，$p<0.05$。②生命属性的主效应显著，$F(3, 135)=4.147$，$p<0.05$。③词序和生命属性的交互作用不显著，$F(3, 135)=1.185$，$p>0.05$。无论是两个都有生命的名词组合、有生命和无生命的两个名词组合还是两个都是无生命的名词组合，被试判断 NVN 句式的正确率都要比 NNV 句式高。

反应时和正确率结果都一致表明，被试对句子的施事判断既受到句法因素的影响，也受到语义因素的影响。在傣族儿童理解无语法标志的汉语句子过程中，这两个因素都起到重要作用。

2. 实验 1b：有语法标记的句子理解加工研究

结果见表 4-2。根据傣族儿童对两种有语法标志的句子施事判断的反应时结果，进行 2（句式）×4（生命属性组合）的两因素方差分析，发现：①词序的主效应显著 $F(1, 45)=20.414$，$p<0.001$。②生命属性组合的主效应显著，$F(3, 135)=4.618$，$p<0.05$。③词序和生命属性组合的交互作用不显著，$F(3, 135)=0.560$，$p>0.05$。无论是有生命的两个名词组合、有生命和无生命的两个名词组合还是两个都是无生命的名词组合，被试对"N 被 NV 了"句式的反应时都要比"N 把 NV 了"句式短。实验变异的计算结果发现，句法因素和语义因素引起的变异分别占实验总变异的 86.01% 和 12.56%。

表 4-2　实验 1b 中被试在各种条件下施事判断的平均反应时和正确率

词序	生命属性组合							
	反应时 / ms				正确率 / %			
	AA	AI	IA	II	AA	AI	IA	II
NNV	1443.99	1126.23	1270.65	1234.44	75.0	76.1	78.3	81.0
NVN	1148.25	997.34	1022.52	1059.89	84.2	78.3	81.0	84.2

对生命属性组合的各个水平做事后检验发现，生命属性组合为 AA 和 AI 组合的反应时差异非常显著（$p<0.001$），AA 和 IA 组合的反应时的差异非常显著（$p<0.001$），AA 和 II 组合的反应时的差异显著（$p<0.01$），AI 和 IA 之间差异也显著（$p<0.05$）。而其他两种生命属性的组合不显著。这说明，在以两个都是有生命属性组合的句子中，傣族儿童判断句子动作的施事者要慢于以 AI 和 II 生命属性组合的句式，而对于由一个有生命属性和一个无生命属性组合的句式来说，被试对 AI 句式的反应时比 IA 句式快。

根据傣族儿童对两种有语法标志的句子施事判断的正确率结果，进行 2（句式）×4（生命属性组合）的两因素方差分析，结果表明：①词序的主效应显著，$F（1，45）= 15.716$，$p<0.001$。②生命属性的主效应显著，$F（3，135）=7.856$，$p<0.01$。③词序和生命属性组合的交互作用不显著，$F（3，135）=3.857$，$p>0.05$。无论是有生命的两个名词组合、有生命和无生命的两个名词组合还是两个都是无生命的名词组合，被试对"N 被 NV 了"句式的正确率都要比"N 把 NV 了"句式高，这与反应时的分析结果一致。

反应时和正确率结果都一致表明，被试对句子的施事判断既受句法因素的影响，也受到语义因素的影响，这两个因素在傣族儿童理解有语法标志的汉语句子过程中都有重要的作用，实验变异的结果表明句法产生的作用更大一些。

三、实验二：词序和生命属性对句子判断的影响

（一）被试

从云南省芒市一所小学随机选取高年级共 50 名傣族儿童进行实验研究，男女各半，平均年龄 12.1 岁。他们的母语均为傣语，第二语言均为汉语。为了避免练习效应和疲劳症状，实验二选择与实验一不同的被试。所有被试裸视或矫正视力正常，无阅读障碍。

（二）实验设计

实验 2a：无语法标志的汉语句子理解研究。采用 4（生命属性组合：AA、AI、IA、II）×2（词序：NVN、NNV）的两因素实验设计，两个变量都是被试内变量。因变量为被试报告的反应时和正确率。

实验 2b：有语法标志的汉语句子理解研究。采用 4（生命属性组合：AA、AI、IA、II）×2（词序：N 被 NV 了、N 把 NV 了）的两因素实验设计，两个变量都是被试内变量。因变量为被试报告的反应时和正确率。

（三）实验材料

采用 64 个句子作为测验句子，都是合乎语法的有意义的句子，这些句子与实验一的测验句子相同。另外采用 32 个句子作为干扰句，由实验一的干扰句子变化而来，变化方法是改变句子中的动词（用不及物动词代替及物动词），使句

子成为不符合句法的无意义的句子，即非句。例如，"姐姐看中了那件衣服"变为非句"姐姐泥泞了那件衣服"。

（四）实验程序

采用 E-prime 软件进行实验编程并呈现，所有的句子在电脑屏幕中央随机呈现。实验分为练习和测试两个阶段。实验开始前，为确保被试理解实验任务，先给被试讲解指导语：我们来做一个小测试，当你看到电脑屏幕中央出现一个句子时，请快速判断这个句子是不是一个合乎句法的并且有意义的句子，即这个句子有没有语病。

在被试了解规则之后就进入练习阶段，句子出现之前会先出现一个红色注视点"+"，持续 1000ms，之后随机出现句子，被试报告后，主试立即按键进入下一个循环。在练习阶段，让被试做 6 次反应，主试对被试的反应进行反馈。练习结束后进入正式测试阶段，主试不给予反馈。实验中干扰句和测验句混合在一起随机呈现给被试，电脑自动记录被试的反应时和正确率。

（五）结果与分析

由于两名被试有部分题没有作答视为无效，另外由于有两名学生的正确率低于 40%，视为不认真完成或不理解要求，将这 4 名被试的数据删除。

1. 实验 2a：无语法标记的句子理解加工研究结果分析

实验 2a 结果见表 4-3。根据傣族儿童对两种无语法标志的句子判断的反应时结果，进行 2（词序）×4（生命属性组合）的两因素方差分析，结果表明：①词序的主效应显著，$F_{(1, 45)}=7.024$，$p<0.01$。②生命属性组合的主效应不显著，$F_{(3, 135)}=0.03$，$p>0.05$。③词序和生命属性组合之间的交互作用不显著，$F_{(3, 135)}=0.89$，$p>0.05$。

根据傣族儿童对两种无语法标志的句子判断的正确率结果，进行 2（句式）×4（生命属性组合）的两因素方差分析，结果表明：①词序的主效应非常显著，$F_{(1, 45)}=22.536$，$p<0.001$。②生命属性的主效应不显著，$F_{(3, 135)}=2.103$，$p>0.05$。③词序和生命属性组合的交互作用不显著，$F_{(3, 135)}=1.270$，$p>0.05$。无论是哪一种生命属性的组合形式，词序为 NVN 句式的正确率都要比 NNV 句式高。

反应时和正确率的结果都一致表明，傣族儿童在对汉语句子的句法和语义进行判断时主要受到句法因素的影响，而语义几乎没有作用。

表 4-3　实验 2a 中被试在各种条件下句子判断的平均反应时和正确率

词序	生命属性组合							
	反应时 / ms				正确率 / %			
	AA	AI	IA	II	AA	AI	IA	II
NNV	1916.22	1908.70	1859.47	1873.89	76.6	75.0	73.9	70.7
VN	1717.29	1771.15	1827.36	1751.33	81.5	79.3	85.9	78.3

2. 实验 2b：有语法标记的句子理解加工研究结果

实验 2b 结果见表 4-4。根据傣族儿童对两种有语法标志的句子判断的反应时结果，进行 2（词序）×4（生命属性组合）的两因素方差分析，结果表明：①词序的主效应不显著，$F(1, 45)=1.858$，$p>0.05$。②生命属性组合的主效应不显著，$F(3, 135)=0.097$，$p>0.05$。③词序和生命属性组合之间的交互作用不显著，$F(3, 135)=0.123$，$p>0.05$。

根据傣族儿童对两种无语法标志的句子判断的正确率结果，进行 2（句式）×4（生命属性组合）的两因素方差分析，结果发现：①词序的主效应不显著，$F(1, 45)=3.462$，$p>0.05$。②生命属性组合的主效应不显著，$F(3, 135)=0.534$，$p>0.05$。③词序和生命属性组合的交互作用不显著，$F(3, 135)=0.421$，$p>0.05$。另外我们还可以从上表中看到，无论是哪一种生命属性的组合形式，词序为 N 被 NV 了句式的正确率都要比词序为 N 把 NV 了句式的正确率高。

表 4-4　实验 2b 中被试在各种条件下句子判断的平均反应时和正确率

词序	生命属性组合							
	反应时 / ms				正确率 / %			
	AA	AI	IA	II	AA	AI	IA	II
NNV	1986.73	1854.36	1845.34	1889.35	74.5	75.0	72.8	71.7
NVN	1851.02	1889.93	1803.10	1691.17	77.2	76.1	78.3	75.0

四、讨论

以傣语为母语的儿童在理解汉语句子的过程中，句法分析起着重要的作用。从实验任务上看，实验一更需要语义上的分析，实验二更需要句法上的分析。但在两个实验中，句法在句子理解加工上主效应都显著。即使是在更需要语义分析的实验一中，句法加工的作用仍然占更大的比重。这说明，相对于语义分析，句法分析在以傣语为母语的儿童理解汉语句子时发挥更大作用，此结果支持句法自主理论。另外，傣语简单句的句法结构和汉语大致相同，基本都是按照"主-谓-宾"的形式组成的，这可能就是为什么傣族儿童在理解汉语句子时也会更多地使用句法分析。

语义分析在傣族儿童理解汉语句子的过程中也起到一定的作用。前人研究发现，不管主动句还是被动句，被试都倾向于把有生命名词作为主语（Tanaka et al.，2011；贾广珍等，2013）。在实验一中，当句子中没有明显语法标志时，不同的生命属性组合对被试判断句子的施事起到一定的影响作用。对于以 AA 组合的句子来说，因为两个名词都是有生命属性的，它们都有作为动作施事者的可能性，因此在判断该种组合的句子施事时，傣族儿童需要花较长的时间来做出选择，并且准确率也比判断其他三种组合句子要低。另外，傣族儿童在理解 NVN 和 NNV 两种句式中，对 AI 组合句子的反应时要短于其他三种句子的反应时，正确率也要高于其他三种句子。这说明傣族儿童倾向于把有生命属性的名词作为句子动作的实施者。在一个句子中，当有生命属性的名词在无生命属性的名词前面时，被试也许不需要再去判断第二个名词能不能做动作实施者，这时候就已经确定了第一个名词在句子中扮演的角色，这和前人的研究结论一致。一般来说，人都倾向于认为有生命属性的名词才能发出和执行动作，这对母语为傣语的儿童来说也同样适用。

母语为傣语的儿童理解汉语句子时对明显的语法标记不敏感。对于把字句来说，句子动作的施事者就是"把"字前面的那个名词。而对于被字句来说，句子动作的施事者就是"被"字后面的那个名词。如果傣族儿童能够意识到这个问题，在实验材料呈现时，无论这两种类型的句子是以何种生命属性组合的形式呈现，傣族儿童都应该会选"把"字前面的那个名词。同理，当被字句呈现时，无论是哪种生命属性组合构成，傣族儿童都应该会选"被"字后面的那个名词（Zhang et al.，2012）。但本实验发现，傣族儿童还不能很好地运用句子中潜藏的句法信息。造成傣族儿童不能很好地利用句子中明显的语法标记的原因，可能是傣语中没有与汉语相匹配的这种句式存在。傣语中句子也是以"主-谓-宾"的句式为主，因此，对于无明显语法标记的句子，出现了上述实验结果。相较于 NNV 句式，NVN 与傣语中的"主-谓-宾"句式一致，所以傣族儿童判断这种类型的句子更加快速准确。

五、研究结论

1）傣族儿童在理解汉语句子过程中，同时使用了句法信息和语义信息。

2）傣族儿童在理解汉语句子过程中主要依赖句法信息。

3）所有实验中句法与语义均未出现交互作用，说明句法与语义加工是两个独立过程，此结果支持句法的模块化理论。

第三节　句子命题表征的基本理论及相关研究

一、句子命题表征及命题表征项目互换

（一）句子命题表征的概念

读者阅读完一个句子后如何形成该句子的心理表征，一直都是心理语言学研究的热点。大量的实证研究表明，读者是以命题（propositions）为单元形成句子的心理表征的。在心理学中，命题指语词表达的意义的最小单位。一个命题有两个因素，关系项（relation）和论项（arguments）。举个简单的例子，"我来了"就是由"我"和"来"这两个概念构成的命题。读者以命题为单元形成句子的表征，假如读者阅读的句子较为复杂，那么读者会形成一个关于复杂句的命题网络。研究者们普遍认为，读者理解了句子之后就会建构有关该句子的世界知识的命题表征。

众所周知，读者在句子加工的每一个时间进程上，均会产生暂行的句法结构，并对其后的衔接成分做出预期，对句子的表征是随着句子的展开而逐渐增加的，读者会快速使用任何信息来建构句子的表征。在本章前两节中，笔者已经将对句子加工中句法和语义信息的作用及其事件进程进行阐述的模型进行了详细介绍，此处不再赘述。笔者认为，句法分析和语义加工在形成句子的命题表征中都发挥了重要的作用，这种作用又依据阅读的句子的条件而定。当实验任务强调语义线索时，读者就会更多地使用语义信息来建构句子的心理表征；若是强调句法线索，读者则会更多地依靠句法信息来建构句子的命题表征。

（二）命题表征项目互换现象

关于句子在记忆中如何表征的问题，目前主要有两大理论。一是句子记忆的命题模型（Goetz et al., 1981），它认为命题是形成记忆的深层编码，命题表征了概念及其相互间的联系，而用词和句式等表现形式只不过是帮助记忆的表层编码。一旦命题形成，意义被保存在大脑中以后，表层编码就因失去作用而

被抛弃。而当遇到再次表达的需要时，大脑又会自动提取深层编码并生成具体的表层编码。另一个理论是句子意义的语言表征理论，如 Chomsky（1969）的转换生成语法，它认为句子在记忆中的表征是"核心句"形式的深层结构。相比较而言，命题是句子意义的一种更为抽象的表征，语言表征则以某种语句形式——核心句形式来表现命题，这种理论过于强调句法的转换，对语义联系重视不够，因而推广性较差。但无论是命题，还是 Chomsky（1969）的深层结构，都是关于句子的语义的表征。它们由句子的表层结构经过一定的规则转换形成，这是一个语言理解的过程。它们又可以转换为各种具体形式的句子，从而产生语言。

命题表征项目互换现象，即语言表达的项目顺序与阅读后所形成的心理命题表征的项目顺序相倒置的现象，如顺序为"花儿→树"的句子"花儿被树荫遮住了"的心理命题表征顺序为"树→花儿"。正如句子记忆的命题模型和句子意义的语言表征理论所描述的，在句子的理解中，读者先从组成句子的词义和句法开始形成表层结构，再进一步进行解码并且转换成有关该句所表达的世界知识的命题表征。

命题表征项目互换发生的原因可能有两点：第一，命题表征的项目顺序所遵循的原则是最佳意义原则，即高效性原则。就是最能明确地、最高效地表达该语言表述的世界意义，最能恰当地反映语言表达的意图；第二，命题表征反映的是语言表达的世界意义，对于同一种世界意义来说，与之对应的命题表征是固定的、唯一的，而对于与之对应的语言表达来说，则是不固定、不唯一的，为了建构与世界意义相一致的表征，就需要对命题表征的项目进行转换。

Oberauer 等人（2000）的研究从演绎推理方向性方面探讨了空间关系简单句命题表征特点，该研究表明，空间关系简单句中句子项目的加工具有固定的方向性，读者在理解空间关系简单句时，进行着"参考物→目标物"的系列认知加工，形成的命题表征项目顺序为"参考物→目标物"。

二、影响命题表征互换效应的因素

（一）句子类型

1. 基本句子类型

Chomsky（1969）认为句子都是由短语结构语法所产生的，而这个语法又是由一系列的"重写规则"所组成，这个重写规则能够将句子划分为不同的成分。举例，句子"The boy likes the dog."的重写规则如图 4-1 所示。

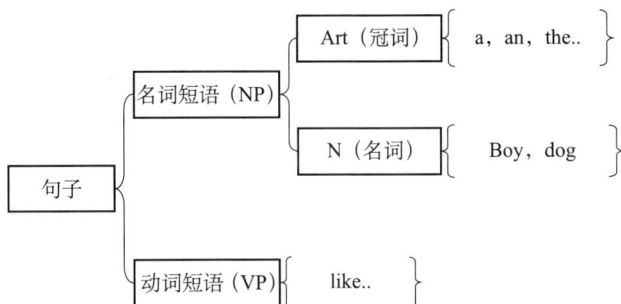

图 4-1 重写规则图

同时，他的"转换语法"认为，句子产生的过程主要分为两个步骤：首先，个人将短语结构语法生成基本句"The boy like the dog."；然后，将这个基本句转化为各种形式的句子（被动句，否定句，疑问句，被动否定句，被动疑问句，否定疑问句，被动否定疑问句）。例如：

否定句：The boy doesn't like the dog.

疑问句：Does the boy like the dog？

具体的句子类型见表 4-5。

表 4-5 句子类型表

单句		复合句	
非主谓句	主谓句	联合复句	偏正复句
名词性非主谓句"证件！"	动词性谓语句"他同意了"	并列复句"他一边看，一边笑。"	因果复句"因为风大，所以他穿上了风衣。"
动词性非主谓句"滚开！"	名词性谓语句"今天天晴"	递进复句"他不仅勤劳，而且聪明。"	条件复句"只要今天刮大风，他就穿上风衣。"
形容词性非主谓句"好！"	形容词性谓语句"他很聪明。"	连贯复句"他很难受，遂就医。"	转折复句"他虽然长得帅，但从不拈花惹草。"
特殊非主谓句"不！"	主谓谓语句"照片颜色发黄。"		假设复句"假如回到老家，这种机会就不可能再有了"

主谓句中存在着一些特殊的句式，它们根据其自身不同的结构特性加以区别，常用的有四种"把字句""被字句""连动句""兼语句"等。

2. 不同句子类型的命题表征互换效应

句子 - 图形验证（Sentence-Picture Verification Task）任务技术是常用于命题表征互换现象研究的范式。实验中给被试呈现一个句子，然后呈现一幅图形，要求被试判断这幅画是否正确表达了句子的内容。

国内已有诸多研究采用句子－图画验证任务探讨不同句型的命题表征顺序特点。这一系列研究采用空间简单句、空间复杂句、被动句、否定句、因果复句、条件复句、转折复句等句子作为研究材料，对汉语大学生进行测量（李莹等，2005，2007；王瑞明等，2005；张金桥，2004；张金桥等，2003，2005，2006）。结果发现，知觉符号表征是信息表征的一种早期状态，人类头脑中最终的信息表征形式主要是命题符号表征。被试阅读抽象几何图形的汉语复杂空间关系句时，若项目顺序是"目标物→参考物"，那么心理表征的项目会发生互换，即命题表征项目顺序为"参考物→目标物"（张金桥，2004）。被试在理解主动句"把字句"和被动句"被字句"时，都倾向于形成"施事者→受事者"的项目顺序，也就是说在阅读被动句时，被试会发生心理表征的项目互换效应（张金桥等，2006）。被试理解否定句时，按照两个步骤进行，被试首先激活客体的知觉符号，其次随着否定信息后期被纳入认知加工，被试再将之前对客体的仿真转变为对否定句中实际表达情境的仿真（李莹等，2007）。综合对因果复句、转折复句和条件复句的研究结果显示，人们对偏正复句的认知加工顺序是"偏句→正句"，因此当偏正复句的呈现顺序是非倒装时，就不会发生项目互换效应，但当呈现顺序是"正句→偏句"，即倒装句时则会发生命题表征的项目互换倾向（张金桥等，2003，2005；朱曼殊等，1992）。

（二）年龄和理解策略的成熟

上文已陈述了在多种类型句子中都存在命题表征项目互换现象。已有大量研究显示，句子的理解很大程度上依赖于读者所使用的理解策略，理解策略包括句法策略和语义策略。在阅读句法复杂性不同的单句和复句中，读者所使用的理解策略影响个体头脑中句子表征的形成，那么理解策略是如何影响句子的理解、命题表征的形成的呢？近年关于儿童句子阅读以及儿童句法意识（syntactic awareness）的研究给我们提供了一个很好的视角。

朱智贤（1990）考察了不同年龄学生学习单句和复句的特征，发现儿童随着年龄的增加对句子成分的分析能力逐渐提高，城市儿童的成绩明显优于农村儿童。缪小春和朱曼殊（1989）对 4 ～ 6 岁的儿童的复句理解做了研究，研究材料有 4 种句子类型（即并列复句、递进复句、条件复句、选择复句），结果发现，对于并列复句，4 岁儿童已经能有一定的理解，5 岁儿童比 4 岁儿童有明显进步；对递进复句的理解，4 ～ 6 岁儿童有明显进步，但理解程度并不是很高，正确率仅有 69%；6 岁儿童基本上已经能够理解条件复句，但对选择复句还不能理解；对不同句式的理解次序从易到难的顺序为并列复句、递进复句、条件复句和选择复句。缪小春等人（1994）又对 5～8 岁儿童对因果、条件和转折三种偏正复句的理解水平做了研究，测量方式主要是让儿童完成三种不同的作业。第一种是让被试完成未完整的句子，例如"虽然吴琪身体不好，但是……"。第二种是让儿童确定句子中代词的先行词，如"因为老师表扬了张力，所以他很高兴"，要求被试判断第二句中的这个"他"指的是谁。第三种是让儿童判断所呈现的句子意思是否是正确的，句子意思包括语义合理和语义不合理两种情况，语义不合理又包括用错连词和两个分句内容无关两类，例如"因为小明打了小华，所以小华哭了。""虽然吴琪身体不好，所以他不来上学。""如果玻璃杯掉在地上，那么它是蓝色的。"，第一句是语义合理的，第二句是语义不合理的连词错误，第三句的两个分句内容没有关系。朱曼殊和华红琴（1992）以 100 名小学 1～5 年级学生为研究对象，通过两个实验考察了儿童对几种因果复句的理解过程。研究发现，儿童对单义因果复句的理解水平呈明显的随年级上升的发展趋势。语境线索对理解句子的确切意义具有重要作用，高年级儿童对语境线索有较高的敏感度。小学各年级儿童对实验中的歧义句基本上只能做出单义的理解。

句法意识是一种重要的元语言意识，是个体反思句子内在语法结构的能力，它是进行句子分析与理解的基础，句法意识的发展反映了个体从注意语言的语义特征到注意语言的结构特征的发展变化。宋正国（1992）对 4～8 岁儿童句子可接受性判断能力及其特点的研究是句法意识研究的早期雏形，结果显示，4 岁儿童尽管总体判断水平较低，但已经出现了句子可接受性的判断能力；5～7 岁儿童的判断能力主要以语义标准为主；8 岁儿童的判断能力比较成熟，兼具语义和句法判断，但仍然受到语言和认知水平的制约。之后，句法意识的研究主要以彭聃龄等人（2006，1997b）的研究为主，他们主要研究了 4～10 岁儿童句法意识的发展过程和内在机制，研究中让被试完成句法的可接受性判断和句法错误句子更正任务，然后计算被试正确判断和正确反应的得分。结果显示，4～10 岁儿童的汉语句法意识发展非常迅速，6 岁是一个转折点；句法错误类型影响 4～5 岁儿童的句法更正成绩，表明他们在不同句法规则上的句法意识发展是不同步的；儿童句法意识发展的内在过程是从对个人生活经验和句子意义发展到对句子本身的句法结构进行有意注意，是一个从句子内容到句子形式的发展过程（龚少英等，2006，2008a）。此研究之后，他们专门研究了 4～5 岁儿童把字句和被字句句法意识发展的特点，也同样采用句法判断和句法修改任务。结果表明，5 岁儿童把字句和被字句的句法修改成绩显著高于 4 岁儿童，说明句法意识有显著发展；句法错误的句子类型影响句法判断成绩，说明儿童对不同句法规则的句法意识发展是不同步的；4～5岁儿童句法意识还处于较低的发展水平，更多凭借生活经验和句子语义做判断，这与之前的研究结果是一致的（龚少英，2007）。Nation等（2000）对6～11岁正常和差的读者的句法意识进行研究，发现句法复杂性和语义可逆性对两组儿童的句子阅读都产生了显著影响。在此基础上，龚少英（2008a）改善了实验材料，选取6～9岁的儿童作为被试，以主动句、把字句和被字句三种句法复杂性程度不同的次序违反句子作为实验材料，考察句法复杂性对儿童句法意识发展的影响。结果表明，句法复杂性会影响句法意识的发展，句法意识随着年龄的增长而逐渐从注意句子内容过渡到注意句子形式，这一转变从7岁开始变得明显。

由此可见，年龄越大的儿童具备越好的语义和句法判断，这源于他们自身句法意识的不断发展，表明个体年龄越大，使用理解策略越成熟，句子的理解就越好。

（三）民族

我国少数民族众多，而且很多少数民族都有自己的语言。但无论什么民族，使用什么母语，在学校教育中都要面临共同的第二语言——汉语。学习汉语不仅仅是为了掌握语言本身，更重要的是通过第二语言来学习其他课程，进行更为广泛的交流。第二语言习得（second language acquisition）简称"二语习得"，是指学习者学会母语后在课堂内外对另一门、两门甚至多门语言的学习或习得。

从本质上说，第二语言的心理表征与母语是一样的，都是由表层编码建立深层编码，再从深层编码提取表层编码从而具体表达命题。但二者之间也有差异，二语使用者很难完全避免使用母语思维，第二语言的表征总是会受到母语表征的影响。读者在使用母语的过程之中，母语的命题表征建构及提取都不会受到其他语言的影响，因为母语的习得并不受到其他语言的干扰，所以句子理解和表达都较顺畅，但是母语往往会干扰第二语言的命题表征建构，即使学习者正确理解和记忆了句子意义，也有可能在提取过程中产生不可接受的表层编码，出现不规范的语言表述。

针对双语者在头脑中存储不同语言的词汇及语义信息主要有两种观点：①认为两种语言的词汇与同一个语义表征系统相联系；②认为两种语言的词汇分别与各自独立的语义表征系统相联系（崔占玲等，2012）。至今为止，几乎所有研究结果都支持少数民族双语者两种语言的语义系统共同存储，词汇分别单独存储（雷志明等，2011；白乙拉等，2006；鲜红林，2006）。白乙拉等（2006）的研究显示，汉、英、蒙三种语言的语义共同存储，白克力·热比古丽等人（2012）

的研究也显示维语和英语的语义共同存储。

在少数民族双语语言联系研究领域，已有多个模型被提出。Potter 等（1984）基于双语者语言的分层表征观，提出了双语语言表征的层级模型，其中包括词汇联系模型（the Word Association Model）和语义中介模型（the Concept Mediation Model）两个模型。前者认为母语词汇与语义直接联系，第二语言要通过母语与语义相联系；后者认为两种语言均能和语义直接联系。Kroll 等人（1994）提出了修正层级模型（the Revised Hierarchical Model），该模型不同于双语语言表征的层级模型，它关注语言熟悉度的影响，调和了双语语言表征层级模型中两个模型的观点。鲜红林（2006）的维－汉色词命名研究显示，维语和汉语的语言不相似性、语言熟悉度影响了语言间的联系，熟悉度会在一定程度上改变联系模式。张学敏（2008）的考察蒙－汉－英三种语言之间联系的研究显示，由于汉语和蒙语之间语言相似度高于英语和蒙语相似度，所以前者的语言联系模式为语义中介，而后者为词语联结模式。王凤梅（2010）的蒙语－英语语言间和语言内启动研究显示，非熟练的蒙－英双语者两种语言间的联系为词汇联结。

除此之外，针对少数民族儿童汉语习得的研究也为少数民族汉语使用特征的探讨做出了贡献。辛宏伟（2011）使用国际儿童语料库研究方法，对 80 名 3～6 岁的维吾尔族儿童的汉语发展特征及其发展规律进行了研究。该研究探讨了汉语词汇、句法和语用三个部分。研究发现，维吾尔族儿童使用的汉语句子的平均长度伴随年龄的增长而增长，其中 4～5 岁这一区间内儿童的汉语句长增速最快；句子的内容也伴随着年龄增长而变得越来越复杂，从无修饰到修饰再到多修饰成分；就不同的句子类型使用而言，陈述句增长最显著，其次为疑问句，祈使句和感叹句的长度变化不明显。同时，维吾尔族儿童在使用汉语句法上也存在偏误，且伴随年龄增长，偏误数量越来越多，其中成分偏漏和多种偏误这两种偏误最多。最近，王玉琼（2013）也发现，在维族儿童与老师的交流中，句子长度伴随年龄而增长，汉语语句长度的变化转折期主要出现在 4 岁以下和 5 岁以上儿童中。教师的汉语平均语句长度与维吾尔族儿童的汉语句法能力密切相关，教师在与维吾尔族儿童互动时，整体上教师所说的汉语句子越长，越能促进维吾尔族儿童汉语句法能力的发展。教师所使用的汉语句子的句法偏误类型很大程度上影响着儿童的句法偏误类型，教师的句法偏误类型与儿童的偏误类型有相同的特征。偏误较高的前四种类型分别为成分遗漏、语序不当、多种偏误共现和成分误加。

第四节　藏族儿童阅读不同类型汉语句子时的命题表征互换现象

一、引言

最近的双语命题表征研究主要集中于词语表征和语篇命题表征。陈栩茜等（2012）通过长时重复启动范式，考察了粤语－普通话－英语三语者的高频粤语词、普通话词和英语词之间语义通达的可能性，发现在粤语－普通话－英语三语者的心理词典中，三种语言的词语共享同一语义表征，三种语言之间呈现表征的对称性，两两之间均为强语义联结。张积家等（2014）以熟练粤语－普通话双语者为被试，考察粤语－普通话双语者对听觉词的语言表征。实验采用了粤语与普通话的同形异音的词和异形异音的词，结果发现，粤语－普通话双语者对听觉词的语言表征类似于双语者，即普通话和粤语的语义共同表征，词汇分别表征，因为粤语讲话者与普通话讲话者无法直接通话，可以被视为两种不同的语言。崔占玲等（2012）对以往的少数民族语言表征研究进行了总结评述，我们可以清晰地看到几乎所有少数民族第二语言的表征研究都支持母语与第二语言共享同一语义表征，词汇则相互独立，并且语言的熟悉度和结构相似性均会影响两种语言之间的关联。周榕等（2014）对语篇中汉语否定句的心理表征进行了研究，该研究支持了命题表征理论（Propositional Theory），汉语否定隐喻句的加工时间明显长于汉语肯定隐喻句的加工时间，是因为否定命题的加工是建立在肯定命题之上，它在肯定命题的基础上进行了进一步的否定加工，这就增加了概念可及性难度，所以否定命题加工需要更多时间，否定句心理表征的建构并不是基于情景表征理论所提出的语言输入产生和指向的心理标记。

综合关于命题项目表征的相关研究可以发现，国内研究尽管在研究技术、方法上有所改进，能够反映出不同类型句子的加工特点，但研究被试主要是大学生，大学生本身已经能够较好地掌握各种句式，其句子理解策略早已成熟。Abutalebi 等人（2013）认为，母语和第二语言的语言表征脑区和半球并非截然分开。相反地，有很多研究显示，母语和第二语言是在相同的神经结构中进行加工的，与语法、音韵和语义加工相关的脑电活动在不同语言中都共享了相同的大脑语言系统，这些相对固定的大脑加工模式又受到了多种因素的影响，其中首当其冲的就是语言熟悉度。第二语言的习得是灵活的认知加工过程，在学习的早期它还需要其他附加神经资源（活动）的投入。这些附加的资源源于左前额叶、左侧基底核、前扣带皮层，并且当被试加工并不熟悉的第二语言之时，还需要更多的控制加工。当第二语言的加工变得顺畅流利时，这些附加的神经资源就不再被需要，而且第二语言的加工过程会表现得和母语加工相类似。

儿童本身句子理解水平较低，其句子理解策略并未发展成熟，更何况是学习第二语言的儿童。少数民族儿童的第二语言习得过程为我们探索句子命题表征的发生和发展提供了一个视角，对少数民族儿童句子命题表征的发展特点的研究将弥补国内研究的空白。

另外，先前研究选取的被试主要是汉族个体，并没有针对少数民族语言展开相应的研究。众所周知，第二语言的语言表征在一定程度上受到母语的影响。汉语句子与藏语句子存在着语序差异。语序是指语言单位的线性排列组合顺序，又称"词序"。广义的语序包括语素、词、短语、分句等语言单位排列的位置，狭义的语序指词在语句中排列的位置（高华年，2001）。汉语句子的基本语序是主语-谓语-宾语，藏语句子主要是以谓语为中心的主谓呼应结构，语序是主语-宾语（间接宾语、直接宾语）-谓语。形容词、数词、批示代词作修饰语时，在中心词之后；人称代词、名词作修饰语时需加领属助词，置中心词前；动词形容词的修饰语一般在中心词前。藏族儿童在学习汉语之前无论是从口语形式中或是书面语中就已经习得了本民族语言的主、宾、谓语序，而在学习汉语之前形成的句子语序必然会对汉语句子的理解造成影响。

心理学界普遍认为，读者理解汉语句子，就是要对汉语句子的语言表达进行解码，并且建构有关该句所表达的世界知识的命题表征。此外，命题表征中，项目的关系涉及了空间关系、时间关系、逻辑关系和因果关系等，所以本研究将通过多个单句和复句研究，分别就藏-汉儿童对这些项目间的空间关系、时间关系、逻辑关系和因果关系的表征进行探讨，那么藏族儿童在阅读藏语和汉语句子中的项目与项目之间的关系是怎样的，命题中项目的顺序是否会按照句子项目呈现的顺序，藏-汉儿童在建构不同项目关系的命题上有何异同？

第一，汉语和藏语空间关系句的语言表达所形成的命题都可能发生项目的互换。如果命题表征的有效性发生作用，那么无论是汉语还是藏语，人与物的空间关系简单句的项目表达顺序为"物→人"时，命题中的项目就会发生顺序效应；具体物体与抽象图形的空间关系简单句的项目表达顺序为"抽象图形→具体物体"时，命题中的项目就会发生互换。

第二，尽管藏语由于语序与汉语相反，却并不影响被动句中"施事者"与"受事者"之间的出现顺序，但由于藏族儿童可能对第二语言——汉语的句法不熟悉，更多处于对句子具体词句记忆的表层表征，所以较少出现脱离句子具体形式的命题表征。因此，低年级藏族儿童在阅读汉语被动句时，可能不会发生互换效应，即呈现顺序为"受事者→施事者"，随着年级上升互换效应才逐渐出现。而对藏语被动简单句的语言表达所形成的命题可能会发生项目的互换，即"施事者→受事者"。

第三，藏族儿童对汉语和藏语复句的语言表达所形成的命题都可能会发生项目的互换。如果命题表征的稳定性发生作用，那么因果复句的项目表达顺序为"所以 B→因为 A"，其形成的命题表征中的项目就会互换；条件复句的项目表达顺序为"（那么）B→（如果）A"，形成的命题表征就会发生互换；转折复句的项目表达顺序为"（但是）B→（虽然）A"，其形成的命题表征中的项目就会发生互换。

第四，伴随年级的增长，对完成句子理解后句图任务的反应时越来越短，命题表征的项目互换更加普遍。

第五，阅读藏语句子理解后，句图任务的反应时长于阅读藏语句子理解后句图任务的反应时。

第六，阅读第二语言所形成命题表征的项目互换效应一定程度上受到语言母语的影响。

二、空间关系简单句阅读理解中命题表征项目互换效应

（一）实验一：人和物空间关系简单句命题表征项目互换效应

1. 引言

Oberauer 等（2000）认为，人们对空间关系句的理解并不是简单地根据句子中项目出现的顺序进行加工的过程，而是系列加工的认知过程。对于空间关系句中的"参照物"及"目标物"的加工是理解空间关系句的重要途径。他认为，在加工过程中，首先对"参照物"进行加工，之后才在"参照物"建立起的结构基础上加工"目标物"，也就是说是形成"参照物→目标物"的心理表征。然而，这样的心理表征过程是基于普遍情况，当"参照物"和"目标物"的性质具体到人和物的时候，基于"人类中心说"，心理命题表征顺序可能不完全按照"参照物→目标物"，而是形成"人→物"的心理命题表征顺序。他们研究的是英语句子中的心理命题表征顺序，张金桥（2004）研究的是汉语句子中的心理命题表征顺序，句子语法结构上存在一定差异。在本研究中将用藏语作

为研究材料，探讨藏语空间关系句阅读中心理命题表征情况。

2. 研究方法

（1）被试

本实验选取云南省迪庆州德钦县普利藏文学校母语为藏语的 4～6 年级学生 61 名，其中男生 30 名，女生 31 名，平均年龄 12.8 岁。随机将被试分为藏语句子阅读与汉语句子阅读两个组。藏语句子阅读组 31 名，其中 4 年级 8 名，5 年级 10 名，6 年级 13 名。汉语句子阅读组 30 名，其中 4 年级 10 名，5 年级 10 名，6 年级 10 名。另外，抽取云南省昆明市官渡区第二小学母语为汉语的 4～6 年级学生 90 名，每个年级 30 名，男女各半，平均年龄 12.5 岁。所有被试裸视或矫正视力正常，无阅读障碍。

（2）实验设计

本实验为多因素混合实验设计，自变量分别是民族语种、年级、人物顺序和句图关系，因变量是被试对图形的判断时间及正确率。民族语种包括藏族藏语、藏族汉语和汉族汉语 3 个水平，年级是 4～6 年级共 3 个水平，句图关系分为一致和不一致两种水平，人物顺序是指句子项目呈现顺序为"人→物"和"物→人"两种水平。句图关系是指句子项目呈现顺序与图片呈现顺序是否一致。为了防止被试的反应定势，呈现的图形中能正确反映句子内容的句子与不能正确反映句子内容的句子各占一半，即 6 个一致图形、6 个不一致图形。

（3）实验材料

实验材料包括 24 个空间关系简单句。每个句子都包括"人"和"物"两类项目。并且采用"上""下""左""右" 4 种表达方位。句子项目表达顺序为"目标物→参照物"，如"小明在苹果树左边""小李在铅笔盒上面"等。

（4）实验程序

实验在电脑上进行，通过 E-prime 软件呈现，采用移动窗口技术和句子－图形验证模式。

实验开始前，主试要求被试小声朗读指导语，边读边理解，读完以后主试指导被试将手指放在相应的按键上，并进行练习。由于被试年纪较小，而且藏族学生由于条件限制较少接触电脑，因此在练习中，如果发现被试没有理解实验要求则向被试讲解，如果被试在练习后仍然不明白实验要求也可以让被试再做一次练习，并作一定讲解。

正式实验时，屏幕中心呈现句子，整句同时呈现，让被试以平时阅读的速度来阅读。读完之后按下"空格键"，句子消失，出现第一幅图。1 秒钟后，第二幅图呈现，但第一幅图不消失。两幅图片之间的关系有"上""下""左""右"4种。两幅图片都呈现后，被试需要迅速判断两幅图形组成的内容是否是句子表达的意思，以及图片出现的顺序是否和句子中对应项目提及的顺序相同。如果都相同，则按"F"键，如果不相同则按"J"键。

为了防止被试的反应定势，呈现的图形不能正确反应句子的内容，特指句子中第二个项目中动作是错误的。如，阅读了"小明在苹果树左边"后，随后呈现的图形是"小明"的图形，接着呈现的"苹果树"图形在"小明"图形的右边，称为一致条件下的正确反应。如果先呈现"小明"的图形，接着呈现"苹果树"的图形在"小明"图形的左边，则是一致条件下的错误反应。而如果先呈现了"苹果树"的图形，接着呈现"小明"的图形在"苹果树"图形的左边，则是不一致条件下的正确反应。如果先呈现"苹果树"，然后呈现"小明"图形在"苹果树"图形的右边，则是不一致条件下的错误反应。

3. 实验的结果与分析

实验中记录下被试做出正确判断的平均反应时及正确率。参考张金桥等（2003）的数据处理方法，将正确率在 75% 以下的被试视为不认真完成或不理解要求，将他们的数据删除，从而保证数据的可靠性。因此，在这部分实验中删去了两名被试的数据。之后，计算出所有被试正确反应的平均反应时和平均正确率，以及不同民族各年级被试的平均反应时，如表 4-6 所示。

表 4-6　实验一被试反应时　　　　　　　　　　单位：ms

项目顺序	民族	材料	句图一致 M（SD）	句图不一致 M（SD）
人→物	藏族	藏语	2933.63（1554.77）	3646.88（4109.61）
物→人	藏族	藏语	3241.84（2262.80）	3491.93（3040.37）
人→物	藏族	汉语	2346.91（988.24）	2445.17（968.45）
物→人	藏族	汉语	2140.77（760.12）	2469.94（967.67）
人→物	汉族	汉语	1999.53（588345）	1900.82（726.02）
物→人	汉族	汉语	2026.93（797.00）	1811.98（593.91）

基于项目的方差分析发现，项目顺序为"人→物"时，民族语种因素的主效应显著，F（1，2）=19.27，$p<0.01$，达到极其显著水平；年级因素主效应显著，F（1，2）=12.25，$p<0.01$，达到极其显著水平；民族语种和年级间的交互作用极其显著显著，F（2，4）=10.67，$p<0.01$。当项目顺序为"物→人"时，句图关系和民族以及年级的交互作用显著，F（1，2）=2.84，$p<0.05$。组间效应检验发现，民族语种因素的主效应显著，F（1，2）=20.27，$p<0.01$，达到极其

显著水平；年级因素主效应显著，$F(1, 2)=7.66$，$p<0.01$，达到极其显著水平。对年级间平均反应时进行差异性检验发现，5年级被试的反应时比6年级被试的反应时长，且达到显著水平，$p<0.05$。

综合上述统计结果，在句子项目为"人"和"物"的空间关系简单句上，并非简单的根据"目标物"到"参考物"的呈现而进行加工，也不一定是以"人"为中心的"人→物"命题表征。藏族儿童在阅读项目顺序为"物→人"的藏语句子、汉族儿童在阅读项目顺序为"物→人"的汉语句子时都发生了命题表征项目互换效应，而在项目顺序为"人→物"的句子时都没有发生项目互换效应。但藏族儿童在阅读汉语句子时却相反，在项目顺序为"人→物"的句子上发生了命题表征项目互换效应，而项目顺序为"物→人"时，却没有发生命题表征项目互换效应。

从年级发展上看，4年级被试没有发生互换效应；5年级被试在句子项目呈现顺序是"物→人"时，发生了互换效应；6年级被试则在项目顺序是"人→物"时，发生了互换效应。并且，5年级被试阅读句子的反应时最长，4年级的反应时较短，6年级的最短。

从民族语种和年级的交互作用上看，5年级和6年级的藏族被试阅读汉语空间关系简单句时形成的命题表征项目顺序为"物→人"；5年级汉族被试在阅读汉语空间关系简单句时形成的命题表征项目顺序为"人→物"。

4. 讨论

实验结果显示，藏族被试在阅读项目顺序为"人→物"的汉语句子时，出现了命题表征项目互换效应，但是藏族被试与汉族被试在用母语阅读项目顺序为"人→物"的句子时，没有出现互换效应，仅在项目顺序为"物→人"时，出现互换效应。这说明儿童在用自己母语进行阅读时，形成的是以"人"为中心的"人→物"命题表征，这与张金桥（2004）的研究结果相一致。但由于被试处于小学阶段，在入学前主要使用藏语进行交流，很少使用或阅读汉语，甚至大多数被试是进入小学后才开始学习汉字，因此本实验中的藏族被试并不能算是熟练的双语者。根据崔占玲（2009b）的观点，认为在第二语言的初学阶段，第二语言的词汇表征要经由第一语言的词汇表征来通达概念表征，属于词汇联系。这个转换的过程则可能对句子进行了加工，但它是根据句子中"目标物"到"参考物"的呈现而进行加工，因而没有出现项目互换效应。

4年级被试尽管没有在"人→物"与"物→人"不同的项目顺序上出现交互作用，但在项目顺序为"人→物"时平均反应时比"物→人"时要短，说明无论是一致还是不一致情况下，被试对"物→人"句子的加工过程要比"人→物"的加工过程复杂。因此，结果证明了以"人"为中心的"人→物"命题表征。

（二）实验二：抽象图形和具体物体空间关系简单句命题表征项目互换效应

1. 引言

基于 Oberauer 等（2000）认为个体对空间关系句的加工过程是"参照物→目标物"的观点，本研究将探讨藏族和汉族儿童在阅读藏语和汉语的具体物体与抽象图形空间组成的关系句时，是否会出现"具体物体→抽象图形"的加工过程。由于对于儿童来说抽象图形比具体物体需要更多注意分配和加工资源，因此本研究假设所有儿童阅读汉语—藏语空间关系句命题表征的项目顺序都是一致的，不受语言熟悉程度的影响，在各种实验水平下，4～6 年级随着年级的增长总体反应时也有所减短。

2. 研究方法

（1）被试

同本节实验一。

（2）实验设计

本实验为多因素混合实验设计，自变量分别是民族语种、年级、人物顺序和句图关系，因变量是被试对图形的判断时间及正确率。民族包括藏族藏语、藏族汉语和汉族汉语 3 个水平，年级是 4～6 年级共 3 个水平，句图关系分为一致和不一致两种水平，人物顺序是指句子项目呈现顺序为"抽象图形→具体物体"和"具体物体→抽象图形"两种水平。句图关系是指句子项目呈现顺序与图片呈现顺序是否一致。为了防止被试出现反应定势，呈现的图形中能正确反映句子内容的句子与不能正确反映句子内容的句子各占一半，即 6 个一致图形，6 个不一致图形。

（3）实验材料

实验材料包括 24 个空间关系简单句。每个句子都包括"抽象图形"和"具体物体"两类项目。采用"上""下""左""右"4 种表达方位。句子项目表达顺序为"目标物→参照物"，如"三角形在书本左边"，"圆形在汽车下面"等。

3. 实验程序

同本节实验一。

4. 实验的结果与分析

实验中记录下被试正确判断的平均反应时及正确率。在这部分实验中删去了 5 名被试的数据。之后，计算出所有被试正确反应的反应时平均数和正确率平均数，以及不同民族语种各年级被试的平均反应时，结果见表 4-7。

表 4-7　实验二被试反应时　　　　　　　　　单位：ms

项目顺序	民族	材料	句图一致 M（SD）	句图不一致 M（SD）
抽象图形→具体物体	藏族	藏语	2399.73（1131.37）	2902.28（2491.24）
具体物体→抽象图形	藏族	藏语	2583.84（1171.41）	2511.69（1589.88）
抽象图形→具体物体	藏族	汉语	1888.82（827.33）	2037.34（1042.29）
具体物体→抽象图形	藏族	汉语	1926.32（671.06）	2022.86（837.05）
抽象图形→具体物体	汉族	汉语	1791.91（572.67）	1674.54（581.92）
具体物体→抽象图形	汉族	汉语	1921.53（551.87）	1666.63（501.32）

对反应时进行重复测量方差分析的结果显示，句图关系的主效应在以被试为随机变量时不显著，$F_{(1, 144)} = 0.00$，$p > 0.05$。句图关系和民族语种、年级的交互作用不显著。项目顺序的主效应在以被试为随机变量时不显著，$F_{(1, 144)} = 0.61$，$p > 0.05$。项目顺序与民族语种的交互作用在以被试为随机变量时非常显著，$F_{(2, 144)} = 4.79$，$p = 0.01$。项目顺序与民族语种和年级的交互作用显著，$F_{(4, 144)} = 2081$，$p < 0.05$。句图关系和项目顺序的交互作用以被试为随机变量时，$F_{(1, 144)} = 4.04$，$p < 0.05$，存在显著差异。

对组间变异进行差异检验显示，不同民族间的差异极其显著，$F_{(1, 2)} = 17.97$，$p < 0.01$；年级主效应极其显著，$F_{(1, 2)} = 4.95$，$p < 0.01$；民族和年级间的交互作用极其显著，$F_{(2, 4)} = 8.70$，$p < 0.01$。

进一步进行简单效应检验发现，当项目顺序为"抽象图形→具体物体"时，句图关系主效应不显著。句图关系和民族语种的交互作用达到显著水平，$F_{(1, 2)} = 3.43$，$p < 0.05$。句图关系和年级的交互作用不显著，$F_{(1, 2)} = 0.40$，$p > 0.05$。句图关系和民族语种及年级的交互作用显著，$F_{(1, 2)} = 1.98$，$p < 0.05$。组间效应检验发现，民族语种因素的主效应达到极其显著水平，$F_{(1, 2)} = 14.09$，$p < 0.01$。年级因素主效应达到显著水平，$F_{(1, 2)} = 3.69$，$p < 0.05$。民族语种和年级间的交互作用极其显著，$F_{(2, 4)} = 7.27$，$p < 0.01$。在项目顺序为"抽象图形→具体物体"时，句图关系主效应差异不显著。句图关系和民族语种的交

互作用达到显著水平，$F(1, 2)=3.22$，$p<0.05$。句图关系和年级的交互作用不显著，$F(1, 2)=1.72$，$p>0.05$。句图关系和民族语种以及年级的交互作用显著，$F(1, 2)=2.63$，$p<0.05$。组间效应检验发现，民族语种因素的主效应达到极其显著水平，$F(1, 2)=15.79$，$p<0.01$。年级因素主效应达到极其显著水平，$F(1, 2)=6.52$，$p<0.01$。民族语种和年级的交互作用极其显著，$F(2, 4)=7.07$，$p<0.01$。进一步对民族间反应时进行平均数差异性检验发现，藏族被试阅读藏语句子的平均反应时长于藏族被试阅读汉语句子时的平均反应时，并达到极其显著水平，$p<0.01$。藏族被试阅读藏语句子的平均反应时比汉族被试阅读汉语句子的平均反应时要长，并达到极其显著水平，$p<0.01$。藏族被试在阅读汉语句子时的平均反应时要长于汉语被试阅读汉语句子的平均反应时，但并未达到显著水平，$p=0.09$。对年级间反应时进行平均数差异性检验发现，4 年级被试的反应时比 5 年级被试短，又比 6 年级被试长，均未达到显著水平，但 4 年级与 6 年级之间的差异已接近临界值，$p=0.06$。5 年级被试的反应时比 6 年级被试的反应时长，且达到显著水平，$p<0.05$。

综合上述统计结果，在句子项目为抽象图形和具体物体的空间关系简单句上，并非简单的根据"目标物"到"参考物"的呈现而进行加工，也不是如张金桥（2004）所得出的以"具体物体"为中心的"具体物体→抽象图形"命题表征。恰恰相反，儿童在阅读抽象图形和具体物体的空间关系简单句时，表现出以"抽象图形"为中心的"抽象图形→具体物体"。只有藏族 5 年级儿童在阅读汉语句子时，形成的命题表征项目顺序为"具体物体→抽象图形"，以及汉族 6 年级被试在阅读汉语句子时，形成"具体物体→抽象图形"的倾向。

其次，在不同民族语种和不同年级之间，藏族儿童阅读藏语句子的反应时要长于藏族儿童阅读汉语句子和汉族儿童阅读汉语句子的反应时。5 年级被试阅读句子的反应时最长，4 年级的反应时较短，6 年级的最短。

5. 讨论

小学是儿童的思维从具体形象逐渐过渡到抽象思维的关键期，小学 4～6 年级儿童已经发展出了一定的抽象思维能力，但他们的思维活动仍然带有很大成分的具体形象性。另外，人们对句子的理解策略既有语义策略也有句法策略，当抽象图形与具体物体出现在同一个句子中并且构成空间关系时，与儿童的日常经验不一致，儿童则可能更偏向于优先加工不熟悉的项目，从而出现命题表征项目顺序为"具体物体→抽象图形"时，发生命题表征的项目互换效应。5 年级藏族儿童在阅读汉语句子时，形成的命题表征项目顺序为"具体物体→抽象图形"，这主要因为小学高年级阶段儿童的概括水平处于初步本质抽象水平，虽然开始以本质抽象概括为主，但仍然受到知识经验的限制。并且藏族儿童在使用汉语进行句子阅读时，要进行第一语言和第二语言之间概念和语法结构等转换，因此第二语言加工更依赖具体知识经验和具体物体。

三、主动、被动简单句阅读理解中命题表征项目互换效应

（一）实验三：主动关系简单句命题表征项目互换效应

1. 引言

缪小春等（1994）认为中国被试通常采用语义策略来理解句子，对词序的依赖并不是很强。尽管藏语句子与汉语句子在语序上有所差别，但主动简单句是句子结构中最为简单，也是最基础的句式。因此，本研究认为无论是藏族还是汉族儿童，在阅读藏语或汉语简单主动句时，均按照主动句"施事者→受事者"的语序对句中的项目进行加工。

2. 研究方法

（1）被试

同本节实验一。

（2）实验设计

本实验为多因素混合实验设计，自变量分别是民族语种、年级和句图关系，因变量是被试对图形的判断时间及正确率。民族包括藏族藏语、藏族汉语和汉族汉语3个水平，年级是4～6年级共3个水平，句图关系是指句子项目呈现顺序与图片呈现顺序是否一致，分为一致和不一致2种水平。为了防止被试的反应定势，呈现的图形中能正确反映句子内容的句子与不能正确反映句子内容的句子各占一半，即6个一致图形、6个不一致图形。

（3）实验材料

实验材料包括24个主动关系简单句，即"施事者→受事者"。如"爷爷在种树""小明在寄信"等。

3. 实验程序与步骤

同本节实验一。

4. 结果与分析

实验中记录下被试正确判断的平均反应时及正确率。在这部分实验中删去

了 6 名被试的数据。之后，求出所有被试正确反应的反应时平均数和正确率平均数，以及不同民族语种各年级被试的平均反应时，结果见表 4-8、表 4-9。

表 4-8　实验三不同句图关系下被试反应时及正确率

句图关系	反应时 / ms	正确率
一致	2272.76（1266.45）	0.90（0.13）
不一致	2442.75（1384.68）	0.92（0.12）

表 4-9　实验三不同民族的被试反应时　　　　单位：ms

民族语种	句图一致 M（SD）	句图不一致 M（SD）
藏族藏语	2431.27（1027.94）	3030.38（2018.69）
藏族汉语	2004.19（605.80）	2186.35（733.35）
汉族汉语	2298.66（1469.87）	2315.28（1213.91）

　　方差分析结果显示，在以被试为随机变量时，句图关系的主效应不显著，F（1，142）=3.05，$p>0.05$。句图关系和民族语种、年级的交互作用均不显著。民族语种因素主效应不显著，F（1，2）=2.68，$p>0.05$。进一步进行两两比较发现，藏族被试阅读藏语主动句的反应时要比藏族被试阅读汉语主动句的反应时长，且达到显著水平，$p<0.05$。藏族被试阅读藏语主动句的反应时要比汉族被试阅读汉语主动句的反应时长，虽然没有达到显著水平，但已经接近临界值，$p=0.06$。藏族被试阅读汉语主动句的反应时要比汉族被试阅读汉语主动句的反应时长，但没有达到显著水平。年级因素主效应不显著，F（1，2）=1.87，$p>0.05$。综合上述统计结果，在简单主动句的加工上，被试是根据"施事者→受事者"的呈现而进行加工，没有发生命题表征中的项目互换效应。

5. 讨论

　　主动简单句的项目顺序为"施事者→受事者"，在以往的图片－验证任务的研究中发现被试对主动句和肯定句这样的核心句子的反应时是最短的，而被动句的反应时比较长。说明被试阅读主动句的加工过程相比被动句的加工过程要简单。根据减数法反应时的观点，可推断被试在阅读主动句时属于简单反应，而在阅读被动句时要转换"施事者"与"受事者"之间的顺序，进而进行简单反应。在本研究中，藏族被试阅读藏语主动简单句、藏族被试阅读汉语主动简单句和汉族被试阅读汉语主动简单句均与句子项目呈现的顺序相一致。尽管藏语语序与汉语语序有差别，但藏语句子的主语－宾语－谓语的项目顺序与汉

语的主语 - 谓语 - 宾语的项目顺序其实是相同的。由此可以说明，个体对简单句这一在任何语言中最为基础的表达方式的理解具有一定稳定性，命题表征的项目顺序都是"施事者→受事者"，没有发生互换。

（二）实验四：被动关系简单句命题表征项目互换效应

1. 引言

被动句是语言表达中的一种独立的表达，相比主动句而言它的词序变化较大。对被动句的理解反映了儿童语言能力的发展水平。朱曼殊（1992）、武进之（1984）及龚少英等人（2006，2008a）的研究发现，4 岁左右儿童已经出现了对被动句的理解，并且对被动句的加工过程都是从施事物到受事物。万明刚（1991）认为在对被动句的理解过程中，藏族受"施事 - 动作 - 受事"这种理解模式的影响。因此可以假设，对于被动关系简单句而言，在藏族被试阅读藏语被动句、汉语被动句及汉族被试阅读汉语被动句时，项目表达顺序为"受事者→施事者"时，都会发生命题表征项目顺序的互换。

2. 研究方法

（1）被试

同本节实验一。

（2）实验设计

本实验为多因素混合实验设计，自变量分别是民族、年级和句图关系，因变量是被试对图形的判断时间以及正确率。民族包括藏族藏语、藏族汉语和汉族汉语 3 个水平，年级是 4～6 年级共 3 个水平，句图关系是指句子项目呈现顺序与图片呈现顺序是否一致，分为一致和不一致 2 种水平。为了防止被试出现反应定势，呈现的图形中能正确反映句子内容的句子与不能正确反映句子内容的句子各占一半，即 6 个一致图形，6 个不一致图形。

（3）实验材料

实验材料包括 24 个主动关系简单句，即"受事者→施事者"。如"小鸡被老鹰抓""小明被马驮着"等。

3. 实验程序与步骤

同本节实验一。

4. 结果与分析

实验中记录下被试正确判断的平均反应时及正确率。在这部分实验中删去了 6 名被试的数据。之后，计算出所有被试正确反应的平均反应时和平均正确率，以及不同民族语种各年级被试的平均反应时，结果见表 4-10。

表 4-10   实验四不同句图关系下被试反应时   单位：ms

民族语种	句图一致 M（SD）	句图不一致 M（SD）
藏族藏语	3086.02（1452.34）	2740.83（1632.61）
藏族汉语	2491.14（712.65）	2451.43（1244.43）
汉族汉语	2562.59（1051.46）	2316.53（882.92）

方差分析结果显示，在以被试为随机变量时，句图关系的主效应极其显著，$F(1, 142)=6.21$，$p<0.01$。句图关系和民族、年级的交互作用均不显著。民族因素主效应显著，$F(1, 2)=3.06$，$p<0.05$。进一步进行两两比较发现，藏族被试阅读藏语被动句的反应时要比藏族被试阅读汉语被动句的反应时长，但未达到显著水平，$p>0.05$。藏族被试阅读藏语被动句的反应时要比汉族被试阅读汉语被动句的反应时长，并达到显著水平，$p<0.05$。藏族被试阅读汉语被动句的反应时要比汉族被试阅读汉语被动句的反应时长，但没有达到显著水平。年级因素主效应显著，$F(1, 2)=3.11$，$p<0.05$。进一步进行两两比较发现，4 年级被试阅读被动句的反应时要比 5、6 年级的都长，但与 5 年级之间的差异没有达到显著水平，与 6 年级之间的差异达到显著水平，$p<0.05$。5 年级被试阅读被动句的反应时要比 6 年级的长，但差异没有达到显著水平。

被试在加工简单被动句时，并不是根据句子项目的"受事者→施事者"这样一个呈现顺序而进行加工的，而是在阅读简单被动句后，形成项目顺序为"施事者→受事者"的命题表征，呈现出命题表征中的项目互换效应。藏族被试对藏语被动句的反应时最长，其次是藏族被试对汉语被动句的反应时，汉族被试在阅读汉语被动句时反应时最短。

4 ～ 6 年级儿童对被动句的理解水平呈现出发展性趋势。4 年级被试反应时最长，6 年级被试反应时最短，两者之间存在显著差异。但 4 年级与 5 年级、5 年级与 6 年级之间并不存在显著差异。在藏族被试阅读藏语被动句时，4 年级被试发生的命题表征项目互换效应更显著，并与 6 年级被试发生了交互作用。藏族被试在阅读汉语被动句时，4 年级被试没有发生命题表征项目互换效应，但反应时显著长于 5 年级和 6 年级。汉族被试在阅读汉语被动句时，均呈现出命题表征项目互换效应。

5. 讨论

本部分研究结果显示，简单被动句的项目表达顺序为"受事者→施事者"，藏族被试在藏语和汉语被动句阅读中、汉族被试在汉语被动句阅读中均出现了命题表征中的项目互换效应。尽管藏语被动句的语序同样是主语-宾语-谓语，但儿童在阅读藏语被动句与汉语被动句时，都形成了"施事者→受事者"的命题表征。汉、藏语的语序不同，主要是出现在谓语的位置上，这并不影响主语与宾语之间的位置关系，以及所形成的"受事者→施事者"的项目表达顺序。因此，儿童理解被动句时，同样遵循在简单关系主动句中的命题表征稳定性原则，形成"施事者→受事者"的命题表征。

从年级增长对反应时的影响上来看，相邻两个年级之间的发展没有显著差异，但相隔年级之间的差异就达到显著水平。这说明 4~6 年级儿童处于对被动句理解的发展性阶段，伴随着年级的增长，他们对被动句的理解能力有所提高。

四、偏正复句阅读理解中命题表征项目互换效应

（一）实验五：转折关系复句命题表征项目互换效应

1. 引言

复句是语言交际中经常使用的句子形式，复句理解是儿童语言发展的重要内容。偏正复句是复句中很重要的一个分类，它涉及两个子句之间的偏正关系。本研究将对藏族和汉族儿童在阅读藏语和汉语非倒装转折复句过程中，是否会出现项目互换效应做进一步的探讨。

2. 研究方法

（1）被试

同本节实验一。

（2）实验设计

本实验为多因素混合实验设计，自变量分别是民族语种、年级和句图关系，因变量是被试对图形的判断时间以及正确率。民族包括藏族藏语、藏族汉语和汉族汉语 3 个水平，年级是 4～6 年级共 3 个水平，句图关系是指句子项目呈现顺序与图片呈现顺序是否一致，分为一致和不一致 2 种水平。为了防止被试

出现反应定势，呈现的图形中能正确反映句子内容的句子与不能正确反映句子内容的句子各占一半，即 6 个一致图形、6 个不一致图形。

（3）实验材料

实验材料包括 12 个非倒装转折关系复句，即"虽然→但是"。如"虽然得了 100 分，但小王并不高兴。""虽然有很多苹果，但小李并没有吃。"等。

3. 实验程序与步骤

同本节实验一。

4. 结果与分析

实验中记录下被试正确判断的平均反应时以及正确率。在这部分实验中删去了 1 名被试的数据。之后，计算出所有被试正确反应的平均反应时和平均正确率，以及不同民族语种各年级被试的平均反应时，结果见表 4-11、表 4-12 所示。

表 4-11　实验五中不同句图关系下被试的反应时及正确率

句图关系	反应时 / ms	正确率
一致	2130.11（877.39）	0.94（0.09）
不一致	1948.02（793.28）	0.97（0.08）

表 4-12　实验五中不同民族儿童阅读句子的反应时　　　单位：ms

民族语种	句图一致 M（SD）	句图不一致 M（SD）
藏族藏语	2563.89（1338.50）	2147.16（878.27）
藏族汉语	2044.25（919.89）	1730.60（611.82）
汉族汉语	2005.60（570.46）	1949.53（804.32）

方差分析结果显示，在以被试为随机变量时，句图关系的主效应极其显著，$F_{(1, 142)}=10.76$，$p<0.01$。句图关系和民族语种、年级的交互作用均不显著。对组间变异进行差异检验发现，民族语种因素主效应极其显著，$F_{(1, 1)}=5.15$，$p<0.01$。进一步进行两两比较，发现藏族被试阅读藏语转折复句的反应时要比藏族被试阅读汉语转折复句的反应时长，并达到极其显著水平，$p<0.01$。藏族被试阅读藏语转折复句的反应时要比汉族被试阅读汉语转折复句的反应时长，并达到极其显著水平，$p<0.01$。藏族被试阅读汉语转折复句的反应时要比汉族被试阅读汉语转折复句的反应时短，但没有达到显著水平。年级因素主效应显著，$F_{(1, 2)}=5.29$，$p<0.05$。进一步进行两两比较，发现 4 年级被试阅读转折复句的

反应时要比 5 级短，并且达到显著水平，$p<0.05$，但 4 年级与 6 年级被试之间的差异没有达到显著水平。5 年级与 6 年级相比，5 年级被试的阅读反应时要比 6 年级长，并达到极其显著水平，$p=0.01$。5 年级被试阅读转折复句的反应时要比 6 年级的长，但没有达到显著差异水平。民族语种和年级的交互作用显著，F（1，4）=2.89，$p<0.05$。

在加工非倒装转折复句时，被试阅读中总体呈现出命题表征的项目互换效应。藏族被试阅读藏语转折复句的反应时最长，其次是藏族被试阅读汉语转折复句，汉族被试阅读汉语转折复句的反应时最短。在 3 个年级中，5 年级被试的反应时最长，其次是 4 年级，6 年级最短。

5. 讨论

非倒装转折复句的项目顺序为"虽然→但是"，被试阅读过程中总体呈现出命题表征的项目互换效应，即形成"但是→虽然"的心理命题表征顺序。这与张金桥（2006）的研究结果相反，他认为被试在阅读倒装转折复句时，会发生命题表征项目互换效应，即形成稳定的"虽然→但是"心理命题表征项目顺序。本研究认为，在儿童在阅读转折复句时，或许不是按照"虽然→但是"或"但是→虽然"的关系进行加工，而是对最近刺激进行优先加工，也就是形成由后往前的加工方向，由此才能解释无论在倒装还是非倒装转折复句中都会出现的命题表征项目互换效应。

（二）实验六：条件关系复句命题表征项目互换效应

1. 引言

个体在日常生活中常常会碰到条件关系复句，本研究试图探讨藏族和汉族儿童在阅读藏语和汉语非倒装条件复句过程中，是否会出现命题表征项目互换效应。

2. 研究方法

（1）被试
同本节实验一。

（2）实验设计
本实验为多因素混合实验设计，自变量分别是民族语种、年级和句图关系，因变量是被试对图形的判断时间以及正确率。民族包括藏族藏语、藏族汉语和汉族汉语 3 个水平，年级是 4～6 年级共 3 个水平，句图关系是指句子项目呈现顺序与图片呈现顺序是否一致，分为一致和不一致 2 种水平。为了防止被试出现反应定势，呈现的图形中能正确反映句子内容的句子与不能正确反映句子内容的句子各占一半，即 6 个一致图形、6 个不一致图形。

（3）实验材料

实验材料包括 12 个非倒装条件关系复句，即"如果→那么"。如"如果小红努力学习，就能考 100 分。""如果我做完作业，就能吃苹果。"等。

（4）实验程序

同本节实验一。

3. 结果与分析

实验中记录下被试正确判断的平均反应时以及正确率。在这部分实验中删去了 1 名被试的数据。之后，计算出所有被试正确反应的平均反应时和平均正确率，以及不同民族语种各年级被试的平均反应时，结果见表 4-13、表 4-14 所示。

表 4-13　实验六中不同句图关系下被试的反应时及正确率

句图关系	反应时 / ms	正确率
一致	1924.99（769.36）	0.96（0.09）
不一致	1843.18（855.15）	0.95（0.10）

表 4-14　实验六中不同民族儿童阅读句子的反应时　　　　单位：ms

民族语种	句图一致 M（SD）	句图不一致 M（SD）
藏族藏语	2193.91（719.74）	2079.37（942.68）
藏族汉语	1770.89（616.66）	1900.37（762.31）
汉族汉语	1881.05（814.54）	1741.13（843.00）

方差分析结果显示，在以被试为随机变量时，句图关系的主效应不显著，$F_{(1, 142)}=0.06$，$p>0.05$。句图关系和民族语种、年级的交互作用均不显著。对组间变异进行差异检验发现，民族语种因素主效应显著，$F_{(1, 1)}=3.85$，$p<0.05$。进一步进行两两比较，发现藏族被试阅读藏语转折复句的反应时要比藏族被试阅读汉语转折复句的反应时稍长。藏族被试阅读藏语转折复句的反应时要比汉族被试阅读汉语转折复句的反应时长，并达到显著水平，$p<0.05$。藏族被试阅读汉语因果复句的反应时要比汉族被试阅读汉语因果复句的反应时长，但没有达到显著水平。年级因素主效应不显著，$F_{(1, 2)}=2.32$，$p>0.05$。

被试在加工非倒装条件复句时，并没有出现命题表征项目互换效应。藏族被试在阅读汉语条件复句后形成项目顺序为"如果→那么"的命题表征，并没有发生项目互换。藏族被试在阅读藏语条件复句、汉族被试在阅读汉语条件复句后形成命题表征项目顺序为"那么→如果"，发生了互换效应。4年级和5年级被试阅读条件复句后命题表征项目顺序没有发生互换，6年级被试出现了互换效应。

4. 讨论

实验六发现，藏、汉儿童在阅读中命题表征的项目顺序没有发生交换，他们在非倒装条件复句的理解过程中形成的心理命题表征顺序为"如果→那么"，没有发生互换。这与张金桥（2003）的研究一致，张金桥在倒装条件复句的心理命题表征顺序的研究中，发现被试的心理命题表征项目顺序发生了互换，即当句子项目表达顺序为"那么→如果"时，心理命题表征顺序为"如果→那么"。这主要是因为被试在阅读中采用"意合法"，即根据句法和两个分句之间组成的语义关系理解句子。此外，条件复句是偏正复句中儿童相对较早掌握的复句，儿童可能已经形成了较为稳定的条件命题表征。

（三）实验七：因果关系复句命题表征项目互换效应

1. 引言

因果关系复句是儿童在阅读及书面表达中接触频率比较高的一种复句，那么藏族和汉族儿童在阅读藏语和汉语非倒装因果复句过程中，是否会出现项目互换效应呢？

2. 研究方法

（1）被试

同本节实验一。

（2）实验设计

本实验为多因素混合实验设计，自变量分别是民族语种、年级和句图关系，因变量是被试对图形的判断时间及正确率，民族包括藏族藏语、藏族汉语和汉族汉语3个水平，年级包括4～6年级共3个水平，句图关系分为一致和不一致2种水平。为了防止被试出现反应定势，呈现的图形中能正确反映句子内容的句子与不能正确反映句子内容的句子各占一半，即6个一致图形、6个不一致图形。

（3）实验材料

实验材料包括 12 个非倒装因果关系复句，即"因为→所以"。如"因为春天到了，小树发芽了。""因为花死了，小李很伤心。"等。

（4）实验程序

同本节实验一。

3. 结果与分析

实验中记录下被试正确判断的平均反应时及正确率。在这部分实验中删去了 1 名被试的数据。之后，计算出所有被试正确反应的平均反应时和平均正确率，以及不同民族语种各年级被试的平均反应时，结果见表 4-15、表 4-16 所示。

表 4-15　实验七中不同句图关系下被试的反应时及正确率

句图关系	反应时 / ms	正确率
一致	2249.62（1012.23）	0.95（0.10）
不一致	1831.89（704.03）	0.95（0.10）

表 4-16　实验七中不同民族儿童阅读句子的反应时　　　　单位：ms

民族语种	句图一致 M（SD）	句图不一致 M（SD）
藏族藏语	2736.12（1309.44）	1992.09（772.62）
藏族汉语	2105.87（916.52）	1791.25（556.46）
汉族汉语	2125.61（873.41）	1788.86（721.40）

结果显示，在以被试为随机变量时，句图关系的主效应极其显著，F（1，142）=38.33，$p<0.01$。句图关系和民族语种的交互作用差异显著，F（1，2）=3.04，$p<0.05$。句图关系与民族语种和年级三者间的交互作用显著，F（1，4）=2.90，$p<0.05$。对组间变异进行差异检验发现，民族因素主效应显著，F（1，1）=4.21，$p<0.05$。进一步进行两两比较，发现藏族被试阅读藏语因果复句的反应时要比阅读汉语因果复句的反应时长，且达到显著水平，$p<0.05$。藏族被试阅读藏语因果句的反应时要比汉族被试阅读汉语因果复句的反应时长，并达到极其显著水平，$p<0.01$。藏族被试阅读汉语因果复句的反应时要比汉族被试阅读汉语因果复句的反应时稍长，没有达到显著水平。年级因素主效应达到显著差异水平，F（1，2）=3.8，$p<0.05$。进一步进行两两比较，发现 4 年级被试阅读因果复句的反应时要比 5 年级被试短，虽未达到显著水平，但已经接近临界值，$p=0.06$；4 年级被试阅读因果句的反应时要比 6 年级稍短；5 年级被试阅读因果复句的

反应时要比6年级被试稍长。民族语种和年级的交互作用极其显著，$F_{(1, 4)} = 3.50$，$p < 0.01$。藏族和汉族被试在阅读藏语和汉语因果复句时，4年级和6年级的反应时总体趋势一致，而5年级藏族被试则在阅读汉语因果复句时，在句图关系一致情况与不一致情况下的反应时很接近，没有出现命题表征项目互换效应。3个年级汉族被试的命题表征互换效应间存在交互作用，互换效应随着年级增长而增长。

4. 讨论

藏族和汉族被试在阅读藏语和汉语因果复句过程中均出现了命题表征项目互换效应。非倒装因果复句的句子项目表达顺序为"因为→所以"，被试建构的命题表征中的项目顺序发生了互换，即"所以→因为"。本实验得到的结果与张金桥（2003）的结论相反，而与实验五的研究的结果一致。可以推断，在儿童在阅读因果复句时和转折复句一样，或许不是按照"因为→所以"或"所以→因为"的关系进行加工，而是对最近刺激进行优先加工，也就是从句首阅读到句尾的加工，由于倒摄抑制的作用，形成由后往前的加工方向，这就得以解释在倒装以及非倒装因果复句中，为什么都出现了命题表征的项目互换效应。

五、总讨论

本节共包含了7个子实验，探讨了藏族、汉族儿童在阅读空间关系简单句、主动句、被动句及偏正复句中的命题表征项目互换效应，研究结果如下：

在人与物的空间关系简单句研究中，藏族被试在阅读项目顺序为"物→人"的藏语句子时，发生了命题表征项目互换，在阅读汉语句子时则相反，对项目顺序为"人→物"的句子发生了命题表征项目互换。汉族被试在阅读项目顺序为"物→人"的汉语句子时，都发生了命题表征项目互换。藏族被试阅读藏语的反应时最长，其次是藏族被试阅读汉语，最短的是汉族被试阅读汉语时的反应时。从年级上看，4年级被试没有发生互换效应，5年级被试在句子项目呈现顺序是"物→人"时，发生了互换效应，6年级被试则在项目顺序是"人→物"时，发生了互换效应。三个年级反应时长排序为5年级、4年级，最短的是6年级。民族和年级存在交互作用，5年级和6年级的藏族被试阅读汉语空间关系简单句时，形成的命题表征项目顺序为"物→人"；5年级汉族被试在阅读汉语空间关系简单句时，形成的命题表征项目顺序为"人→物"。

被试在阅读抽象图形和具体物体的空间关系简单句时，表现出以"抽象图形"为中心的"抽象图形→具体物体"项目顺序。藏族被试阅读藏语句子的反应时要长于藏族被试阅读汉语句子、汉族被试阅读汉语句子时的反应时。5 年级被试阅读句子的反应时最长，4 年级的反应时较短，6 年级的最短。藏族 5 年级被试在阅读汉语句子时，形成的命题表征项目顺序为"具体物体→抽象图形"，汉族 6 年级被试在阅读汉语句子时，具有"具体物体→抽象图形"的命题表征倾向。

在主、被动关系简单句研究中，所有被试在加工主动句时，均根据"施事者→受事者"的呈现顺序进行加工，没有发生命题表征中的项目互换效应。简单被动句的项目表达顺序为"受事者→施事者"，藏族被试在藏语和汉语被动句阅读、汉族被试在汉语被动句阅读中均出现了命题表征中项目互换效应。被试对于被动句的理解水平，随着年级的增长呈现不断提高的特点。

在偏正复句的研究中，被试在非倒装转折复句的阅读过程中，总体呈现出命题表征的项目互换效应。藏族被试阅读藏语转折复句的反应时最长，其次是藏族被试阅读汉语转折复句，汉族被试阅读汉语转折复句的反应时最短。三个年级被试的反应时长排列顺序是：5 年级最长，其次是 4 年级，6 年级最短。被试在理解非倒装条件复句的过程中形成的心理命题表征顺序为"如果→那么"，没有发生命题表征项目互换。藏族被试阅读藏语条件复句的反应时最长，其次是藏族被试阅读汉语条件复句，汉族被试阅读汉语条件复句的反应时最短。三个年级中，5 年级被试的反应时最长，其次是 4 年级，6 年级最短。

非倒装因果复句的项目表达顺序为"因为→所以"，被试在阅读过程形成的命题表征项目顺序发生了互换，即"所以→因为"。藏族被试阅读藏语条件复句的反应时最长，其次是藏族被试阅读汉语条件复句，汉族被试阅读汉语条件复句的反应时最短。三个年级被试的反应时长排列顺序是：5 年级最长，其次是 4 年级，6 年级最短。5 年级藏族被试则在阅读汉语因果复句时，在句图关系一致情况与不一致情况下的反应时很接近，没有出现命题表征项目互换效应。三个年级的汉族被试的命题表征互换效应间存在交互作用，互换效应随着年级增长而增长。

（一）命题表征的稳定性和有效性对命题表征项目互换效应的影响

在语言表达过程中，命题表征的项目顺序除了要遵循最佳意义原则，还兼顾到了人们平时语言表达的习惯。有的句子表达虽然很简洁明了，但其命题项目的顺序与平时人们的语言表达习惯不一致，或者是相反。在这种情况下，人们在阅读时，就倾向于将句子所呈现的命题项目的顺序调整为与自己平时语言表达习惯一致。这种命题表征的有效性是由语言表达中的最佳意义原则与表达的习惯性共同构成的，在不同语种阅读中都是存在的。在实验一人物空间关系简单句研究中，藏族和汉族儿童在阅读自己母语时，都受到命题表征的有效性影响，形成以"人"为中心的"人→物"的命题表征项目顺序。

在实验三、四儿童阅读主动句的句图任务中没有发生命题表征的项目互换效应，在阅读被动句后的句图任务中发生命题表征的项目互换效应。缪小春（1983）的一项研究指出，在句子阅读过程中，读者采用的句子加工策略可以分为语义策略和句法策略两方面。中国被试在确定语句中施事和受事时，主要采用词义策略来理解，而不是依赖词序，主动句和被动句的项目顺序分别是"施事→受事"和"受事→施事"。根据前人的研究结果都可以得出读者在阅读主动句和被动句后，都形成了"施事→受事"的命题表征，这就是命题表征的稳定性，也就是形成一定的方向性，并且不容易发生变化，具有优先性的。实验六中，儿童均未出现命题表征项目互换效应，前人研究已经指出，对条件复句的理解是在对偏正复句理解发展过程中较早得到发展的一种复句，因此基本已经形成命题表征的稳定性，并受到稳定性影响，具有稳定的方向性"如果→那么"。

我们在上文中讨论了儿童形成命题表征中表现出的命题表征稳定性与有效性。在对人与物的空间关系简单句和主动被动句的加工过程中，所有儿童均表现出了项目互换效应。另一方面，偏正复句中并未出现命题表征互换效应，也可以归因于命题表征的稳定性和高效性。儿童对简单句和一部分偏正复句接触较多，学习较久，掌握程度较高，所以该类句子的命题表征较稳定。而那些掌握程度较低的句子类型的命题表征互换效应均不同程度受到儿童年龄和第二语言熟悉度的影响，在下文中，我们将进一步地进行讨论。

（二）年级影响

在实验二的抽象图形和具体物体空间关系简单句的加工过程中，藏族和汉族儿童在阅读藏语和汉语句子后的图形验证任务中均形成了"抽象图形→具体物体"的命题表征项目顺序，这与之前相关研究的结果相反。朱智贤（1990）早已指出，小学儿童思维发展正从以具体形象思维为主逐步过渡到以抽象逻辑思维为主的阶段。本研究所抽取的被试是小学 4～6 年级儿童，因此，在阅读抽象图形与具体物体空间关系简单句时，无论句子项目顺序是"抽象图形→具体物体"还是"具体物体→抽象图形"，被试均需要在抽象图形上分配更多的注意资源从而更好地理解句义，这就会削减命题表征的有效性对句子阅读时心理命题表征项目顺序形成的影响。

张金桥等（2003，2005）发现偏正复句的命题表征同样具有一定稳定性，即形成"偏句→正句"的固定方向命题表征。本研究显示转折复句、因果复句与之相反，实验五、七显示藏、汉儿童阅读转折复句和因果复句时，皆形成了"正句→偏句"的命题表征。这一方面可以说明小学儿童在句子及语言表达的方向性上还没有形成一定的稳定性，另一方面则可以认为儿童偏正复句的阅读理解是以"结果"为中心的。如非倒装转折复句的表达顺序为"虽然→但是"，则在成年人身上能产生命题表征稳定性的作用，而在儿童身上，命题表征的稳定性的作用会受到转折复句的熟悉程度的影响。小学儿童便更多地先对句中的"结果性词汇"——"但是"分配更多的加工资源，在对"结果性词汇"的理解基础上再对其他句子项目进行加工。

即便如此，项目互换效应仍呈现出了年级发展性，随着年级的增长，儿童对句子理解后句图任务完成的时间越来越短，命题表征的项目互换效应也逐渐显著。比如在人与物的空间关系简单句的阅读中，4 年级被试没有发生互换效应，5、6 年级被试发生了互换效应。在实验一和实验二中，3 个年级反应时由长到短排序为：5 年级、4 年级、6 年级。再看偏正复句，被试在掌握水平较低的非倒装转折复句和因果复句的阅读中总体呈现出命题表征的项目互换效应。三个年级反应时由长到短排序为：5 年级最长，其次是 4 年级，6 年级最短。也就是说，伴随儿童年级的增长，命题表征互换效应越来越普遍，说明儿童不断发展的阅读能力和理解分析水平使命题表征的建构越来越高效和稳定。

（三）民族影响（语言）

本节研究显示，藏族儿童在阅读藏语句子并完成句图任务时的反应时最长，其次是藏族儿童阅读汉语句子，最短是汉族儿童阅读汉语句子。这主要是因为藏文是拼音文字，而汉字是象形文字，汉语句子中的项目与句图任务中的图形之间的关系联结比拼音文字与图片之间的联结更为紧密，因此藏族儿童在阅读藏语句子后完成句图任务的反应时要比藏族儿童在阅读汉语句子后完成句图任务的反应时要长。藏族和汉族儿童在完成汉语实验任务的反应时及正确率上的差异，主要是由两民族儿童所受教育水平差异造成的。藏族儿童是农村儿童，而汉族儿童是城市儿童，城乡教育资源分配不均，教育水平差异必然形成了一定的影响。

除此之外，藏族儿童在阅读汉语句子时也会受到第二语言熟悉度的影响。藏族儿童在阅读汉语空间关系简单句时，命题表征的项目顺序没有发生互换，可能是因为双语者第二语言的熟悉程度的影响。Kroll 等（1994a）根据第二语言的熟悉程度划分了三种模型，其中一个模型就是词汇联系模型（Word Association Model），指通常情况下，母语或第一语言的词汇表征是直接与概念表征相联系的，但第二语言的词汇表征则不能直接与概念表征相联系，而是需要经过母语或第一语言的词汇表征才能与概念表征相联系（Potter et al.，1984）。这一模型能够解释处于第二语言初学阶段的儿童的语言加工中未出现命题表征互换的原因。本研究中的 4 ~ 6 年级藏族儿童均为汉语初学者，处于词汇联系阶段。当藏族儿童在阅读汉语人物空间关系简单句过程中，已经了转换命题表征时，他们是从第二语言汉语转换到母语藏语后从而与命题表征相联系，这个转化过程使得儿童暂时不受命题表征有效性的影响，因此没有产生互换效应。

另外，藏语和汉语虽然在句子结构上有一定差别，但儿童对句子的理解不仅仅是对词义和句法的理解，而是在对外部世界理解的基础上进行的。因此实验三和实验四中，无论是藏族还是汉族儿童，在阅读母语主动和被动句时都受到命题表征稳定性影响，形成"施事→受事"的命题表征。所以，尽管藏族儿童在阅读汉语句子时使用的是第二语言，但是语言的熟悉程度并不会影响到心理命题表征的稳定性。为此，本节研究在某种程度上揭示了在藏语及汉语句子阅读过程中命题表征项目不一定受不同语言表达方式的影响。

六、研究不足

第一，本节虽然探讨了不同句型的命题表征项目互换效应，但不够系统，只是较为单一地考察了某一方面。例如，针对非倒装偏正复句的研究有待进一步对倒装偏正复句的命题表征互换效应进行研究，才能更好地解释在偏正复句理解过程中形成的心理命题表征项目顺序是否受到命题表征稳定性的影响。

第二，从实验材料上看，尽管要求所有句子都能在句子-图形验证任务中呈现，一些句子则可能在设计上不太符合儿童对句子的理解习惯和理解程度，导致部分被试出现反应的随机性。另一方面，并不是所有句子都能精确的用图片来表达，如"狼吃小羊"的句子，以及一些偏正复句都无法在两张图片中将内容及动作明确表现。这可能就对被试阅读及之后完成任务时感到并不是很贴切。

第三，被试的选取上，首先由于藏族地区小学阶段藏语授课时间每周只有一个课时，大部分的藏族小学儿童并不能熟练地阅读藏语书面语。因此藏族被试的数量较小，难以达到大样本要求。其次，尽管藏族地区普及九年义务教育，但仍然存在很多大龄儿童，在藏族被试中有一部分被试的年龄已经超出 4～6 年级儿童的平均年龄，因此不可避免有生理发展水平对认知能力发展水平造成影响，导致年级发展顺序出现偏差，如 4 年级被试的反应时普遍快于 5 年级。最后，作为对照组的汉族被试为昆明市区儿童，由于他们的教育水平、生活水平都优于藏族地区儿童，因此汉族儿童与藏族儿童之间呈现的差异并不能很好的解释汉族和藏族认知水平之间的差异。

七、结论

本章从藏语句子语序与汉语句子语序存在的差异切入，采用句子－图画验证技术，通过 7 个子实验系统探讨藏族儿童阅读藏语句子和汉族儿童阅读汉语句子时，空间关系简单句的命题表征句子项目，主、被动简单句命题表征项目，偏正复句的命题表征句子项目中形成的命题表征项目互换效应现象。

实验一、二对空间关系简单句的命题表征句子项目互换效应进行了研究。其中包括人物空间关系简单句命题表征的句子项目互换效应、抽象图形与具体物体空间关系简单句的命题表征句子项目互换效应。结果表明，藏族儿童在阅读表达项目顺序为"物→人"的藏语句子时，产生了命题表征项目互换效应，在阅读项目顺序为"人→物"的汉语句子时，产生了命题表征项目互换效应。汉族儿童在阅读项目表达顺序为"物→人"的汉语句子时，命题表征项目发生互换。藏族与汉族儿童在阅读表达顺序为"具体物体→抽象图形"得句子时，命题表征项目发生互换。

实验三、四对主、被动简单句命题表征项目互换效应进行了研究。受到命题表征稳定性的影响，藏族与汉族儿童在藏语和汉语主、被动句子阅读过程中，均表现出"施事者→受事者"的命题表征项目顺序，因此当被动句项目表达顺序为"受事者→施事者"时，发生命题表征项目互换效应。

实验五、六、七对偏正复句的命题表征句子项目互换效应进行了研究，包括非倒装转折复句、非倒装条件复句、非倒装因果复句。研究结果表明，小学儿童阅读转折复句和因果复句后形成的心理表征项目顺序还没有形成一定的稳定性，并且，是以"结果"为中心的。如，非倒装转折复句的表达顺序为"虽然→但是"，阅读后形成的心理命题表征项目顺序为"但是→虽然"。条件复句是儿童学习并理解较早的一种偏正复句，因此基本已经形成命题表征的稳定性，并受到稳定性影响，具有"如果→那么"稳定的方向性。

本节探讨了儿童阅读藏语及汉语句子过程中产生命题表征项目互换效应的

原因，结果显示藏语及汉语句子阅读过程中不同语言表达方式不一定会影响命题表征方式，儿童命题表征项目顺序的有效性和稳定性呈现出发展性趋势。

第五节 少数民族汉语句子教学建议

少数民族汉语习得问题并不是一个新课题，汉语习得实际上就是学习第二语言的过程，大量的第二语言习得研究早已展开。由于语言之间的干扰性及语言本身的复杂性，较之母语，第二语言的学习和使用更加复杂。我们将以第二语言的习得年龄、母语与汉语的句法相似性、理解策略为着眼点，为少数民族第二语言的教学提出意见和建议。

一、句子教学要注意学生的年龄差异

Lenneberg 等（1967）认为语言的习得存在关键期，这个关键期发生在青春期之前。如果双语学习者的学习年龄迟于这个年龄，那么他就不能很好地适应学习的要求，不具备满足双语学习的能力，大脑不能够进行语言组织，不能够熟练掌握该语言。该理论得到了许多研究的支持，在青春期之前习得第二语言的被试在语言理解任务（语法判断、语义理解等）中，成绩都优于习得时间迟于青春期的被试（Weber-Fox et al.，1996，2001）。Johnson 等（1989）的研究显示，母语为朝鲜语和汉语的被试，7 岁之前习得的水平与母语者没有差异，7 岁之后则有明显差异。

再看本章研究的结果，伴随年龄的增长，藏族儿童在阅读句子过程中出现命题表征互换效应的现象越来越普遍。这说明伴随年龄的增长，藏族儿童汉语的使用水平越来越高，对汉语越来越熟悉，对一些日常使用率较高的一些单句（被动句）和复句（条件复句）表现出了命题表征的稳定性和有效性，形成一定的方向性。

但是我们也应看到，小学儿童思维发展处于从以具体形象思维为主逐步过渡到以抽象逻辑思维为主的阶段，其认知加工能力和加工深度均很有限。本章研究中，在抽象图形和具体物体空间关系简单句上，藏族和汉族儿童在阅读藏语和汉语句子后的图形验证任务中均表现出"抽象图形→具体物体"的命题表征项目顺序，这是因为儿童在抽象图形上分配了更多的认知资源，削弱了命题表征有效性对句子阅读时心理命题表征项目顺序的影响。在偏正复句阅读中，儿童更多地先对句中的"结果性词汇"——"但是",分配更多的加工资源,从而没有形成命题表征互换效应。

这就提醒我们,教育者应适时对少数民族儿童进行系统的汉语教育。系统的语言教育包括听、说、读、写训练,这包括语言认知加工中字词的音、形、义的理解和使用,以及句子乃至语篇段落的理解和生成。语言习得是一个循序渐进的过程,从字词理解到句子、段落的分析。伴随着儿童的认知加工水平的发展进步,儿童的习得速度会变得越来越快。若是能够结合少数民族儿童的认知发展实际,抓住其年龄特征,恰当地施以语言知识的教育,那汉语的习得过程将变得更加高效。

二、句子教学要注意母语与汉语的句法相似性

许多已有研究显示语言之间存在迁移效应,这种迁移对第二语言的习得产生了很大的影响。语言迁移效应包括正效应和负效应,若第二语言与母语结构相似,那母语对第二语言习得产生促进作用,就是正效应;若是结构相似性较低或者不同,则会产生负效应,即阻碍第二语言的习得。

Hahne 等人(2001)的第二语言理解研究显示,母语为德语的被试在加工与德语句法结构相似性极低的日语时,在句法违例的条件下并未出现 P600 效应,而当加工与德语相似结构较多的俄语时,在句法违例条件下记录到了 P600 效应。(P600 效应通常出现在句法加工异常时,因此被认为反映了句法的加工)Sabourin 等(2008)研究了第二语言为荷兰语的德语习得者和罗马语使用者,结果发现,与荷兰语相似的德语在加工过程中也记录到了 P600 成分,而罗马语则没有出现。

汉语句子的基本语序是主语-谓语-宾语,而藏语句子主要是以谓语为中心的主谓呼应结构,语序是主语-宾语(间接宾语、直接宾语)-谓语。在藏语中,形容词、数词、批示代词作修饰语时,在中心词之后;人称代词、名词作修饰语时需加领属助词,置中心词前;动词形容词的修饰语一般在中心词前。本研究显示,藏族被试在阅读藏语句子后完成句图任务的反应时最长,其次是藏族被试阅读汉语句子后句图任务反应时,最短是汉族被试阅读汉语句子后句图任务的反应时。一方面是因为藏文是拼音文字,而汉字是象形文字,两者在加工机制上存在差异,此外,我们并不排除藏语对汉语的负迁移,因为两者句法结构存在诸多不同之处。

由于语言之间存在迁移效应,教育者在教育少数民族儿童使用汉语时,应

恰当地使用正迁移，避免负迁移，利用母语与汉语的相似性，比较并区分不同之处，授予适当的使用技巧。同时，教育者可以以文化熏陶的方式，帮助少数民族儿童理解汉族文化环境，从而促进他们对汉语表达方式和习惯的理解，进而达到正确使用汉语的教育目的。

三、句子教学要重视理解策略的使用

关于傣族儿童汉语句子认知过程的语义和句法分析机制的研究显示，傣族儿童理解汉语句子时，同时使用了句法信息和语义信息，并且主要依靠句法信息，这说明高年级儿童的句法意识得到了长足的发展，能够注意到语言的结构特征，并利用结构特征分析来进行句子理解，这与前人研究相一致。

那么具体的语言理解策略有哪些呢？Clark 等（1977）将读者所使用的语义策略加以区分，提出了五种语义策略，分别为：

1）实词策略，即使用句中的实词加以区分，从而建构句子的命题。实词包括名词、动词、形容词和副词。例如句子"小孩玩玩具"中共三个实词"小孩""玩""玩具"，儿童根据实词之间的关系也可推出句子的意义。

2）搭配策略，即寻找与不同的词语相搭配的成分，如动词之后伴随名词，形容词"美丽的"对应与之搭配的名词，副词"快速地"对应与之相搭配的动词。

3）句子结合语境的策略，即把句子与语境联系起来，以获取合理的解释。

4）顺序策略，两个子句，若是相继先后排列，那就存在先后顺序。例如句子"小明跑到门前叫了一声'妈妈'"中，先发生的是"小明跑到门前"，相继发生的是"叫了一声'妈妈'"。年幼儿童在阅读此类句子时比较容易犯错、搞错顺序，需要教育者留心。

5）新旧策略，已知信息排在句子的前面，新的信息在句子的后面。例如句子"那个男人去钓鱼了"中，"那个男人"是已知信息，"去钓鱼"是新信息。

此外，Just 等（1987）提出了五种类型的句法理解策略，包括词序策略、词类策略、虚词策略、词缀策略和词义策略。

1）词序策略，就是根据词语的先后顺序，依照句法作用将句子成分进行划分，从而确定成分之间的关系。如句子"他打小明了""他被小明打了""他把小明打了"，三个句子的成分划分不尽相同，因为成分的句法作用互有区别。

2）词类策略，即依据词语的语法分类来确定它的句法作用，如"小明开心地吃苹果"中，人称名词"小明"一般作为主语，"苹果"作为生命度较低的名词，一般做宾语，副词"开心地"表示状态。

3）虚词策略，用虚词确定一个成分的句法功能。比如句子"小明从来不哭，自从离开了妈妈。"中，"自从"引出的是时间状语。

4）词缀策略，由于中文并不具备词根、词缀，所以该策略对汉语理解并无实效。

5）词义策略，根据词义确定它在句中的句法作用，比如句子"轴承是这个机械运作的关键"，儿童可以利用对单个词语的语义理解来建构句子的分析。

教育者在教育少数民族儿童学习汉语时，可以适当地教授句子分析策略，并让儿童反复练习使用这些分析策略，从而帮助他们建构内化的语义和句法分析策略，使他们在使用汉语时更加娴熟自然。

此外，少数民族儿童的汉语学习态度、认知风格、民族文化、师生之间的关系（教师期望、教师对儿童成就动机的影响）、所使用的教材，以及同伴对其学业成就的影响等因素都可能会影响他们学习汉语的进度和成效。考虑到这些因素与本书的关系不大，所以不作赘述。总之，教育者在帮助少数民族儿童学习汉语的过程中，要依据儿童的认知特点，施以恰当的教育方式，重视汉语与母语的异同，教授给儿童适宜的阅读技巧。

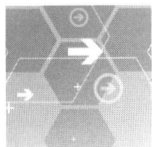

第五章
少数民族儿童的图画认知

　　早在文字尚未出现的史前时代，人们就已经用图画来表达自己的生活和情感。人类首先认识了"图"，然后才认识了"文"。图画作为一种符号，其所具有的生动性和现场感有时是任何语言都无法企及的。随着时代的发展，视觉图像在很大程度上改变了我们的社会生活和思维方式。

　　图画与其他符号表征一样，是信息传达的载体。它采用视觉形式传递着客观世界里的一切，成为一种表意工具。图画跟文字一样，都是语言的表现形式，蕴含着深刻的意义，并传递着信息。图画以其特有的形式存在于我们的生活、工作、学习中，并扮演着越来越重要的角色。虽然国内外学者仍未对图画一词给出明确的定义，但总体可以概括为广义的图画与狭义的图画两种。广义的图画是各种具有表征意义的图形和影像，包括静态图、动态图（如广告、电视剧、电影等）、二维平面图、三维立体图像、摄影照片、绘画作品、电脑制图等。而狭义的图画主要指的是静态二维平面绘画作品。本章涉及的图画皆取狭义的图画定义，即平面绘画作品。

　　就儿童而言，由于其认知水平和语言发展的局限，使他们比成人更需要借由图画这一窗口来了解世界、认识世界。在早期阅读教育问题上，少数民族儿童基本上不认识文字这一问题是不可回避的。根据这个群体的认知发展具有具体形象性的特点，图画教学形式也一直倍受重视。

　　以往研究中，很多心理学家积极地从各种途径来研究学前儿童在图画认知方面的问题。但研究对象多集中于汉族儿童，较少涉及少数民族儿童。本章从心理学的角度探讨早期教育发展中的图画认知，阐述图画认知的相关理论，介绍儿童图画认知的相关研究，并分别以傣汉和藏汉儿童图画认知能力发展的跨文化比较为切入点，力图揭示儿童在图画认知能力上的发展特点和规律，特别是少数民族儿童在图画认知上的发展特点。最后本章结合实际，给出少数民族儿童图画阅读的教学指导建议。

第一节 儿童图画认知的相关理论及研究

一、图画认知的相关理论

（一）布鲁纳的认知生长和表征理论

布鲁纳十分重视生长问题，把认知生长看作是形成表征系统的过程。Bruner等（1960）认为，学生的学习是主动获取知识，并把新获得的知识和已有的认知结构建立起来，积极建构自己认知结构的过程。认知结构不断丰富的过程就是表征系统形成的过程。表征系统是人们知觉和认识世界的一套规则，在人类认知生长期间，经历了三种表征系统的阶段：

第一，动作性表征（Enactive Representation，又称表演式再现表象），即指通过动作认知事物，它由一系列适合于得到某种结果的行动构成，具有高度操作性的特点。这一阶段大致相当于皮亚杰的感觉运动阶段，在这个阶段，儿童通过动作作用于事物而学习表征它们，以后能通过合适的动作反应再现过去的事物。在这个时期，儿童通过做和看别人做什么而学习。

第二，映像性表征（Iconic Representation，又称肖像式再现表象），指通过心理表象来认知事物，即用心理表象作为某些客体的替代物。它是比动作表征高一级的认知方式。这相当于皮亚杰的前运算阶段的早期，儿童开始形成图像或表象，去表现他们的世界中所发生的事物，在这点上，他们能记住过去发生的事件并能根据可能性去想象再发生的事。

第三，符号性表征（Symbolic Representation，又称象征性再现表象）。这个阶段大体相当于皮亚杰的前运算阶段的后期及以后的阶段。这时儿童能够通过符号再现他们的世界，其中最重要的符号就是语言。这些符号既不是直接的事物，也不必是现实世界的复制，可以是抽象的、间接性的和任意性的。由于这些抽象的符号，儿童最终能假设他们从来没有经历过的有关人或事物等。

在这三个系统的发展中，语言是很重要的。当一个人达到布鲁纳所称的第三阶段时，并不意味着认知发展就停止了，只是这个人具备了进一步理解世界所需要的基本工具。这个基本工具就是语言（刘儒德等，2007）。通过语言，人们能为将来计划，能从他人的行为中抽象出意义和打算，并能与别人交流，从而了解不同的观念。

动作表征、映像表征和符号表征是学习者不同的认知模式，代表着不同阶段和不同水平的认知。在儿童的不同年龄阶段，对儿童的教学要适合儿童的认知发展水平。按照这个要求来设计教学，才符合儿童的认知结构。

（二）Paivio 的双重编码理论

Paivio（1971，1983，1990，1991a，1991b）在大量的实证研究基础之上，提出了双重编码理论（Dual-coding Theory）。该理论认为，大脑中存在两个不同的系统对信息进行表征与加工。一个言语系统负责处理语言信息并把这些信息以适当的语言形式储存起来，另一个独立的非语言系统负责处理基于表象的信息加工与表征（见图 5-1）。每个系统又被进一步分为多个子系统，这些子系统在不同感觉通道中加工言语或非言语信息。

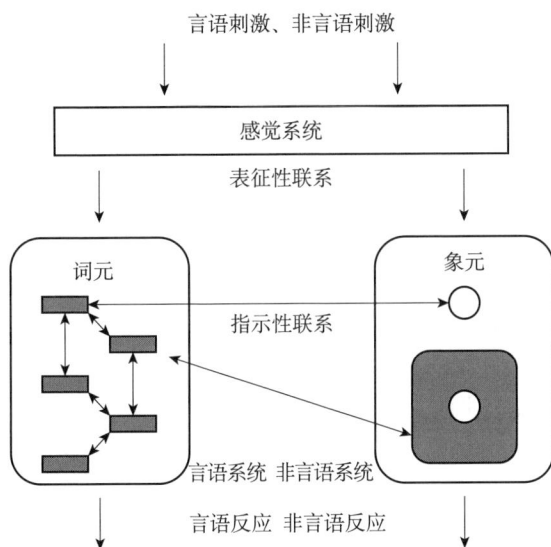

图 5-1 双重编码理论

两个主要的符号系统（言语系统和非言语系统）是与独特的输入系统和输出系统相联系的。在这两个系统中的是通过指示性联系而相互连在一起的联想式结构（含词元和象元）。Paivio（1990）将一个词元定义为感觉通道特异性单元，这一单元具有整合信息结构的功能，或者具有反应产生器的功能。在非言语系统中，与词元相对应的是象元。在不同感觉运动通道中，象元是识别和表征表象的基本单位。

言语和非言语系统在功能层面是通过词元和象元之间的关系而进行交流。这种关系的最简单例子是一个目标及其名称之间的指示性联系。这也是说，如果你看见图画里画了一只狗，它将被一个象元识别出来，而这个象元和词"狗"的词元之间的联系就可以激活词"狗"。因而，这些基本单元之间的联系构成了基本运作方式，其中两个符号系统中各个成分是联系的。

Paivio（1990）的研究发现，如果以很快的速度给儿童呈现一系列的图画或字词，那么儿童回忆出来的图画数目远多于字词数目。这个实验说明，表象的信息加工具有一定的优势。也就是说，大脑对于形象材料的记忆效果和记忆速度要好于语义记忆。儿童处于学习初始阶段，相较于字词阅读，图画阅读中的表象信息更易于被理解。

（三）Gardner 的美感知觉发展理论

1970 年起，哈佛大学著名心理学家 Gardner（1970）从事研究美感知觉发展，依据不同年龄层归纳出五个阶段的特征：

第一，婴儿知觉时期。此时期的婴儿已经能敏锐的分辨客观事物的各种特质，例如颜色、大小、组织，这种经验对日后美感知觉的发展，具有关键性的影响。

第二，符号认知时期。这时期以各种不同的符号系统来解读外在的世界。符号系统有语言、文字、图画、手势、音乐等。符号就是儿童心中的真实世界，儿童以自己的偏好来解释画中的事物，并不会去区分符号与真实世界的差别，对于色彩的喜好是以主观的美感判断的。

第三，高度写实主义时期。这时期的儿童在认知上对事物的观察能力提升，但前一期丰富的想象力却受到压抑，甚至消失不见。因此儿童常会拘泥于写实和规则的表现。

第四，打破写实，出现美感的时期。此时期儿童在绘画上会更精细的注意到线条的描绘，色彩的组成，以及阴影和透视法的运用。

第五，美感投入的转折点。此时期由于身心方面会发生巨大变化，因此常出现两极化关系，一是退出创作和欣赏行列，而成为圈外人；二是全身投入某种艺术，成为终身的兴趣与嗜好。

（四）Parsons 的美感认知发展五阶段论

美国教育学者 Parsons（1987）的研究主题为美感认知，他于 1987 年对绘画鉴赏的发展提出更完整的架构，他认为每个阶段对于色彩的观点都有其重要的地位，属于理性判断层次的高低，而非感情成分的多寡，也就是以认知结构的改变来说明美感判断的发展，以下是他提出的美感认知发展阶段论的主要观点：

第一阶段：主观偏好。指未进入小学之前的儿童，对此阶段的儿童而言，对自己所欣赏的画产生直觉的愉悦，会被色彩强烈地吸引，喜欢丰富的色彩，尤其是自己偏好的颜色。偏好高彩度的颜色，排斥黑色，认为作品的色彩越多越好。对五岁的儿童而言，有很多的颜色就是好画。

第二阶段：美与写实。指小学阶段的儿童，其特征在于把美和写实连在一起，图案式的写实主义逐渐变成照相式的写实主义。儿童开始注意各种层次的变化，要求各种调色，以及立体感的变化，开始区分"与绘画有关的美感经验"及"与绘画无关的经验"，以客观观察取代主观偏好，认为绘画可以表现实在的事物，喜欢优美的主题与写实的表现。

第三阶段：原创表现。指的是青年期左右，所谓感情的写实主义时期，不再只是单纯的赞美色彩的美，更希望探讨画家的表现意图。第三阶段是和年龄成长相关的自然发展。作品的表现性重于作品的题材。风格和技巧上的写实并非艺术的目的，能深刻表达的感情内涵才是艺术的目的。创造性、独特性和感情的强度，才是判断作品优劣的主要依据。注重以个人主观的感情来欣赏艺术，以整体的绘画形式来发现情感表达的深度。

第四阶段：形式与风格。要进入此阶段必须接受许多美术训练才能继续发展。此阶段的个体会注意到色调所产生的特性，有能力认识到色彩本身的特性所构成的绘画意义。减低主观感情的作用，欣赏时注意作品本身的客观因素，如配色、结构、形式、空间与关系。能做形式分析，探讨整体的效果是否平衡、稳定，并能了解部分和整体的关系。

第五阶段：自律。该阶段的个体不断地反省自己的经验，重新加以解释与适当的判断。能以开放的心态，采取相对观点的判断标准。能分别欣赏各种艺术的特征并肯定其价值。能建立个人的美感判断标准，而又随时透过理性的思辨，加以修正。对美术作品的鉴赏无所偏执，能兼顾各个方向，涵融各种要素。

（五）心理理论

心理理论（Theory of Mind）是指个体凭借一定的知识系统，对他人心理状态及其与他人行为关系的推理或认知，是关于知觉、情绪、愿望和信念等概念如何相互联系并实施组织建构的一种理论解释。

从20世纪末至今，心理学家们对儿童的心理理论进行了广泛而深入的研究，尽管研究结果尚存分歧，但对于儿童早期的心理理论，多数研究者的观点是一致的：①儿童在 2 岁左右已获得了一种愿望心理。这种心理不仅包括愿望的初级概念，而且还包括知觉、注意及情绪的初级概念，即非表征性概念；②从 3 岁起儿童开始谈论如愿望、信念、思维等心理状态，他们似乎能够理解个体的信念除了有差异和正确之分外还会有错误的心理表征。儿童的这种理解水平相当于愿望－信念心理；③ 4 岁左右儿童开始理解个体的思维和信念，他们逐渐获得了成人的信念－愿望心理，认识到个体的行为由信念和愿望所决定（陈少华等，2006）。

也有研究者认为，4 岁以后儿童的心理理论仍可能有较大发展，Carpendale 和 Chandler（1996）指出，在心理理论发展中还有第二个重要进步，即儿童对心理过程解释性的理解。他们认为，在错误信念任务中的儿童只需要将信念看作是外部世界客观、直接的复制，即可顺利通过任务。因而他们将这一层次的认识称作"复制式心理理论"，而儿童在 6 ～ 8 岁时将会经历心理理论发展的第二次进步，开始获得"解释性心理理论"。与前者不同的是，具有解释性心理理论的儿童能够理解人们对外部世界的建构和解释，可以认识到即使所获信息完全相同，由于信息的模糊性以及个体经验的差异，也可能导致对同一事件的不同信念（傅莉等，2006）。

图画作品是图画作者在绘画时产生的一个行为结果，作者在绘画时必然带有自己的意图，并在图画中以线条、色彩、内容、主题等元素表达出来。当欣赏者在欣赏图画的时候，通过对图画作品的理解来推测图画作者在进行绘画时所具有的心理状态，以此来了解图画作者在作品中传达的意义和情感，与图画作者达成共鸣。心理理论使个体能对其他个体的行为进行解释和预测，从而在个体社会认知、个体间相互理解等方面起着至关重要的作用。因而，心理理论的获得是图画阅读过程中阅读者通过作品理解图画作者心理状态的前提保证。

二、儿童图画认知发展的相关研究

图画在儿童的日常生活中起着重要作用。由于语言发展的限制，儿童常常需要通过图画来获取新的知识和信息。图画为儿童认识世界、发展言语能力提供了重要的窗口。从阅读心理学角度来看，图画认知其实就是对图画的阅读（Goswami，2014）。相对于文字阅读，图画的阅读主要表现为非线性叙述，既灵活又生动，具有观看瞬间同时呈现整体的特质，无论从单张的、局部的，还是整体的画面，都能让儿童很快融入到特定的氛围中。

在很多情况下，人们的阅读过程并不仅仅是对课文文字的一种简单加工，而常常是在课文文字和画图之间不断地进行转换和整合。这说明人们对课文意义的提取不仅是对文字意义的提取，而且也是对课文图画意义的提取。换言之，对图文课文的阅读本身就是同时对文字和图画的阅读。

Levin等人（1987）依据文章中图画的功能，把图画分为装饰（decoration）、表征（representation）、组织（organization）、解释（interpretation）和转化（transformation）五种。Levin认为教学中图文课文的作用主要是后面四种。表征功能指出课文和图画基本重复的内容；解释功能表示图画加深了对课文的理解；组织功能意味着图画加强了课文的结构；转化功能表示图画增加了对课文的记忆能力。由此可见，图画有时对课文的结构、内容和细节的理解记忆具有重要作用（陶云，2001，2004）。

陶云、申继亮和沈德立（2003）运用眼动分析法，比较了中小学生在阅读有插图和无插图课文时的眼动情况。结果表明，在阅读理解指标和眼动指标上，有图课文大多显著优于无图课文。程利（2006）对大学生阅读插图文章进行了眼动研究，通过记录眼动数据，对大学生阅读无插图、黑白插图、彩色插图的文章的眼动特征进行了探讨。结果表明，彩色插图组的阅读成绩和阅读时间指标都好于无插图组。这说明彩色插图能帮助学生阅读理解、并进行图文双重编码和整合，从而获取有效信息，提高阅读成绩并缩短阅读时间。

近年来也有研究者（Evans et al.，2010）开始采用眼动研究技术，对学前儿童在图画书阅读中的视觉关注进行研究，发现儿童在阅读中主要关注图画，随着年龄的增长逐步开始关注文字。国外已有儿童早期读写的研究表明，儿童的读写能力发展经历了三个阶段：萌发阅读——幼儿有兴趣阅读图书并注意环境中的文字；初期阶段——幼儿开始了解文字是有意义的，能够辨认熟悉的字并尝试写类似文字的符号；形成文字——儿童开始真正注意阅读中的文字，逐渐过渡到独立阅读书中的文字，并开始探索文字的构造规律，尽管此时会出现许多书写错误。

综上所述，已有研究不同程度地证实了图画对文本阅读的作用，为语文教材和儿童课外读物的编写、修订提供了心理学依据，也有研究（徐虹，2015）从图画阅读理解能力的培养策略入手，运用艺术教育基本理论、儿童阅读教学理论等探索有针对性的教学策略。

目前，关于儿童图画认知研究者主要从图画认知阶段划分、图画认知能力获得、图画表征、图画作品寓意、图画与图画作者关系、图画风格等方面进行研究，综合研究儿童的图画认知特点及发展规律。

（一）图画认知阶段划分研究

当今世界是"读图时代"，信息是通过图画形式进行视觉文化的传递。儿童通过图画蕴含的信息，能够去认识世界，学习知识，并促进其语言和思维的发展。鉴于图画认知在儿童阅读学习中有着重要的作用（Thomas，2010），国内外研究者们对儿童图画认知的发展特点进行了深入探讨。众多研究者认为，儿童图画认知经历了不同的阶段，不同的年龄阶段处于不同的水平，每个年龄阶段有着不同的特点。以下就是一些研究者们对儿童图画认知结果：

第一个智力测验量表的创始人比纳，在他编制的量表中，将儿童图画观察力的发展分为三级水平："列举图画中的物体"纳入 3 岁组的项目，"描述图画"纳入 7 岁组的项目，"解释图画"纳入 15 岁组的项目。这就是说，3～6 岁的儿童处于"列举"阶段，只能说出图片中的一些物体，罗列一些个别对象；7～14 岁的儿童处于"描叙"阶段，能说出图中人物的动作；15 岁以后儿童处于"解释"阶段，可以说明图中所画东西的意义，能说明整幅图画的意思（吴风岗，1983）。

丁祖荫（1964）曾研究了儿童图画认识能力的发展，探讨了影响儿童图画认识能力的条件和儿童图画认识能力发展进程的真正阶段。实验采用三张单色铅笔画，所绘的内容对儿童的熟悉度不同，并且图中客体之间的相互关系也不同。实验结果表明：①影响儿童图画认识水平的条件包含有，儿童对图画观察的结果在极大程度上受制于图画内容，儿童对内容容易理解的图画表现了较高的发展认识阶段。且儿童对图画观察的结果在一定程度上受制于指导语性质，成人采用的指导语会制约儿童认识的阶段；②儿童图画认识能力的发展表现出阶段性，验证了前人提出的儿童图画观察的发展具有阶段性这一理论。

同时，根据人类认识过程发展的普遍真理，并结合实验中儿童认识图画的具体表现，丁祖荫又提出了儿童图画认识发展的新阶段论。其大致可以分为四个阶段：

第一，认识"个别对象"阶段。儿童只是罗列图画中的各个对象，或者是各个对象的片面，没有认识到对象之间的关系；

第二，认识"空间关系"阶段。儿童观察到了各个对象之间的空间联系，能通过各个对象之间的联系而直接感知到空间关系，从而认识图画内容；

第三，认识"因果联系"阶段。儿童能认识到各个对象之间的因果联系，也就是说，儿童能通过各个对象之间不能直接感知到的因果联系，来理解图画内容；

第四，认识"对象总体"阶段。儿童能完整地认识整幅图画的内容，理解整幅图画的意义。儿童是通过图画中所有事物之间的全部联系，完整地把握对象总体，理解图画的主题。实验表明，学前儿童大部分属于"个别对象"和"空间联系"阶段，少数属于"因果联系"阶段（丁祖荫，1964）。

武进之（1984）研究了2～6.5岁儿童看图说话的特点，采用了为期两年的追踪研究。研究目的在于探索儿童看图说话的特点及其发展趋势，为幼儿园语言教学提供一定的心理学依据，同时了解儿童在看图说话这种条件下的语言特点、发展趋势与已有关于儿童自发语言发展研究的结果是否一致。研究使用了一套关于儿童跳绳的图画，对被试进行了个别实测。这套图画是幼儿园未学过的，且基本情节是儿童所能理解的。实验对被试进行了个别实测。

从讲述内容方面来说：

其一，在讲述内容的广度上，其特点表现为儿童讲述内容的项目随年龄增长而递增，处于由少到多的发展过程中。2岁组能讲述的内容极少，为27.8%，3岁半进展很快，已超过半数，为56.9%，4岁为61.9%，5岁为77.8%，6岁为80.6%；

其二，在讲述内容的出现顺序上发现了四个规律，并且这个出现的顺序并不是随机的。按内容性质来说，其表现为：第一，从外显的动作、表情到内隐的心理活动。儿童最开始只能描述画中人物外显的动作或表情，然后逐步涉及人物的心理活动；第二，从孤立的、片面的事件到事件之间的关系和事物的各个方面。儿童最初只是孤立地指出个别人物及其动作，并不涉及人物或事件间的关系；第三，从行为的结果到行为的过程。儿童最初只能描绘人物的动作结果的状态，随着年龄的增长，儿童的讲述会提及到动作产生的过程；第四，从直观画面到画外想象。儿童在看图说话的时候，不仅能依据对画面的感知和理解进行描述，而且能够运用想象，描述出画面上没有明显表现出来的内容。从以上的几个发展顺序表明了儿童对所描绘事物的认识顺序。从研究的结论来看，图画在儿童语言的发展过程中起到了重要的作用，同时，语言的发展也制约着儿童对图画的认知发展（武进之，1984）。

宋广文和任真（2002）研究了漫画认知的发展特点。漫画是一种特殊的图画，它的画面简洁却寓意深刻。漫画主题的确定，通常是针对某种社会现象而来的。实验采用了12幅难度不同的漫画材料。实验要求小学三年级至大学一年级（9～18岁）的被试对漫画进行命名，并给予评分等级：①个别对象认知阶段；②空间位置联系认知阶段；③基本的比较、推理认知阶段；④正确的比较、推理认知阶段；⑤高级的比较、推理认知阶段。实验结果显示，漫画认知有着明显的年龄特征，存在两个快速发展期，即 9～12 岁和 14～18 岁；漫画认知在性别上略有差异，但就各个年级而言差异不明显；从个别对象认知阶段到高级的比较、推理认知阶段，儿童对漫画的认知是由外部特点的概括向事物本质属性的概括、由具体形象思维向抽象逻辑思维不断发展逐步提高的过程（宋广文等，2002）。

李甦和李文馥等人（2006）针对 3～6 岁儿童的图画讲述能力的发展特点进行了研究。实验采用了看图说话法，让儿童先看 3 组（6 幅）不同类型的图画，然后对每幅图画进行讲述，个别实测。实验结果编码是参考了前人研究的相关结果，并根据儿童讲述内容所反映出画面形象之间是否有联系以及儿童对图画的理解与组织程度，将 3～6 岁儿童图画认知能力分为三个水平和六种类型：

水平Ⅰ，包括零散罗列型和部分关系型。零散罗列型是指儿童用词或是短语对图画上的事物进行列举，并不能说出画面中事物之间的关系。部分关系型讲述是儿童仅能简单地阐述画面事物之间的空间联系，这种联系带有表面性和片段性，也即这种讲述是停留在画面现象上的。

水平Ⅱ，主要是指主要关系型。儿童开始能理解画面内容，能抓住画面主要内容、主要事件和画面形象之间的主要关系。该讲述比较简短，讲的内容仅局限在图画的画面上。

水平Ⅲ（可以较好地组织图画内容，讲述内容基本形成了由"时间＋地点＋人物＋事件"构成的一种故事结构），包括拓展事件型和整体型以及无关讲述型。拓展事件型讲述和整体讲述都是对画面的主要事件和内容进行的讲述，但就逻辑性和内容准确性来说，前者不如后者；另外儿童的讲述内容是与图画无关的，所以归入"无关讲述"一类。研究结果表明：儿童图画讲述经历了由零散罗列、把握主要关系到围绕画面主要内容和事件进行整体讲述的发展过程。3～4 岁儿童主要处于水平Ⅰ；4～5 岁儿童是三种水平共存的时期，也即是儿童图画讲述发展过程中的重要转折时期；5～6 岁儿童主要处于水平Ⅲ。同时，在图画认知过程中，图画本身的特点对儿童产生了影响（李甦，2006）。

（二）图画认知能力获得研究

针对"图画认知能力是先天的还是后天经过学习而获得的"这个问题，研究者们还存在一些争论。

Hochberg 等人（1962）在对儿童的视觉能力发展所做的研究中，发现 2 岁时儿童能够辨认出图画中代表性的物体，甚至在他们只有很少或没有理解图画的经验时，他们也能做到。这一研究代表了先天论者们的观点，他们认为图画认知能力的获得是天生的。

对于图画认知能力的获得是先天的观点，有些研究者并不认同（Deregowski et al., 1972）。Sigel（1981）认为，成人认知图画的各个部分并将它们联结在一起形成整体的理解需要一个过程。这个过程同样也能解释当儿童注意一个不熟悉的视觉刺激时，会停留在一些细节上的原因。Mackworth 等人（1970）确实发现当 6 岁儿童熟悉图画后，他们的眼动轨迹就不再显得随机，眼球固定的时间减少，由此说明，图画认知能力是可以后天习得的。

还有证据证明图画认知能力是通过后天学习而获得的。例如，在概括图画认知的研究中，Sigel（1981）倾向于认为图画认知过程是一个文化和经验参与的过程，尽管它比较容易习得，但这个习惯过程本身也可能是基于文化的。Ninio 等人（1978）指出，母亲和儿童在图画书阅读过程中的相互作用不仅是理解图画的基石，也是掌握语言的基石。他们的研究结果对于研究图画书反应是一个重要的参照，同时对于解释为什么儿童能够认知图画中的物体、却不能解释图画中物体间比较复杂的相互关系提供了一个参照。在一些有意义的背景中理解图画的早期经验可能是很必要的，它为更高水平的图画理解奠定了基础（康长运，2007）。

（三）图画表征发展研究

早期对图画表征意义的研究集中于哲学界和心理学界的理论探讨中，专家学者们花了大量时间鉴定是什么让一幅画成为一个事物的表征。早期哲学家的观点是，一幅画之所以能成为一个物品的表征，是因为它们两者间具有某种"相似性"。Gibson（1971）认为，图画之所以能成功表征一个真正的物体或场景，是因为它反映到人的肉眼里的光线与现场提供的结构信息是相同的。光是带有信息的，因为它被组织过，或它有因为斜面、构图、色彩和表面阴影造成的边界。Hagen（1974）则认为，图画表征表现在两个水平：① A 可以表征 B 的有关信息；② A 通过相同的信息来表征 B，两者之间的关系如此紧密以至于对 A 的解说必须取决于对 B 的解释，至少在图画表征中是这样的。

20 世纪 70 年代末，随着心理学对图画认知研究的进展，图画表征的相关研究逐渐转向实证研究。De Loache（1994）的一项研究探讨了幼儿对于图画表征功能的理解，被试为 24 ~ 30 个月的学前幼儿，主试将玩具藏在房间的某个角落，在给予被试一张显示隐藏玩具位置的图画后，30 个月大的孩子很容易找到藏起来的玩具，但 24 个月大的孩子找不到，运用图像信息寻找隐藏物体的结果出现了戏剧性的发展变化。尽管对实验条件进行了各种修改，24 个月大的孩子的表现依然非常差。实验结论是 24 个月大的孩子还不能理解图片是现实世界的表征。据此，Deloache 和 Burns（1994）认为，非常年幼的儿童的早期绘画经验可能会使他们在解释图画和所指物之间关系的时候过于保守。

张智（1997）进行了一项跨文化的比较研究，以 200 名未受过美术训练的 4～20 岁的中国人和英国人为被试，采用图形匹配的范式，从美学角度应用当代有关图画表征发展的理论对实验进行了分析，探讨了在东西方不同文化背景下影响儿童兴趣变化及表征能力发展的因素。研究结果表明，不同文化背景下，中英两国儿童对图画的兴趣变化都遵循从颜色特性过渡至情绪特性的发展模式，反映出加工的深入及表征能力的提高。匹配任务的性质影响任务的完成，任务越难，越需详尽的加工和高层次的表征水平。年幼儿童以颜色为匹配标准，年长儿童和成人则以主题或情绪为主。两国儿童对图画喻意的敏感性均随儿童年龄的增长而发展。

张智（1999）的另一项研究采用补画和自由画的方式，探讨了儿童自由画中情绪表征的发展，以及儿童识辨刺激图情绪喻意的敏感性发展。被试为 90 名 4～10 岁的中国儿童。研究表明，大部分 4 岁儿童对图画中的情绪喻意还不敏感，直到 7 岁以后儿童才能够准确把握图画的情绪喻意。随着年龄的增长，儿童对图画情绪喻意的敏感性相应提高。情绪标记物的变化从具体明显的标记逐渐发展到主题内容标记、再进一步发展到抽象的喻意标记。学校教育和更广泛的社会活动对促进儿童认知发展与表征水平深化有重要作用。

郭力平等人（2004）的一项研究利用倒转图设计实验，从表征发展的历程揭示 3～6 岁儿童对图画的理解。实验中，主试提供给被试的图片正看和倒过来看是不同的物体。研究结果表明，3 岁儿童难以理解同一幅图画的多重表征，而 4 岁及以后的儿童对倒转图重新认知的能力迅速发展。在 3 岁或更早时期，儿童尚未形成对象征性符号的灵活性和不变性的理解，此时在儿童的观念中，二维图画与其所指物之间的关系是严格对应的，同一幅画不可能既是天鹅又是大象。同时，该研究表明儿童的知觉观点采择能力在 3～6 岁间得到迅速发展，尤其是 4～5 岁。郭力平（2005）人还采用两可图考察了 3 岁或更早儿童的观念中二维图画与其所指物之间的关系，研究结果进一步证实了上述结论。

王彦（2007）利用两可图、局限视野图和两可动作图就同一幅图画的多重表征问题进行了探讨。结果发现，5 岁儿童还不能接受人们对同一图画给出不同的解释，儿童直到 6 岁才开始理解，认为不同的人对同一图画可以有不同的解释，研究者认为 6 岁儿童开始表现出对解释性的理解，但是这一能力在 6、7 岁时并不稳定，直到 8 岁后儿童才能比较稳定地理解心理过程的解释性。随后，王彦（2007）再次采用局限视野图和两可动作图，考察了 6～8 岁儿童在对观察者的预期不同时，是否能准确预测观察者对同一模糊图画的解释。结果发现，受不同观察者预期的影响，儿童对图画解释的能力也有所不同，总之，6 岁儿童在部分任务中开始能够根据观察者预期预测观察者对图画的解释，但是 8 岁之后，儿童才能稳定的在所有任务中表现出这种能力。

（四）理解图画作者意图研究

Bloom 等人（1998）以 24 名 3 岁儿童和 24 名 4 岁儿童为被试，证实了儿童在解释图画时利用了图画作者的意图信息。在这项研究中，他请儿童用彩色蜡笔画四幅画，一个气球、一颗棒棒糖、儿童自己的肖像和实验者的肖像。几分钟之后，请儿童再次看这些画，并为图画命名。由于气球和棒棒糖外形上相似，所以仅仅看两幅图是难以区分哪一幅画的是气球哪一幅是棒棒糖，而他自己和实验者的肖像画也由于外形相似而难以区分。研究发现，76% 的 3 岁儿童和 87% 的四岁儿童能正确地区分出自己画的图画，并对其进行正确的命名，也就是说，他们能根据自己最原始的绘画意图来对图画进行命名。这个研究可以看出 3 岁儿童可以用意图信息来解释自己的图画。但是，利用自己的意图为自己的图画命名和利用他人的意图为他人的作品命名是完全不一样的。我们能够了解自己的心理状态，他人的心理状态却是外在的，因而在欣赏别人的图画时，图画作者的意图又具有多大的作用呢？

Bloom（1998）在同一研究中的另外两个任务中也得出了相同的结论，研究者在任务一中给儿童看一幅画，画上画了一个乱糟糟的大圆和一个小圆，研究者在以下配对中任选一对告诉儿童：大象和老鼠、小狗和房子、树和蜘蛛、小花和自行车。以大象和老鼠为例，研究者告诉儿童这是一个胳膊受伤的小朋友画的大象和老鼠，然后请儿童说一说图画上哪个是大象哪个是老鼠。任务二给儿童看另一幅画，画上有四个椭圆的圈，其中有一个圈是横着画的，其他三个圈是竖着的，与上一个任务相同，研究者告诉儿童这是一个胳膊受伤的小朋友画的三只猪和一只鸡，请儿童说一说哪个是猪哪个是鸡。这两个任务中所使用的图画与所指物完全没有相似性，儿童如果能指出这些大小或数量各异的圈所表示的动物，则说明他们是带着作者的意图来解释这些图画的。研究发现，任务一中 69% 的 3 岁儿童和 83% 的 4 岁儿童、任务二中 54% 的 3 岁儿童和 68% 的 4 岁儿童表现出了这样的能力，但是任务二中的 3 岁儿童还处于随机水平。

这些研究表明，儿童使用意图这一信息并没有仅仅限制在为自己图画命名中，还能扩展到对他人作品的解释中去，而在不同的图画任务中儿童的表现有所差异。

Gross 等人（1999）的研究给 3～6 岁儿童呈现其他儿童的图画，并给儿童描绘图画作者在图画上所要表达的事件。这些图画材料都画得很抽象，不了解绘画背景的人根本不能明白这些图画要表达什么意思。研究发现，年幼儿童在 1 天之后还能认识并描绘这幅画，而 5～6 岁儿童就算过了 3 个月之后仍然能认识并描绘这幅画。这项研究证实了图画作者意图对于图画识别的重要性，实验结果表明，儿童在识别图画的过程中必须考虑研究者为他们讲述的图画作者的意图，而不能单靠图画的形状去理解图画的意义。

以上研究都表现出了作者意图对图画理解的重要性，同时还揭示出这样一种发展趋势：年幼儿童已经开始能够利用图画作者的意图来理解图画，并且这种能力随着年龄的增长有所提高。然而，我们知道相似性对于理解一幅图画来说也是一个很重要的线索，那么当一幅图画的相似性和作者意图产生矛盾的时候，儿童如何理解图画呢？

Richert 等（2002）的一项研究要求儿童在已知作画者明确信息知识的条件下对图画进行命名。例如，向孩子们展示一幅看起来像鱼的绘画作品，但是告诉孩子们该图画的作者来自一个遥远的地方，他从未看到或听说过鱼。当要求为绘画作品命名时，被试中只有 8 岁的孩子对作画者的意图显示出一定的敏感性，意识到这幅图可能不是一条鱼。Richert 推论，8 岁以下的幼童对作画者的绘画意图并没有给予特别的关注。

这个研究结论引起了学界的关注。De Loche（1994，2004）的研究、Allen Preissler（2004）的研究都证明 2 岁的儿童就已经知道图片的象征性特质了，也就是说，2 岁儿童都能理解图片可以用来指代或代表现实世界中的一些实体。而且另一方面，正如 Bloom 等（1998，2002）的研究中发现的那样，幼儿对其他情景中的意图是敏感的，包括文字的学习、模仿以及命名他们自己绘制的图画。那为什么儿童直到 8 岁才能对图画作者的意图给予关注呢？这就提出了一个可能性：如果一个人使用一种简单的非言语提示的意图，比如注视，人们可能会更直接的了解图画作者的意图（Preissler et al.，2008）。

据此，Bloom（1998）在试验中采用了新的研究方法，研究结果表明，2 岁儿童已经能够按照图画作者的意图来理解图画了。研究者以 20 名母语为英语的 2 岁儿童作为研究对象，告知他们接下来要玩游戏，并鼓励他们去注意观察研究者在干什么。然后，研究者向被试展示了两个空盒子，一个有盖子，一个没有盖子。随后将玩具 A 放入没有盖子的盒内，将玩具 B 放入有盖子的盒子里并盖上盖子。随后研究者开始假装作画 10 秒钟，在此期间被试看不到研究者绘画的内容。每名被试要接受两种实验条件下的任务。第一种实验条件下，研究者在画图时要一直注视着有盖的盒子，第二种实验条件下，研究者在画图时要一直注视着敞开的盒子。之后，研究者将图画放在被试面前，并告知被试他刚才画了一个 "spoodle"，然后，研究者将玩具 A 和玩具 B 同时从盒内取出，摆在图画两侧，请被试指出哪一个才是 "spoodle"。因此，有三个候选答案：玩具 A、玩具 B 或者图片本身。研究结果表明，在实验条件一中，超过 90% 的孩子会选择先前放在有盖盒子内的玩具或图画本身，在实验条件二中，62.5% 的孩子选择研究者绘画时所看的无盖盒子里的玩具，两项任务中被试的表现有显著的差异。这说明两岁儿童能感知到图画作者的意图，并能根据意图为作品命名。

（五）其他的图画认知相关研究

除了以上研究，国内外专家还探讨了儿童对图画作者年龄、能力、情绪状态、人格特质等方面的理解。

Callaghan 等人（2003）所进行的研究涉及了儿童图画与作者的年龄、感性特征等关系的理解。研究者将不同年龄作者（4 岁儿童、11 岁儿童、成人）的图画与电脑画两两呈现，要求 2～5 岁儿童将图画与相应作者进行匹配，以期据此分析儿童关于图画作者的年龄、感性特征（是人画的画还是电脑画的画）的认知发展特点。研究结果表明，无论呈现的是不同年龄作者的图画，还是呈现的是人画的与电脑画的，4 岁以前的儿童都不能对其进行正确的区分，4 岁儿童能够对不同年龄作者的图画进行区分，但不能正确区分人画与电脑画，5 岁儿童除了不能正确区分成人画与电脑画之外，对其余两两呈现的各组图画作者特点均能正确区分（许冰灵，2009）。

国内进行图画作者与作品关系认知方面的研究的还很少。郭力平等人（2005a）进行了有关儿童对于图画作者年龄特征的理解方面的研究，研究者将不同年龄作者（4 岁儿童、10 岁儿童、成人）的图画两两呈现，要求 4～7 岁儿童将图画与相应作者进行匹配，以期据此分析儿童关于图画作者年龄的认知发展特点。此外，他们还将上述不同年龄作者的图画与电脑画两两呈现，要求儿童根据作者辨认出相应的图画作品，以此考察对于年长于自己的人，儿童对其图画的判断是否存在着 "完好" 倾向。研究结果表明，6 岁儿童尚不能恰当推测图画作者的年龄特征，7～8 岁儿童在对年龄长于自己的图画作者作品的判断过程中表现出 "完好" 倾向，直至 9 岁儿童的判断才接近成人的判断模式。

郭力平等（2006）考察了 2.5～7.5 岁儿童关于图画作者能力特点的认知发展。研究者将 2 岁儿童画、相应内容的电脑画和完全不相关的儿童画同时呈现给儿童，请儿童选出 2 岁儿童的作品。研究结果表明，2.5～5.5 岁儿童偏向于选择电脑画，而 6.5 岁和 7.5 岁组儿童的选择则偏向于 2 岁儿童画，5.5 岁组和 6.5 岁组之间存在显著差异。也就是说，2.5～5.5 岁的儿童尚不能理解小年龄图画作者的能力特点（徐启丽，2008）。

Bloom 等人（1998）在一研究中证实儿童在解释图画时利用了图画作者的意图信息。研究发现 3 岁儿童可以用意图信息来解释自己的图画。Bloom 在同一研究中发现，儿童使用意图这一信息并不仅仅限制在为自己的图画命名中，还能扩展到对他人作品的解释中去，而在不同的图画中儿童的表现有所差异。Gross 等（1999）的研究给 3～6 岁的儿童呈现其他儿童的图画，并给儿童描绘图画作者在图画上所要表达的事件。实验结果表明，儿童在识别图画的过程中必须考虑研究者为他们讲述的图画作者的意图，而不能单靠图画的形状去理解图画的意义。Bloom（2008）的另一项研究结果表明，2 岁儿童已经能够按照图画作者的意图来理解图画了，并能根据意图为作品命名。

早期有关图画风格的研究认为，个体对风格的感知在青少年时期才开始发展。但是后继研究表明并非如此。Hardiman 和 Zernich（1985）的研究表明，儿童在没有培训的条件下也能轻松地完成区分不同风格的任务。

Mandler 等（1978）以 144 个 1～5 年级的儿童为被试研究图画认知发展，认为儿童已经形成图画信息加工"图式"，即已"建立起在已有经验的基础之上的，能够组织、赋予信息意义的内部结构"。当以一定的模式展现材料时，这种模式与已经获得的图式相符合，即使是一年级的儿童也能像成人那样编码信息，他们的记忆与成人非常类似。

实际上不仅要考虑儿童对图画中出现的物体的理解，还要考虑儿童对图画中的物体和自身经验之间关系的理解。例如，Jahoda 等（1977）认为理解图画的困难，并不在于对图画中单个物体的认知，而在于对同一幅图画之间各部分的分析理解。Sigel（1981）报告说，在许多有关低收入家庭儿童的研究中，儿童在指认图画时并没有困难，但是将图画进行分类时就有困难。Emmerich（1979）就这类规则的掌握提出了一个相关的问题："儿童从哪儿学到这些相等的规则？能直接从教学中学习到吗？这看起来不可能"。Mandler 等（1978）的研究表明，儿童理解故事的图式是在真实生活经验与故事阅读过程中共同形成的。

第二节　傣、汉儿童图画认知能力发展的比较

一、引言

傣族是云南省人口较多的少数民族之一。与此同时，傣族还是一个跨境民族，它与缅甸的掸（傣）族、老挝的主体民族老族、泰国的主体民族泰族，以及印度的阿萨姆邦的阿洪傣都有渊源。在云南省的少数民族中，傣族是非常具有代表性的。

本节研究主要围绕学前儿童图画认知能力的发展进行探讨，以昆明地区和德宏地区三所幼儿园 160 名学前儿童为研究对象，借鉴国内外对学前儿童图画认知能力发展的相关研究，通过对傣、汉学前儿童观看不同类型图（呈现类型图画、程序类型图画、蕴含类型图画）并进行讲述的分析，探讨傣、汉学前儿童在不同图画认知能力上的特征及差异，以及傣、汉学前儿童图画认知能力的发展特点和其受哪些因素影响。

二、方法

（一）被试

参加本实验的被试是云南省昆明市和芒市三所幼儿园的 160 名汉族、傣族学前儿童，一共三个被试群体。被试是从三所幼儿园的小班、中班、大班分别选取的。具体的被试样本情况如表 5-1 所示。被试的选取采用随机抽取法，每个被试群体每个年级各 18 人，其中男女数量均等。幼儿园三个年级组的平均年龄分别为 4.5 岁、5.5 岁、6.4 岁。

表 5-1　傣、汉儿童图画认知能力发展研究的被试样本基本情况　　　单位：人

年级	昆明（汉）	芒市（汉）	芒市（傣）
小班	18	17	18
中班	18	18	18
大班	18	17	18

（二）实验材料

以往研究（Cain，2004；Peterson et al.，2003；Trabasso et al.，1992；Trappeniers et al.，2013；史惠中，1986）中实验材料仅采用一套连环画或是无字图画书。为避免实验材料的单一，本实验采用的材料为三种不同类型的图画，主要是从图画画面特点和画面意义两方面来进行选择的。其中，图画画面特点是以画面复杂程度来作为依据；图画画面意义是以画面蕴含意义的深浅程度来作为依据。根据以上两方面的因素，将图画划分为三种类型，第一种类型是呈现类型图画，画面简单、鲜明、生动，画面意义浅显、直观、易懂，很容易就能看出图画上面所发生的事件；第二种类型是程序类型图画，跟前面一种图画类型相比较而言，其画面比较复杂，画面意义并不十分浅显、直观、易懂，画面内容是跟某种特殊情境相联系的，需要进行简单的推测才能认识图画里所表现的事件，从而认识图画；第三种类型是蕴含类型图画，图画画面是最为复杂的，画面意义需要进行一定的推测，并联系画面里发生事件的情境来进行认识，在三种图画类型中，画面意义是最难以理解的。

呈现类型、程序类型、蕴含类型图画这三种图画类型，每种类型的图画均选取两张，一共 6 张。图画均为无彩色、故事类型的图画。图画都是学前儿童没有学过的，并且图画上的形象是学前儿童基本熟悉的。图画内容来源于学前儿童的课外图画书，并根据实验材料选取的要求，使用美图秀秀和绘图工具对部分图画进行了修改。实验材料情况如表 5-2 所示。

表 5-2　实验材料的具体情况

图画编号	图画类型	图画画面特点	图画蕴含意义	图画名称
1	呈现类型	简单	浅显、直观	看书
2		简单	浅显、直观	跳绳
3	程序类型	较复杂	需推测	砸头
4		较复杂	需推测	砍树
5	蕴含类型	复杂	需推测、含蓄	让路
6		复杂	需推测、含蓄	救鸭

（三）实验程序

主试请被试仔细观察所有图画，每次一张，图画呈现的顺序是随机的。每看完一幅以后，请被试对图画进行描述。呈现图画时，图画始终放在被试的面前。实验采用的指导语为："老师这里有一些图画，请你仔细看完以后给老师讲一讲，好吗？"在儿童讲述中给予鼓励和肯定，如："嗯，讲得真棒！""还有呢？""然后呢？"等。等待儿童讲述完，主试问："你讲完了吗？"当儿童讲述完毕，再换下一幅图画，直到让儿童看完所有的图画。实验是个别施测，并且实验时间不限制。

实验采用录音笔记录学前儿童看图说话的内容。实验完毕后转写录音内容。

（四）结果计分

根据学前儿童在图画测验中看图说话的内容，本研究将学前儿童的图画认知能力划分为如下三个阶段：

列举阶段：儿童直接观察图画画面上的形象，仅能罗列图画画面中的事物或是个别对象，采用词或是短语的表现方式。例如，对于第一幅图画，列举阶段学前儿童这样讲述："有老人、有小孩、有书本……"只要学前儿童仅能列举图画中的事物，其图画认知能力就处于列举阶段。

描叙阶段：儿童能观察图画中人物的动作，并不仅仅局限于人物或是形象。但是，儿童还只能简单地将画面里的人物动作加以描述，描述内容仅停留在图画的表面现象上。例如，对于第一幅图，描述阶段的儿童这样讲："爷爷在指字，小朋友在看着。"在看图说话测验中，无论学前儿童有没有列举个别对象，只要能对图画中的对象进行动作描述，那么，就可以判断学前儿童的图画认知能力处在描叙阶段。

解释阶段：儿童能对图画进行整体的观察，通过对画面意义做出一定的推测，并结合图画画面整体情境对画面意义进行说明，从而解释整幅图画的意义。例如，对于第一幅图，解释阶段的儿童讲述到"爷爷和小朋友看书或是爷爷给小朋友讲故事等等。"

总而言之，针对学前儿童的图画认知能力的阶段划分，假如儿童的讲述内容只反映图画画面中的个别对象，便属于列举阶段。而描叙阶段是以儿童能否指出图画画面中对象的动作为区分基础。如果儿童的讲述内容能够反映图画画面中事物之间的关系或联系的话，便属于解释阶段。

根据以上制定的图画讲述标准，向评价者列举相关评价的例证，由三名心理学评价者（均为硕士研究生）对每个被试、每幅图画的讲述进行评价。为保证三位评价者的评价标准的一致性，本研究对评价者的信度进行了考察。根据实验的数据类型，采用肯德尔和谐系数进行考察。具体考察结果如表 5-3 所示。

表 5-3　评价者一致性的考察情况

一致性系数	图画1	图画2	图画3	图画4	图画5	图画6
W	0.916	0.906	0.876	0.890	0.870	0.858

　　三位评价者对有争议的评价结果进行讨论，最终达成统一意见，确定该学前儿童图画认知能力的阶段归属。

三、实验结果及分析

　　根据本实验的研究假设，对学前儿童看图说话的实验结果从图画认知能力的年级特点、地区民族特点和图画类型对认知能力的影响等方面进行分析。实验采集的数据为计数数据，采用卡方检验对实验结果进行分析。

（一）学前儿童图画认知能力的年级特点

　　本实验中有 160 个被试，每个被试都要对 6 幅图画进行看图说话，一共有 960 次讲述。对所有结果进行汇总，结果见表 5-4。

表 5-4　不同年级组的学前儿童在各图画认知能力阶段的人次及百分比

年级	列举	描述	解释
	人次（百分比）	人次（百分比）	人次（百分比）
小班	133（41.83）	97（30.50）	88（27.67）
中班	45（13.89）	109（33.64）	170（52.47）
大班	20（6.29）	63（19.81）	235（73.90）

　　卡方分析结果表明，学前儿童图画认知能力存在着显著的年级差异，Pearson's χ^2=186.383（$p<0.001$，$df=4$）（注：本节 χ^2 均指 Pearson's χ^2）。从表 5-4 可以看出，在图画认知能力的列举阶段，随着年龄的增长人次及百分比呈现下降的趋势。在图画认知能力的描述阶段，随着年龄的增长人次及百分比呈现先上升再下降的趋势。在图画认知能力的解释阶段，随着年龄的增长人次及百分比呈现上升的趋势。由此可见，图画认知能力的描述阶段是学前儿童图画认知能力发展的过渡阶段。这种发展趋势说明，学前儿童图画认知能力的发展是一个动态变化的过程。小班的学前儿童主要处于图画认知能力的列举阶段；中班的学前儿童主要处于图画认知能力的解释阶段，但是有接近 34% 的学前儿童处在过渡阶段；大班的学前儿童基本上已经处于图画认知能力的解释阶段了。

（二）学前儿童图画认知能力的地区民族特点

　　根据地区民族将被试划分为三类，将昆明汉族、芒市汉族和芒市傣族被试的数据汇总制成表 5-5。

表 5-5　不同地区民族组的学前儿童在各图画认知能力阶段的人次及百分比

地区民族	列举	描述	解释
	人次（百分比）	人次（百分比）	人次（百分比）
昆明汉族	38（11.73）	55（16.97）	231（71.30）
芒市汉族	74（23.72）	106（33.97）	132（42.31）
芒市傣族	86（26.54）	108（33.34）	130（40.12）

卡方检验表明，学前儿童图画认知能力的发展阶段存在地区差异（χ^2=78.720，p<0.001，df=4）。以上结果表明，昆明和芒市学前儿童的图画认知能力存在明显的差异。对表 5-5 进一步分析，昆明汉族学前儿童组与芒市汉族学前儿童组、芒市傣族学前儿童组之间均存在差异，而芒市汉族学前儿童组和芒市傣族学前儿童组之间不存在差异（χ^2=0.708，p>0.05，df=2）。

昆明汉族学前儿童组、芒市汉族学前儿童组和芒市傣族学前儿童组处于图画认知能力列举阶段的人数百分比最少，其次是描述阶段，最多的是解释阶段，三组学前儿童表现出的趋势都是一样的。

（三）图画类型对学前儿童图画认知能力的影响

根据图画类型的三类划分法，将呈现类型、程序类型和蕴含类型图画中每个类型的两幅图画的数据进行汇总，结果见表 5-6。

表 5-6　在不同图画类型上学前儿童的图画认知能力阶段的人次及百分比

图画类型	列举	描述	解释
	人次（百分比）	人次（百分比）	人次（百分比）
呈现类型	27（8.44）	30（9.37）	263（82.19）
程序类型	72（22.50）	10（31.56）	147（45.94）
蕴含类型	99（30.94）	13（43.12）	83（25.94）

卡方检验表明，图画类型对学前儿童图画认知能力的发展阶段产生影响，Pearson's =208.603，p<0.001，df=4。学前儿童在呈现类型、程序类型和蕴含类型图画测验中，图画认知能力的发展存在显著差异。

学前儿童在呈现类型的图画测验中，图画认知能力的发展水平主要处于解释阶段，只有小部分处于列举阶段和描述阶段。对于该类图画，解释阶段、列举阶段和描述阶段之间具有显著的差异。学前儿童在程序类型的图画测验中，图画认知能力的发展水平主要集中在描述阶段和解释阶段，还有很少部分还处在列举阶段。学前儿童在蕴含类型的图画测验中，图画认知能力的发展水平主要集中在描述阶段上。

根据表 5-6 还可以看出，呈现类型的图画对于学前儿童来说是最容易认知的，其次是程序类型图画，最难的要数蕴含类型图画了。也就是说，对于学前儿童的图画认知能力来说，图画类型从易到难分别是呈现类型图画、程序类型图画、蕴含类型图画。

（四）不同地区民族学前儿童的图画认知能力的年级特点

对不同的地区民族学前儿童的图画认知能力进行年级差异分析，卡方检验表明，昆明汉族学前儿童的图画认知能力存在着显著的年级差异，χ^2=86.947，$p<0.001$，df=4。再分析芒市的学前儿童的数据发现，芒市汉族学前儿童图画认知能力存在着显著的年级差异，χ^2=68.774，$p<0.001$，df=4。芒市傣族学前儿童图画认知能力存在着显著的年级差异，χ^2=60.594，$p<0.001$，df=4。

不同地区民族的学前儿童在图画认知能力上都表现出随着年龄的增长而不断提高的趋势。对于中班学前儿童，昆明汉族组与芒市汉族组和芒市傣族组的发展态势有所不同，这些不同主要表现在描述阶段上。具体来说，在三个发展阶段的人数上，昆明汉族的中班学前儿童呈现出人数下降的趋势，而芒市汉族和芒市傣族中班组均呈现中间略高、两边低的趋势。

（五）在不同图画类型上学前儿童图画认知能力的年级特点

对不同年级组学前儿童在不同图画类型上的图画认知能力水平进行分析，卡方检验结果表明，在呈现类型图画测验中，学前儿童的图画认知能力存在着显著的年级差异，χ^2=46.211，$p<0.001$，df=4。在程序类型图画测验中，学前儿童的图画认知能力存在着显著的年级差异，χ^2=95.805，$p<0.001$，df=4。在蕴含类型图画测验中，学前儿童的图画认知能力存在着显著的年级差异，χ^2=92.122，$p<0.001$，df=4。

从三类图画整体来看，不同年级的学前儿童表现出了差异性。在呈现类型图画测验中，不同年级的学前儿童基本上处在图画认知能力发展的高阶段，也即是解释阶段。然而，各个年级在程序类型图画和蕴含类型图画测验中表现出不同的特点。具体来讲，小班学前儿童的图画认知能力发展均处于列举阶段，中班学前儿童的图画认知能力发展更多是处于描述阶段，大班学前儿童的图画认知能力发展处于解释阶段。总之，在呈现类型图画上，各个年级的图画认知能力发展都很好。在程序类型图画上，小班儿童在向描述阶段和解释阶段发展，中班儿童在向解释阶段发展，而大班儿童基本发展到了解释阶段。在蕴含类型图画上，小班儿童正在向描述阶段发展，中班儿童中只有少数在向解释阶段发展，大班儿童中有一半处在解释阶段，其余部分在向描述阶段或是解释阶段发展。

四、讨论

本实验研究了傣汉学前儿童图画认知能力的发展并分析了影响傣汉学前儿童图画认知能力的因素。

（一）傣、汉学前儿童图画认知能力的发展与比较

1. 傣、汉学前儿童图画认知能力的发展过程及特点

由实验结果可见，图画认知能力的发展是从低水平的列举阶段到描述阶段，再到高水平的解释阶段，傣、汉学前儿童对图画的认知是由认识图画中的个别对象到概括图画整体意义的不断发展、逐步提高的一个动态过程。傣、汉学前儿童图画认知能力发展态势具体如图 5-2 所示。

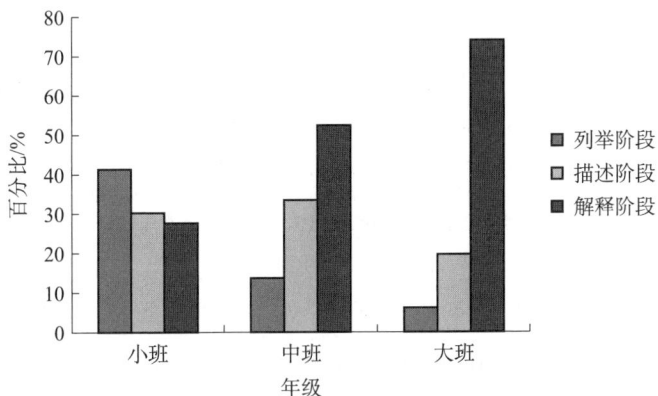

图 5-2　傣、汉学前儿童图画认知能力的发展水平

在图画认知能力发展中，列举阶段是最低的发展阶段，在该阶段上学前儿童只能认识图画中的个别对象，零散地罗列图画中的事物，不能完整讲述图画中人物的动作，更不能通过认识图画中事物之间的关系而达到理解图画整体含义的水平。小班学前儿童由于受心理发展的水平限制，只能对完整客体的局部、表面形象做孤立的反应（万荃双，2011），并只注意图画中表面的、明显的、面

积较大的部分（金花，1997）。例如，在图画一测验中，处于列举阶段的学前儿童这样讲述，"有爷爷、有娃娃、有书本"；又如图画二测验中，儿童讲述到，"小猪，三个小猪"。小班组的学前儿童大多数处于列举阶段，其他少数儿童分散处在描述阶段和解释阶段。中班组的学前儿童只有很少一部分处于列举阶段，而大班组的就更少了。

能够对图画中的人物进行动作描述是学前儿童图画认知发展中的一个过渡阶段，比如在图画三测验中，儿童这样讲述，"小朋友抱着头"或"小娃娃捂着头"等，这些都是在对人物的动作进行描述，并没有说明其含义，我们就将这样的讲述归为描叙阶段。三组学前儿童中该阶段跟其他两阶段来比较人次百分比处于中等。其中，只有中班组的人次百分比最高。这明显表明，在图画认知发展过程中，描叙阶段是一个过渡阶段，是由低级水平认知向高级水平认知发展的一个中间阶段，起着连接高低认知水平的作用。

能够建立事物之间的关系或联系，是儿童认知发展的重要成就（李甦，2006）。图画认知的解释阶段就是指学前儿童能达到整体说明图画意义的水平，也就是说学前儿童要建立起图画中事物之间的关系，概括说明图画含义。大班学前儿童的观察能力明显增强，能够发现事物之间的内在联系和本质特点。

总而言之，学前儿童对图画的认知是一个渐进发展的过程，小班组的学前儿童处在图画认知的开始发展阶段，中班组的学前儿童处于图画认知的过渡时期，而大班组的学前儿童则基本上能理解图画了。

2. 傣、汉学前儿童图画认知能力发展的比较

总体来说，在图画认知能力发展上傣、汉学前儿童都表现出了年级差异。但就比较傣、汉族学前儿童图画认知能力的发展而言，昆明汉族学前儿童组在整体水平上要高于芒市傣族学前儿童组，而芒市汉族学前儿童组在整体水平上与芒市傣族学前儿童组并无差异。这表明，在不同地区的前提下，傣、汉学前儿童在图画认知能力的发展速度上呈现出不同的发展进度，在图画认知能力的发展程度上也表现出不同。

无论是昆明汉族还是芒市傣族学前儿童，图画认知能力都是从低水平的列举阶段经过较高的描叙阶段，最后发展到最高级的解释阶段。只是昆明汉族学前儿童的图画认知能力发展速度很快，表现在中班阶段，而芒市傣族学前儿童的发展速度趋于平缓，逐步向高级阶段发展。然而，在人数发展的程度上，昆明汉族学前儿童在各个年级的发展水平上均要高于芒市傣族学前儿童。

（二）学前儿童图画认知能力的影响因素

本节研究结果表明，学前儿童图画认知能力的影响因素包含年龄、地区民族、图画类型等。根据前面阐述的学前儿童图画认知能力的发展过程和特点可知，不同年级的儿童其图画认知能力的发展阶段是有差异的，这表明年龄是影响学前儿童图画认知的一个因素。而下面将重点讨论其他两个影响因素。

1. 影响学前儿童图画认知能力的地区民族因素

本节实验中的三个地区民族包括：昆明汉族、芒市汉族和芒市傣族。三组学前儿童在图画认知能力的发展态势具体见图 5-3。

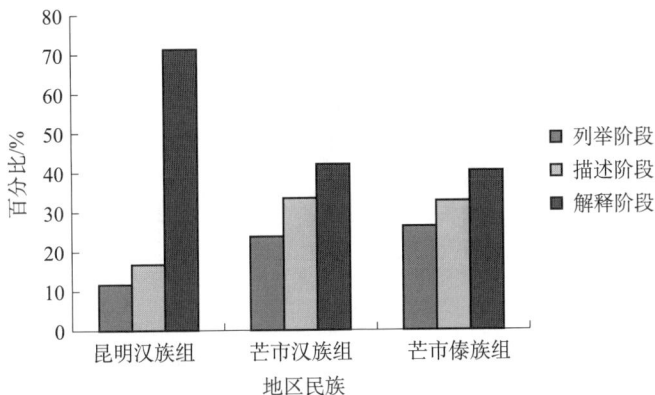

图 5-3　不同地区民族组的学前儿童在各图画认知能力阶段上的发展

昆明汉族组、芒市汉族组和芒市傣族组三组被试是根据地区和民族来划分的，从图 5-3 明显可见，在学前儿童图画认知能力发展上，昆明汉族组图画认知能力的发展要优于芒市汉族组和芒市傣族组。昆明汉族组在解释阶段上的人数要远远高于其他两组的人数百分比，而在描叙阶段和列举阶段的人数百分比就低了很多。在各个图画认知发展阶段上，比较芒市汉族组和芒市傣族组的人数百分比发现，两组发展相对平行。由于芒市汉族组和芒市傣族组之间无差异，也就是说民族的不同并没有造成二者之间的差异，那么，昆明汉族与芒市汉族组、芒市傣族组的差异就是来源于地区的不同。

地区的不同造成了学前儿童图画认知能力发展水平的不同，但同时也有经济和教育差距的原因。昆明是云南省的省会，幼儿园的教学条件和学习环境均是云南省最好的。因此，昆明地区的学前儿童在图画认知能力上得到了较为充分的发展。相对而言，芒市是云南省德宏州的州府所在地，而傣族学前儿童聚居地是在芒市周边的镇上，其幼儿园的教学条件和学习环境相比昆明就差了一些。因此，地区的不同，自然就造成了教学条件、学习环境存在一定的差距。所以一个地区的经济发展、教育条件等是影响学前儿童图画认知能力发展的重要因素。

2. 影响学前儿童图画认知能力的图画类型因素

本实验采用的是三种不同类型的图画：呈现类型、程序类型和蕴含类型图画。实验结果表明，图画类型对学前儿童图画认知能力发展产生了很大影响，具体的影响态势见图5-4。

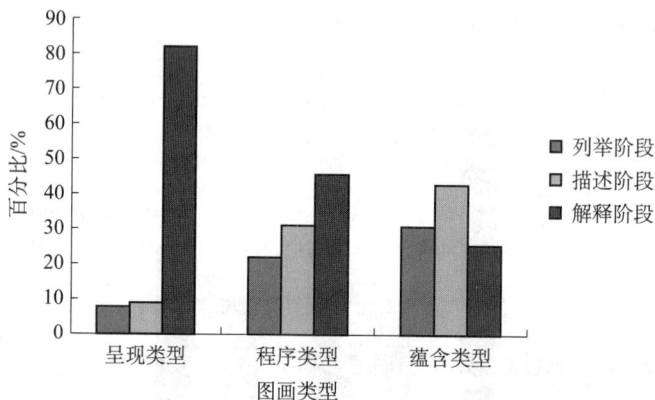

图5-4　不同图画类型测验中学前儿童在各图画认知能力阶段上的发展

图画的这三种类型划分主要是从图画画面特点（画面复杂程度）和画面意义（画面蕴含意义的深浅程度）两方面来进行划分的。呈现类型图画其画面简单、鲜明、生动，画面意义浅显、直观、易懂，读者很容易就能看出图画上面所发生的事件。学前儿童在对该类型图画进行看图说话时，会很容易认识图画，能够达到图画认知能力发展的高水平（解释阶段）的人数也就最多。第二种类型是程序类型图画，跟前面一种类型比较而言，其画面比较复杂，画面意义并不十分浅显、直观、易懂，画面内容是跟某种特殊情境相联系的，需要进行简单的向前或是向后推测才能认识图画里所表现的事件，从而认识图画。由于程序类型图画具有一定的难度，降低了学前儿童整体的图画认知能力发展阶段。第三种类型是蕴含类型图画，画面是最为复杂的，画面意义需要进行一定的推测，并联系画面里发生事件的情境来进行认识，画面意义是最难以理解的。在该图画类型上，儿童图画认知发展的情况同程序类型图画测验相同。处于解释阶段的人数百分比仍在下降，小班组已经下降到没有人能达到该发展阶段，而是主要处于列举阶段；中班组在解释阶段的人数比下降且列举阶段的人数比增加；大班组下降的也较多，而达到描述阶段的人数比上升。解释阶段人数百分比的下降说明，学前儿童在认识程序类型图画和蕴含类型图画时，都存在困难，只是程度不同而已。也表明了，针对这两种图画类型，学前儿童的图画认知能力没有得到充分的发展，特别是在蕴含类型图画上。相反来说，对于呈现类型图画，学前儿童的图画认知能力上得到了很好的发展。

五、实验结论

1）傣、汉学前儿童随着年龄阶段的不同，其图画认知能力处于不同的发展阶段，有着不同的认知特点。也就是说，年龄越大儿童的图画认知能力的发展阶段就越高，并表现出不同的发展特点。同时，学前儿童图画认知能力的发展表现出连续性。

2）傣、汉学前儿童在图画认知过程中受到图画本身特点的影响，也即是说，不同的图画类型对学前儿童认知水平产生影响。

3）傣、汉学前儿童图画认知能力的差异表现为地区差异，而非民族差异。

第三节　藏、汉儿童图画认知能力发展的比较

一、引言

藏族是一个具有独特生态环境和文化的民族，主要聚居在西藏自治区以及青海、甘肃、云南、四川等省。云南藏族又主要聚居在迪庆藏族自治州。生活于这里的人们，由于历史、气候、环境等原因，与其他民族的文化传统存在较大的差异。

本节研究以昆明市和迪庆藏族自治州香格里拉县三所幼儿园180名学前儿童为研究对象，借鉴国外关于学前儿童图画认知发展能力的实验范式和研究方法，试图对汉、藏学前儿童的图画认知特征进行初步探索，进一步验证儿童图画认知发展是否既表现出连续增长性，又存在重要年龄阶段，在此基础上考察、评定不同民族的学前儿童的图画认知是否存在水平差异，并探讨各年龄阶段图画认知发展的特征及原因。本节具体通过三个实验对儿童的图画认知特征进行初步探索，分别采用图画匹配、图画辨识、模糊图的方法，考察汉、藏儿童图画表征的认知发展状况、对图画作者意图的认知发展状况以及对同一幅图画的多元解释。

二、实验一：藏、汉儿童图画表征的认知发展

（一）实验方法

1. 被试

从云南省昆明市和香格里拉县共三所幼儿园中随机抽取 180 名被试组成本研究的样本。这 180 名被试被分成三个被试群体：昆明市的汉族儿童、香格里拉县的汉族儿童及香格里拉县的藏族儿童，每个群体 60 人，男女均等。被试被分为三个年龄阶段进行研究，各年龄段儿童的年龄统计数据（以周岁为单位）分别为：3～4 岁组（3.5±0.23），4～5 岁组（4.5±0.25），5～6 岁组（5.5±0.34）。

2. 材料

测试材料由基准图与识辨图组成。基准图由绘制的两张人物场景图片组成。图片既包含了外在的表面特征，又蕴含了内在的喻意联系，它们的主题内容均是一个小男孩背着书包去上学的情景，但描绘的外部特征及情绪喻意相反。一张图片画面是晴天，一名背着书包蹦蹦跳跳去上学的小男孩；另一张图片画面是阴天，小男孩双手低垂，情绪低落。前者隐含"快乐"的情绪，后者隐含"悲伤"的情绪。识辨图由三套配对的隐含快乐、悲伤的两极情绪图片组成，分别为：枝叶茂盛的树和枝叶凋零的树、盛开的花与枯萎的花、完好的玻璃窗和破损的玻璃窗。

3. 实验程序

实验为单个测试。将每一被试随机分配至"快乐"或"悲伤"条件组，然后向被试对应展示隐含快乐或悲伤情绪的基准图片。

指导语为："这幅画是小强画的，你能告诉老师他画的是什么吗？"主试认真记录被试的回答（若年幼儿童回答不正确，则予以纠正并告知画上是正在去上学的小男孩），随后用手指着基准图的右边说："小强接着在这儿又画了三幅图。分别为：树、花和窗户。可老师现在把他画的这三幅画和另一位小朋友画的画弄混了。这位小朋友不认识小强，也从没看见过小强的画（用手指基准图）。现在我请你看一看全部的图画，并请你猜猜哪些画是小强接着往下画的，好吗？"

随后将配对的识辨图随机呈现于被试面前，让他（她）选出小强画的图画，并要求被试说明选择的理由和方法。继而向每一被试呈现配对的花树图片，询问被试在这两幅图片中，他（她）比较喜欢哪一幅，为什么。最后要求所有被

试在两张基准图和两幅树花图片中，分别指出悲伤或高兴的图片。识辨任务中，根据儿童能否识辨与基准图情绪喻意相一致的图片计分。每选对一次计1分，满分为3分。对所得数据进行ANOVA分析。

（二）结果与分析

对所得数据进行ANOVA分析，3（年龄）×3（民族地区）×2（图画类型）方差分析结果见表5-7。

表 5-7　识辨任务中汉、藏儿童成绩的方差分析表

变异来源	SS	df	MS	F	p
年龄	18.046	2	9.023	10.735**	0.000
民族地区	6.270	2	3.135	3.730*	0.026
图画类型	4.345	1	4.345	5.169*	0.024
年龄×民族地区	1.215	4	0.304	0.361	0.836
年龄×图画类型	0.064	2	0.032	0.038	0.963
民族地区×图画类型	0.224	2	0.112	0.133	0.875
年龄×民族地区×图画类型	0.178	4	0.044	0.053	0.995

注：*$p<0.05$；**$p<0.01$。

结果表明，年龄、民族地区和图画类型都对识辨任务成绩有明显的主效应。双因素交互作用和三因素交互作用不明显。随年龄增长，儿童对图画情绪喻意的识辨能力逐渐增强。且汉、藏儿童在各年龄阶段识辨与高兴条件基准图喻意一致图片时的成绩，均好于识辨与悲伤条件基准图喻意一致图片时的成绩（见图5-5）。

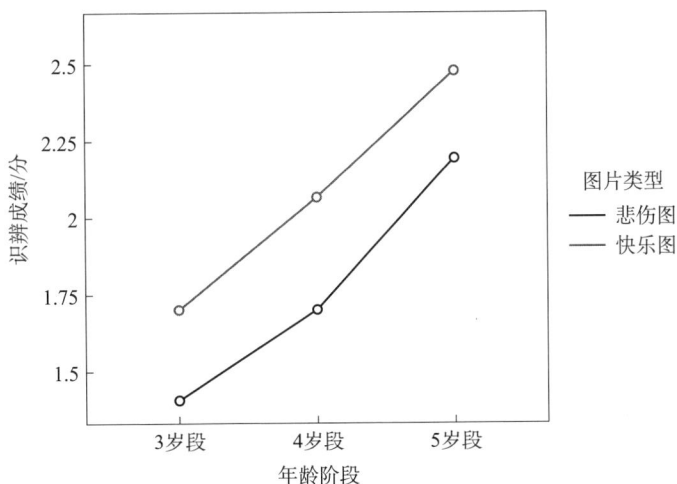

图 5-5　不同年龄阶段儿童在不同图画类型下成绩的比较

1. 年龄的主效应显著

方差分析结果表明，儿童年龄的主效应显著。进一步多重比较表明，3～4岁段儿童在识辨任务上的表现差异虽然未达到统计学意义，但接近显著水平（p=0.056），4～5岁段儿童的表现存在着极其显著的差异（见表5-8）。

表5-8　不同年龄阶段的表现比较

年龄阶段		MD	SE	p
3岁段	4岁段	-0.32	0.17	0.06
	5岁段	-0.79**	0.17	0.00
4岁段	5岁段	-0.46**	0.17	0.01

注：*p<0.05；**p<0.01.

2. 民族地区的主效应显著

方差分析结果表明，实验中民族地区的主效应显著。进一步的多重比较表明，香格里拉藏族儿童和香格里拉汉族儿童在实验中的民族差异不显著，但香格里拉汉族儿童和昆明汉族儿童、香格里拉藏族儿童与昆明汉族儿童有显著的地区差异（见表5-9）。在图5-6中也可以清楚地看到不同民族地区儿童在任务中的表现。

表5-9　不同民族地区的表现比较

民族地区		MD	SE	p
昆明汉族	香格里拉藏族	0.33*	0.167	0.048
	香格里拉汉族	0.45**	0.170	0.009
香格里拉藏族	香格里拉汉族	0.11	0.170	0.506

注：*p<0.05；**p<0.01.

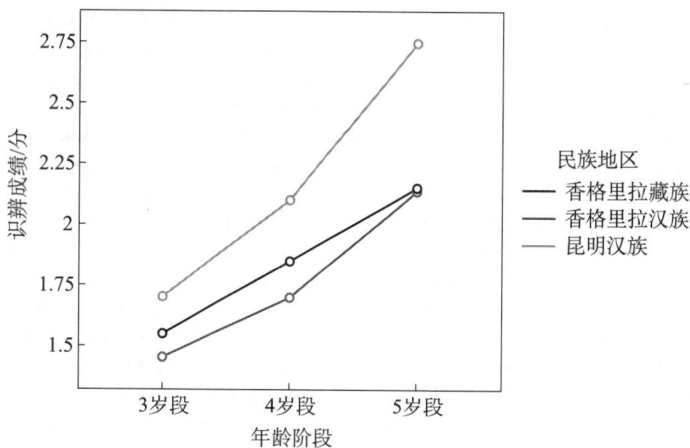

图5-6　不同民族地区的儿童在不同年龄阶段下成绩的比较

3. 图画类型的主效应显著

从 3.5 ~ 5.5 岁，儿童对两种不同类型的图画——隐含高兴情绪的图和隐含悲伤情绪的图识别任务中的认知发展迅速，从图 5-5 可以看出，儿童在悲伤情绪识别任务中的成绩较高兴情绪识别任务中的成绩要低。

（三）讨论

1. 汉、藏儿童对图画表征的认知发展以及匹配策略的发展

幼儿阶段儿童对图画作品中情绪喻意的认知大约从 4.5 岁开始发展，至 5.5 岁儿童已经能够较清晰地将作者作画时的情绪状态与其作品特点联系起来，结合数据分析结果能够说明，汉、藏儿童对图画作品中情绪喻意的认知是存在关键期的，这一结果与 Callaghan 等人（2003）的相关研究结果具有一致性。该结果也表明，5.5 岁的儿童对图画表征特点的理解进入了一个新的水平（郭力平等，2005b）。

如果说匹配成绩是从量的角度进行分析，那么匹配策略的使用则是从质的角度进行分析。从对儿童匹配行为的观察分析，以及儿童自我报告的匹配策略来分析，儿童在匹配任务中主要采取了 3 种策略：

1）随机策略。年幼儿童不能陈述其所用方法，仅凭感觉随机挑选。主要表现为全部选左边或全部选右边的侧随机，或左或右的交叉随机，该策略在小班 3 岁组中最常见。

2）主观偏好。儿童以自己认为的图画得好或差的标准进行匹配，主要表现为"好——快乐情绪，差——悲伤情绪"，该策略在中班 4 岁组儿童中使用较多。同时研究也发现，不同儿童判断的标准不同，同一儿童评判标准也常常前后不一致。他们一会以图画对象的大小为标准，认为花朵大一点的更好，一会以绘画的细致性为标准，认为有年轮的树比没有年轮的树要好。

3）将作品与基准图进行比较。儿童将图画传达的情绪与作者作画时的情绪表现进行匹配，表现为参照基准图中明显的气候线索来选取相应的识辨图（如阴天与枝叶凋零的树、花相配），或通过颜色和内容要素领会图画表达的情绪，并将之与图画作者的状态相联系。儿童识辨、诠释图画特性方面的变化，从质的更深层次反映了图画表征认知能力的发展。随着儿童图画喻意的敏感性增强，他们开始挖掘图画中更深层的喻意联系，从情绪特性入手进行识辨。大部分大班 5 岁组的儿童已能使用该策略。

儿童的策略使用及自我报告表明，儿童先发展了直觉的审美感知，然后才

能从意识层面上了解图画与图画作者的关系。图画与图画作者的关系的了解要到4.5岁以后才开始发展。这种能力的发展要求儿童能够从图画作者情绪状态的角度思考其作品，这就需要儿童具有理解他人心理状态的能力，即心理理论的成熟。有关研究表明，多数4岁儿童尚不能区分自己和他人的情绪，而5岁儿童则逐步具备了这种能力（Wellman et al., 2000）。这与本研究的结果是相吻合的。

2. 汉、藏儿童识辨图画喻意的渐进性与不均衡性

儿童对图画喻意的识辨表现为渐进、局部有变的发展过程。在识辨与基准图"高兴""悲伤"喻意相符的图片时，三个群体儿童的识辨成绩均随年龄增长而呈现出上升的趋势，尤其是4岁组与5岁组的差异极其显著，表现出了发展性特征。儿童对图画作者情绪识别的结果表明，总的来说3岁组儿童已基本上能通过图画辨识、确认图画作者的情绪状态。但儿童对情绪状态的认知发展又存在一定的不均衡性，儿童对"高兴"情绪的认识略早于对"悲伤"情绪的认识，这一结果与国内有关研究结果（徐琴美等，2006）相一致。同时，汉族地区儿童在情绪状态认知中的表现比藏族地区儿童的表现要好。

在口语报告中，大部分儿童都喜好枝叶茂盛的树和花。从他们口述的理由分析，主要依据图画的颜色特征和线条特征，比如"我喜欢这个颜色、这个颜色漂亮""我喜欢这个花，这个花更大一些"。在直接对图画表达的情绪提问时，大多数儿童都能正确指出基准图与识辨图所表达的是高兴的还是悲伤的情绪。但有相当一部分藏族地区儿童喜欢的是枯萎的树，这也许与他们身处高寒地区的地理环境有关。藏族地区儿童自出生就生活在海拔3000米以上的高原地区，高寒缺氧，自然环境严酷，植被覆盖率仅为36.4%，而香格里拉县大部分地处青藏高原高寒植被区域，该地区植物以耐寒的针叶树种如云杉、红杉、冷杉、高山松、红豆杉、云南松、扁柏、华山松等植物为主。因此，藏族地区部分儿童受地理位置和区域的影响，更偏好于没有叶子的树，这也是导致他们在做图画匹配时成绩低于昆明地区汉族儿童的一个原因。

3. 不同年龄儿童在匹配任务中的性别差异比较

由于在本节研究的初试阶段并未发现男女差异，在搜集数据以后再试阶段将性别变量纳入到数据分析中，同样也没有达到显著的差异水平（$SS=0.252$，$F=0.298$，$p=0.586$）。因此，性别变量并未作为一个影响因子纳入本节研究中。但将性别、年龄和任务得分做成直线表可以观察到，在4岁段中，女生在识别图画情绪喻意上的表现比男生要好（见图5-7），这与郭力平等（2008）的研究结论相符。这表明，该时期是儿童发展对图画要素的理解及认识他人情绪特征

与其行为间关系的重要时期。一方面，女孩的心思和情感更为细腻，更善于移情，因此与男孩相比，能够相对较好地关注和思考所观察到的图画作者的情绪状态。另一方面，女孩的心智成熟要早于男孩，这正如许多幼儿园老师所报告的，女孩更喜欢一些安静的阅读活动，更为顺从，在社会文化适应上比男孩要快，同样，她们对图画作品的创作和理解可能要早于男孩。

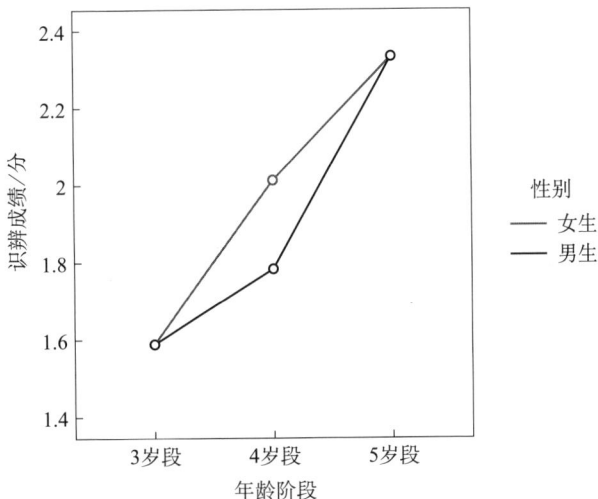

图 5-7　不同性别的儿童在不同年龄阶段下成绩的比较

通过以上分析我们可以得出以下结论：

1）3.5 岁的儿童已能通过表情识别图画中的情绪喻意，但对积极情绪的识别能力高于对消极情绪的识别能力。

2）幼儿期儿童对图画作品与其中情绪喻意的认知表现出明显的年龄差异，儿童自 4 岁起开始逐步具备将二者联系起来的能力，但直至 5 岁才能够较清晰地将两者联系起来，4～5 岁是儿童对图画表征认知发展的关键时期。

3）不同地域文化背景下，汉、藏儿童对图画表征的认知差异表现为地区差异，而非民族差异。

三、实验二：汉、藏儿童对图画作者意图的认知发展

实验一采用图画匹配的方法考察汉、藏儿童图画表征的认知发展状况，但汉、藏儿童对图画作者意图的认知发展状况如何呢？研究需要对图画作者意图的认知发展进行考察。

（一）实验方法

1. 被试

同本节实验一。

2. 材料

本实验有两组刺激材料，每组包含两个物体，以及一个可以任意代表这些物体之一的图画。其中材料组一为：篮球、足球、圆形（见图 5-8），材料组二为：粉色牙胶，蓝色牙胶，手掌形。经过预试使用这两组材料的儿童表现无显著差异（χ^2=1.179，p>0.05）。

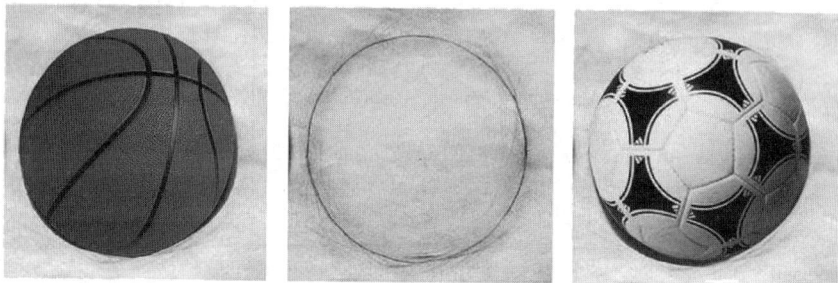

图 5-8　实验二材料组一

3. 实验程序

被试坐在一张小桌子前，主试坐在对面。被试前面的小桌子左边置有一个开放的空盒子，右边则置有一个闭合的有盖子的盒子。每个孩子要接受两次实验条件（"视线向内"和"视线向外"），用来平衡顺序效应和刺激序列。

指导语为："我们接下来要玩一个游戏，做这个游戏的时候，请小朋友注意观察老师正在做什么。你看，右边这个盒子是空的（为孩子展示她右边那个打开的盒子是空的）"。然后把刺激组中一个物体放进右边的盒子，将另一个物体放入左边的容器内，随后立即将盖子盖上。然后主试拿起了一张纸，假装作画10秒钟。在此期间，确保被试看不到主试在画什么。

在"视线向外"的呈现方式中，主试看着右边的密闭容器背后同时假装作画。在"视线向内"的实验中，主试注视着左边敞开的盒子假装作画。然后把绘画作品摆在面对孩子的桌上。然后把两个盒子中的物品从盒子中拿出来放置在被试面前，并要求被试为主试指认出实验者画的是哪一个物品。因此，有三个候选答案：敞开盒子中的物体、关闭盒子中的物体、或图片本身。根据被试能否识辨正确的物体计分。每选对一次计1分。对所得数据进行 ANOVA 分析。

（二）结果与分析

1. 对年龄、民族地区以及性别变量主效应及交互作用的检验

对所得数据进行 ANOVA 分析，3（年龄）×3（民族地区）×2（性别）方差分析结果如表 5-10 所示。结果表明，只有年龄因子有明显的主效应。民族地区、性别两个因子主效应不显著。年龄和民族地区、年龄和性别、性别和民族地区的双因素交互作用，以及年龄、民族地区和性别的三因素交互作用不明显。随着年龄增长，儿童对图画作者意图的理解能力逐渐增强。

表 5-10　辨识任务中汉、藏被试成绩的方差分析表

变异来源	SS	df	MS	F	p
年龄	8.674	2	4.337	9.014**	0.000
民族地区	0.029	2	0.015	0.030	0.970
性别	0.420	1	0.420	0.874	0.351
年龄×民族地区	1.095	4	0.274	0.569	0.686
年龄×性别	0.314	2	0.157	0.326	0.722
民族地区×性别	1.647	2	0.824	1.712	0.184
年龄×民族地区×性别	1.595	4	0.399	0.829	0.509

注：**$p<0.01$.

对年龄的主效应进行进一步的多重比较表明，3～4 岁儿童在识辨任务上的表现差异虽然未达到统计学意义，但接近显著水平（$p=0.051$），4 岁和 5 岁儿童的表现存在着极其显著的差异（表 5-11）。

表 5-11　对不同年龄阶段的多重比较

年龄阶段		MD	SE	p
3岁段	4岁段	-0.25	0.127	0.051
	5岁段	-0.55**	0.128	0.000
4岁段	5岁段	-0.30*	0.128	0.019

注：*$p<0.05$；**$p<0.01$.

2. 对各年龄阶段在不同实验条件下的选择反应进行卡方检验

如果学前儿童对实验的控制条件——即主试的注视敏感的话，那么在"视线向内"实验中，他们选择的物体应该是主试在绘画时盯着看的敞开的盒子内的物体，这应该和他们在"视线向外"实验条件下的反应是有区别的。在"视线向外"条件下，儿童选择的要么是在封闭盒子里的物品，要么是图片本身。

在 Bloom（2008）的研究中，有一部分被试在被要求指出主试画的是什么的时候会选择图画本身，而不是放置在盒子中的物体。本研究仅发现 4 名昆明汉族地区汉族被试有这种情况，由于所占比例太小，数据被合并了。其余各年龄阶段在接受不同实验条件下的选择情况如图 5-9 所示。我们将被试在不同实验条件下的选择情况进行编码，将每个选择编码为单个事件反应，选择封闭盒内物体的行为被编码为 1，选择开放盒内物体的行为被编码为 2。对编码进行 McNemar's test，检验结果如下：

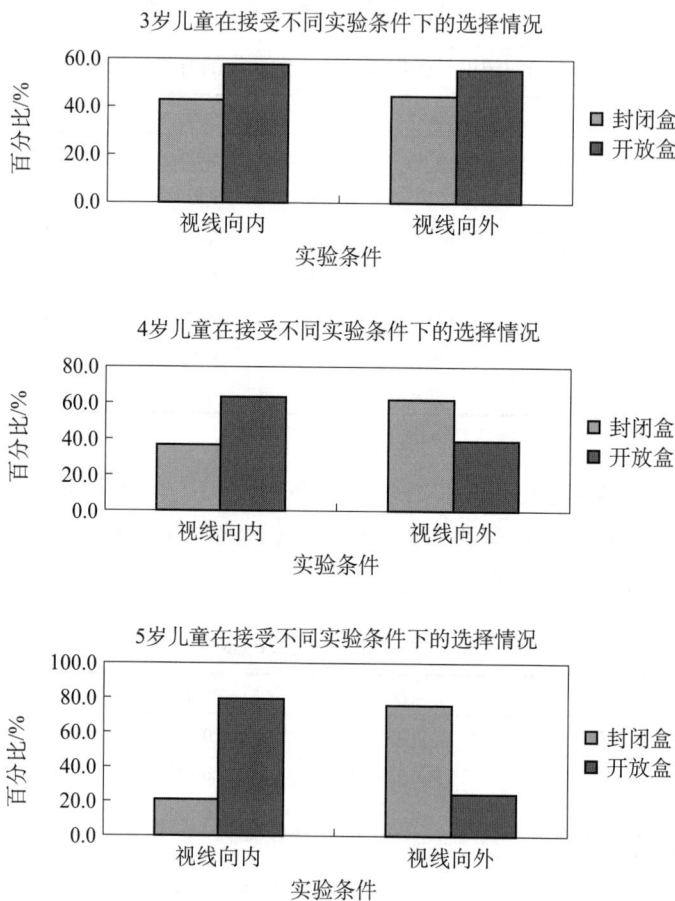

图 5-9   各年龄阶段在不同实验条件下的选择情况

3 岁组被试中，在"视线向内"的试验条件下，选择开放盒内物体的被试仅占 3 岁组总人数的 57.6%，在"视线向外"实验条件下选封闭盒内物体的仅占 44.1%，差异不显著（McNemar's χ^2=0.032，p>0.05，df=1）；

　　4 岁组被试中，在"视线向内"的试验条件下，选择开放盒内物体的被试占
4 岁组总人数的 63.3%，在"视线向外"实验条件下选封闭盒内物体的占 61.7%，
差异达到统计值 0.05 水平上的显著（McNemar's χ^2=0.758，$p<0.05$，df=1）；

　　5 岁组被试中，在"视线向内"的试验条件下，选择开放盒内物体的被试占
5 岁组总人数的 79.3%，在"视线向外"实验条件下选封闭盒内物体的占 75.9%，
差异非常显著（McNemar's χ^2=0.80，$p<0.001$，df=1）；

（三）讨论

1. 汉、藏儿童在对图画作者意图理解上的发展特征

　　研究表明，3 岁组的学前儿童在理解一幅图画描绘的是什么，以及为其命名
的时候，对于作画者的意图还不敏感，所以在两种不同的实验条件下反应无差
异，还处于随机水平，从 4 岁组开始已经能够逐渐理解图画作者的意图（正如他
们对主试注视方向的反应），到 5 岁组以后已经基本能够理解图画作者的意图并将
其运用到对图画进行命名的过程中。在"视线向外"实验条件下，对封闭盒内物
体的反应也可以被看作是一个有意义理解。即使容器是封闭的，对大概方向的注
视仍可能是意图的一个线索。这说明，当一幅图画被命名时，绝大多数儿童推断
图画名称所引用的物体是图片所描绘的那个对象，而不是图片本身。图 5-10 更为
直观地说明了不同民族和地区的儿童在理解图画作者意图任务上的表现。

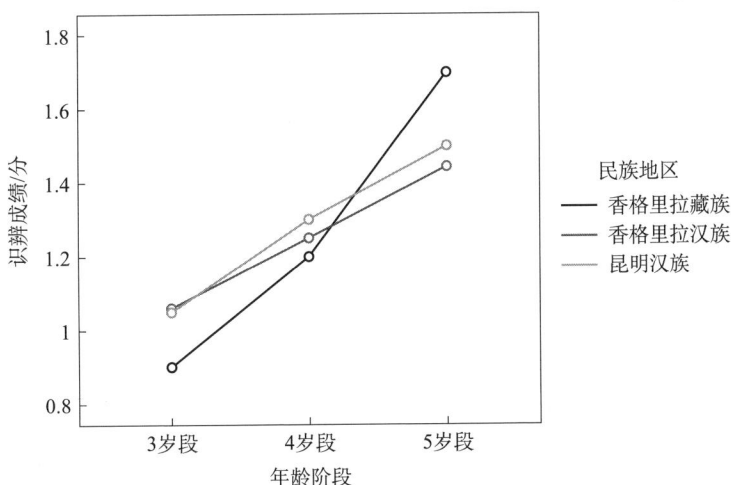

图 5-10　不同民族地区儿童各年龄阶段的得分情况

　　值得一提的是藏族地区藏族儿童对图画作者意图理解的发展。由图 5-10 可
以很清楚地看到，3 ～ 4 岁期间，藏族地区的藏族儿童较藏族地区的汉族儿童及

汉族地区的汉族儿童的发展滞后，但在 4 岁以后有相当大的进步。初步分析是幼儿园教育产生促进作用。儿童的认知发展是儿童在与环境相互作用中，经过同化和顺应，在平衡和不平衡过程中主动建构发展起来的，不同的民族有着不同的行为认知特点。藏族儿童是在藏族社会生存条件中生长起来的，他们的认知发展既要遵循一般儿童认知发展的规律，也有自己发展的特殊性。传统藏族儿童的家庭教育是放养式的，家长鼓励孩子自由地自我发展，封闭的"自我中心"环境以及居住高度分散的家庭环境，让本来就处于"自我中心阶段"的孩子更加自我，不易从别人的角度理解问题。藏族儿童的生活实践活动是促成他们感知运动及形象思维发达的重要原因。由于藏族儿童从小就受到环境的熏陶，喜欢唱歌、跳舞、绘画，这都为他们的感知运动及形象思维的发展提供了良好的条件和活动方式，他们的判断大致是建立在直觉的、动作的、外形特征的基础上，因此在图画的选择上也更注重细节和相似性。学前教育一个很重要的目标是培养儿童"去自我中心化"，幼儿园教师在日常生活中注重教育儿童为他人着想、互帮互助的能力，这些都为幼儿理解他人意图有促进作用。

藏族儿童在 4 岁以后对图画作者意图理解的进步说明，藏族儿童现有的认知发展水平的特点并不是固定不变的，它们可以随环境、教育等条件的改善而有所变化发展，所以应以动态的眼光去看待藏族儿童的认知发展。

2. 影响儿童理解图画作者意图的因素

在不同的情境下，儿童开始理解图画作者意图的年龄有所区别，有的情境下 3 岁儿童已经具备了理解作者意图的能力，有的研究中 4 岁儿童才可以考虑意图信息，有的研究中还发现，2 岁儿童已经能够按照图画作者的意图来理解图画了。实验二发现，儿童要在 4 岁以后才能逐渐将图画作者的意图运用到对图画意义的理解中。此外，在 Bloom（2008）的研究中，有一部分被试在被要求指出主试画的是什么的时候会选择图画本身，而不是放置在盒子中的物体。而本研究中仅发现 4 名昆明汉族地区汉族被试有这种情况。通过对比有关研究，笔者认为引起这种差异的原因主要来自于以下两方面：

第一，相似性和矛盾线索。Bloom（2008）认为，造成差异的一个原因是因为有些实验者的绘画材料更近似于真实世界的物品，如一条鱼、一个棒棒糖、或一条蛇。相似性对于理解一幅图画来说是一个很重要的线索，如果一个物体看起来像是一条鱼，选择它是有意被画成像一条鱼才是上策（Bloom，1998）。由于 4 岁的儿童还没有形成图画的意图理论，不知道图画是图画作者心理表征的反映，意图对于他们来说只是一个脆弱的线索，所以在这阶段他们主要还是依据相似性来判断图画。Richert（2002）在实验中，为孩子呈现一个像"X"的图片和作者并不知道什么是 X，为作者的意图提供了两条矛盾的线索，协调这样的线索无论对于孩子或者是成年人来说都是困难的。参与者对于图画的相似性和作者意图的统一表现出了强烈的期望，也就是说，人们有对意图和图片看起来像什么的期望，认为它们应该有所联系。如果它们没有联系，人们往往通过反对意图，或者通过调节关于图画像什么的概念来调和这一矛盾，而如果图画的相似性与其他物品足够相像时，人们较多的采取第一种方式——反对意图信息来调和这一矛盾（Browne et al.，2001）。由于在 Bloom（2008）的研究中并没有任何类似特定对象的材料（花洒和漏勺并不是小朋友日常生活中常见的），也没有显现矛盾的线索，所以在他们的实验中，2 岁的儿童就已经能够按照图画作者的意图来理解图画了。而在本实验中，虽然也没有提供矛盾的线索，但在材料的选取上却选择了小朋友日常生活中常见的物品，这会让幼儿更倾向于运用相似性策略而不是参照图画作者的意图来理解绘画作品，因而在结果上会有差异。本实验中仅有 4 名年纪较小的幼儿在对图画命名时选择了图画本身，笔者认为这与材料选取上的差异也有关系。如果面对自己不认识的物体，出于保险起见，更多人会选择图画本身，这是一个中庸的选择，而如果面对的是自己熟识的物体，绝大多数读者都会愿意选择这些自己熟悉的物体，并运用相似性对其表征物进行分析。

　　第二，心理理论的获得。徐启丽（2008）认为，儿童对图画作者意图的理解与儿童心理理论的获得有着极大的关联。因为理解图画与其作者之间的关系，需要儿童能够"去自我中心"，从图画作者的角度来思考他的作品，这就需要儿童具有心理理论的能力，即儿童要站在他人的角度来对图画进行解释。以往的心理理论研究表明，通常儿童在 4 岁时才能获得这种心理理论的能力。4 岁儿童由于心理理论的获得，了解到图画是由某个特定的人创作的，因而对图画进行解释时能更多地考虑作者的创作意图。同时，儿童对图画的知觉经验会影响儿童对图画作者意图特点的理解。换言之，当儿童对图画的知觉与作者的意图完全不一致时，对儿童造成了强烈的认知冲突，使得儿童更多地根据自己知觉到的内容来理解图画，而当儿童对图画的知觉与作者的意图存在一定的一致性时，儿童产生的认知冲突相对较弱，能更多地根据作者的意图来解释图画。

　　另一个要考虑的是，以前的很多研究对小被试在语言理解上都有很高的要求。而 Bloom（2008）的范式取决于社会线索和简单的标签，这两个都突出了绘画是表征性的。事实上，当符号被强调为一种交流工具时，孩子们能够更好地创作和应对一幅成人的绘画（Callaghan，1999）。

3. 不同年龄儿童在图画辨识任务中性别差异的比较

尽管从图 5-11 中可以看出男生在对图画作者意图的理解能力上稍稍优于女生，但经卡方检验表明，此任务中儿童对作者意图与作品间关系的认知并不存在明显的性别差异（$\chi^2=1.939$，$p>0.05$）。

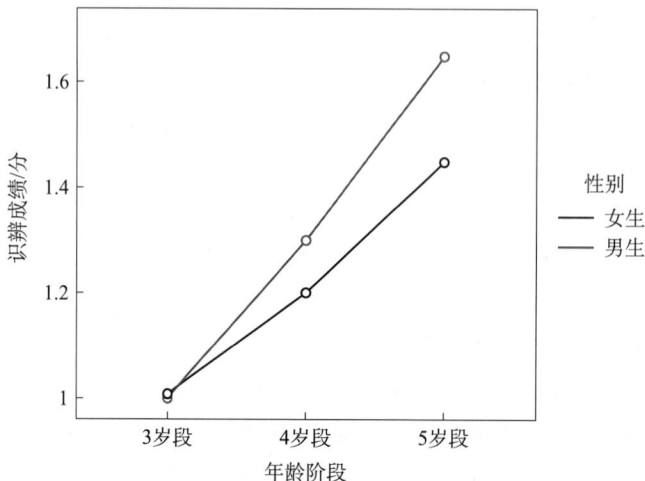

图 5-11　不同年龄儿童在图画辨识任务中性别差异的比较

通过以上分析，实验二得出以下结论：

1）随着年龄的增长，3～6 岁儿童考虑图画作者意图的能力呈现出逐渐提高的趋势，其中 4 岁是从不能理解意图到能逐渐理解意图的一个重要转折期；

2）图画材料的相似性、不同类型材料的选取、实验的不同要求及心理理论的成熟都是影响学前儿童解释图画作者意图的重要因素；

3）不同地域文化背景下，汉、藏儿童对图画作者意图的认知没有显现出明显的地区差异或民族差异；

4）汉、藏儿童对图画作者意图的认知没有显现出明显的性别差异。

四、实验三：汉、藏儿童对同一幅画的多元解释

实验二通过图画辨识的方法，考察了汉、藏儿童对图画作者意图的认知发展状况。但汉、藏儿童对同一幅画存在怎样多元的解释呢？这需要通过模糊图的方法进行考察。

（一）实验方法

1. 被试

同本节实验一。

2. 材料

本研究借用了 Bloom 等人（1998）考察儿童图画命名时所用到的两幅图："大象和老鼠"图及"三只小猪和一只小鸡"图。这两幅图的特点在于，欣赏者如若得知作者的意图，能够理解一幅图中大的圈是大象，小的圈为老鼠，而另一幅图中三个方向一致的圈是三只小猪，另一个方向不同的圈是小鸡，而不了解图画作者意图的欣赏者一般难以从画面上猜测出图画作者所画的内容。另外，研究中还有图画作者（小女生）的彩色人物肖像图片一张，欣赏者（小男生）的彩色人物肖像图片一张，图片尺寸为 10cm×12cm，硬纸板、夹子。

3. 实验程序

由于"大象和老鼠"图及"三只小猪和一只小鸡"图的测试程序完全一致，此处仅以大象和老鼠图为例进行说明。

实验为单个测试，主试与儿童面对面进行测试。主试给儿童呈现图画作者的彩色图片，告知儿童图片上的小朋友特别喜欢画画，有一天他画了一只大象和一只老鼠，请儿童来看看他画的大象和老鼠是什么样子的。指导语如下："小红特别喜欢画画，有一天她画了一幅画，老师请 ×× 小朋友来看看她画的画是什么样子的。"主试呈现大象老鼠图，并向儿童讲解此图，指导语如下："小朋友知道这幅画上画的是什么吗？"记录下儿童的反应，继续问："小红画得不像，是吧？小红啊还不太会画画，不过她知道大象长得大大的，老鼠小小的，所以啊在这张画上，大的这个是大象，小的呢是老鼠。"之后，主试询问儿童是否知道这幅画上画的是什么，确保儿童已经知道了图画作者的作画意图。儿童回答正确后，主试告诉儿童，图画作者把图画放在幼儿园并离开了（将小红的画像拿走），这时候小明来了（主试拿出小明的画像），请儿童考虑，如果把模糊图"大象老鼠图"给小娃娃看的话，小娃娃会认为上面画的是什么？指导语如下："小红把这幅画挂在了幼儿园的墙上（把画夹在一个硬纸板上竖着放立），有一天她离开幼儿园以后（把小红的图片拿走），小明来了（拿出小明的图片），小明今天是第一次来幼儿园，他不认识小红，看到了这幅画，请你猜猜看，小明知道这幅画上画的是什么吗？"如果儿童回答"知道"，继续问儿童小娃娃会说上面画的是什么。如果儿童回答"不知道"，则问儿童为什么。

采用录音笔予以记录儿童的回答，模糊图测试结束，分发小礼物。

（二）结果与分析

在主试为儿童讲解模糊图中作者的意图之后，所有儿童均能接受并准确记忆作者的意图。研究者对使用"大象老鼠图""三只小猪一只小鸡图"的儿童的表现进行卡方检验，结果表明，使用这两种图片的儿童的表现没有显著差异（χ^2=0.136，p>0.05）。具体而言，各年龄段儿童在模糊图实验中的表现见表5-12。

表 5-12　各年龄阶段儿童在实验三中的表现

年龄阶段	n	模糊图	
		正确回答人数／人	所占百分比／%
3岁段	59	20	33.9
4岁段	60	43	71.7
5岁段	58	50	86.2

经卡方检验表明，汉、藏学前儿童在模糊图上的表现性别差异不明显（χ^2=0.137，p>0.05），但却具有显著的年龄差异（χ^2=37.076，p<0.01）。进一步对不同年龄组儿童在任务中的表现进行了两两比较，结果见表5-13。

表 5-13　不同年龄组儿童在喻意图任务中表现的比较

年龄阶段		MD	SE	p
3岁段	4岁段	-0.38**	0.079	0.000
	5岁段	-0.52**	0.080	0.000
4岁段	5岁段	-0.15	0.079	0.069

注：**p<0.01.

结果表明，3岁组儿童与其他各组儿童的表现具有显著差异，4岁组与5岁组之间没有显著差异。

（三）讨论

从图5-12中可以看出，随着年龄的增长，能意识到不同欣赏者对同一图画有多元解释的儿童呈现出了逐渐增多的趋势。

从这一结果来看，4岁是儿童从"自我中心化"到"去自我中心化"表现显著发展的关键时期。在发展心理学领域，研究者较为一致地认为，个体心理理论发展在4岁左右经历了一个从"无"到"有"的飞跃。从4岁起，儿童开

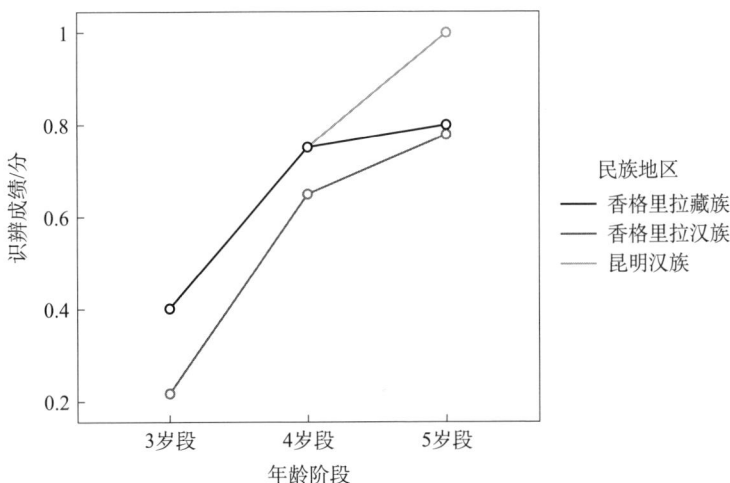

图 5-12　不同区域民族不同年龄组儿童在实验任务中表现的比较

始能够从他人的角度出发思考问题，理解他人的心理状态，这与儿童心理理论发展过程中的第一次飞跃有着密切的关系。年龄较小的儿童不能抑制"自己与别人不同"的心理，完全从自己的角度出发，不能很好地采择他人的观点，儿童自己知道某个事实，而别人并不知道，在推理他人的心理状态时，儿童倾向于认为别人也知道。本研究中喻意图和模糊图实验中的 3 岁儿童也显示出了类似的表现模式，而 4 岁以上的儿童由于心理理论的获得，"自我中心"的减少，能抑制住自己知道图画作者意图的这一事实，更多地考虑到其他欣赏者并没有见过图画作者，而且是第一次看到图画，因而也不可能知道作者在画中表达的意义。

实验三得出以下结论：

1）意识到不同欣赏者对同一图画作者意图的认识可能不同的儿童人数随着年龄的增长呈现出逐渐增多的趋势，从 4 岁开始，儿童已经能够意识到不同欣赏者对同一图画作者意图的认识可能不同。

2）3～6 岁儿童关于不同欣赏者对于同一图画作者意图的认识可能不同的认知没有显现出明显的地域、民族差异。

3）3～6 岁儿童关于不同欣赏者对于同一图画作者意图的认识可能不同的认知没有显现出明显的性别差异。

五、总讨论

本节研究试图对汉、藏学前儿童的图画认知特征进行初步探索，进一步验证儿童图画认知的发展是否既表现出连续增长性、又存在重要年龄阶段，在此基础上考察、评定不同民族学前儿童的图画认知是否存在水平差异，并探讨各年龄阶段儿童图画认知发展的特征及原因。研究得到以下结论：①汉、藏学前儿童的图画认知发展既表现出连续增长性，又存在重要的年龄阶段。其中，4～5岁是儿童对图画表征认知发展的关键时期；4岁阶段是学前儿童从不能理解意图到能逐渐理解意图的一个重要转折时期；从4岁开始，儿童已经能够意识到不同欣赏者对同一图画作者意图的认识可能不同。②在不同地域文化背景下，汉、藏儿童对图画表征的认知的差异表现为地区差异而非民族差异。藏族儿童的认知发展既遵循一般儿童认知发展的规律，又有自己发展的特殊性。③汉、藏学前儿童在对图画的认知上性别差异均不明显。

实验一发现：3.5岁的儿童已能通过表情识别图画中的情绪喻意，但对积极情绪的识别能力高于对消极情绪的识别能力。儿童对图画作品与其中情绪喻意的认知表现出明显的年龄差异，儿童自4岁起开始逐步具备将二者联系起来的能力，但直全5岁才能够较清晰地将两者联系起来，4～5岁是儿童对图画表征认知发展的关键时期。不同地域文化背景下，汉、藏儿童对图画表征的认知的差异表现为地区差异而非民族差异。

实验二发现：随着年龄的增长，3～6岁儿童考虑图画作者意图的能力呈现出逐渐提高的趋势，其中4岁段是从不能理解意图到能逐渐理解意图的一个重要转折期；图画材料的相似性、不同类型材料的选取、实验的不同要求及心理理论的成熟都是影响学前儿童解释图画作者意图的重要因素。

实验三结果表明：意识到不同欣赏者对同一图画作者意图的认识可能不同的儿童人数随着年龄的增长呈现出逐渐增多的趋势，从4岁开始，儿童已经能够意识到不同欣赏者对同一图画作者意图的认识可能不同。

实验二和实验三中，不同民族地区的被试均没有显现出明显的地区差异或民族差异，这与藏区学前教育水平的提高及藏区的汉族儿童"藏族化"有很大的关系。香格里拉主要民族是藏族，汉族人数较少且与藏族杂居，生活习惯和语言上受藏族的影响较大。同时，在3个实验均未出现明显的性别差异。

当然，本研究也存在一定的不足。本节研究中藏族地区的被试选取因受汉族被试限制仅在香格里拉县内进行了抽样，因此可能使所选被试的代表性不足，对研究结果的普遍性有一定影响，今后的研究可扩大样本取样范围，使研究结果具有更大的价值。国内外有关图画认知的研究已经涉及到了诸多方面，所采用的研究方法非常具有创新性，研究结果也很有启示意义，但是现今有关图画认知的研究还未成系统，因而还可以有很多值得我们继续挖掘和探索的空间。本文以与图画三要素相关的研究作为切入点进行系统的探究，未免在结构内容上出现一些纰漏，这些不足都将在笔者未来的研究中做出进一步的改善。由于精力和时间有限，本节研究的研究对象仅限于幼儿园学前期儿童，而从已有的研究结论来看，由于之前提到的作者意图的复杂性和研究的困难性，很多研究得出的结论不尽相同，并不清楚儿童对作者意图的理解是从何时开始的，也并不知道在儿童以后的发展中，对作者意图的理解呈现出怎样的年龄特征。因而，今后的研究中可适当扩大被试的年龄范围，并应该加强有关意图理解的发展性研究。

第四节　少数民族儿童图画阅读的教学指导建议

近年来，图画阅读成为中国早期教育的热点问题（张杏如，2014；张英，2013；左志宏，2012）。但目前早期图画教育的环境和现状还不尽如人意，且长久以来，少数民族儿童的早期图画教育一直存在着一定的问题。

本节结合以往理论和现有研究，以及少数民族早期图画阅读教育中存在的一些问题，从四个方面给出教学指导建议。首先，提及图画认知，儿童最先接触的就是图画作品，那么就需要了解儿童对图画作品的认知受哪些因素的影响，进而给出适合少数民族儿童的教学建议。接着，儿童开始由对图画作品的认知发展到对图画作者意图的理解，这个过程中少数民族儿童有其自身的特点，了解这些后才能为少数民族儿童的图画阅读提出合理的教学建议。同时，现实生活中儿童真正接触最多的还是图画书——绘本。所以在这里将介绍绘本教学的价值，并给出综合教学建议。最后，结合一些少数民族是世代居住在某些区域的事实，对这些世居少数民族如何发展儿童早期教育中的图画阅读问题给予策略指导。

一、儿童对图画作品认知的影响因素及教学建议

儿童对图画作品的认知会受到图画风格、自身对图画所展现的画家情绪的感知敏感性，以及在图画认知中对绘画者感知等因素的影响。教师应以儿童图画认知能力影响因素为重点，推动少数民族儿童的图画阅读教育。下面，笔者将就教师如何利用这些研究成果推动少数民族儿童教学活动的开展提出一些建议。

第一，教师需要针对少数民族儿童学龄的差别有针对性地开展图画教学。

在学前教育阶段，受到儿童年龄的局限，儿童的感知能力和对新事物的认知能力大多处于初级阶段，教师的教育内容虽然以图画和卡片教学为主，但实际上并没有达到预期的效果。从小班教学上看，教师需要针对这一年龄段儿童的认知特点和关注点的不同，合理地进行教学内容设置，以让儿童认识新事物和认识世界为主，让儿童对周围事物形成较为正确的认识。处于中班阶段的儿童，其认知能力培养就需要教师对图画和图画所能展现的内容进行适当的选择，以培养儿童的风格感知能力为主，让儿童学会寻找图像的相似点，并加强这一能力的锻炼。大班教学的对象均为有一定认知能力的儿童，教师需要适当的加大图画认知能力培养，让儿童形成整体性和系统性思维，为儿童步入小学教育打下基础。

第二，少数民族儿童图画阅读教育的开展要求教师对儿童教育的研究成果有较深的关注度，根据最新的研究成果适当转变教育重心，依照科学性教学理念的指导，以提高学生的图画认知能力为目标，推动多项图画阅读教学活动的开展，并在原有的教学形式上进行创新。儿童心理和认知特点与教师的个人能力和素质有着较为直接的联系，教师在落实相关图画阅读教学活动的同时也需要加强自身素质建设和能力培养，确保对学前教育阶段儿童开展图画阅读教学的正确性和时效性。

第三，结合国内外对学前儿童图画认知研究的成果，在少数民族学前教育阶段，教师需要结合不同年龄段学生的探知欲和认知敏感度的不同，合理地进行针对性教学，利用图画所承载内容信息的大小有计划地开展教学。作为少数民族学前儿童的知识窗口，图画教学是目前应用最广、效果最显著的教学模式，教育工作者在落实相关教学活动和政策时，需要将少数民族儿童作为活动开展的出发点，帮助其形成对世界的基本感知，为其后期学习活动的开展打下基础。

二、儿童对图画作者意图的理解特点及教学建议

儿童对图画作者意图的理解的特点，主要体现在儿童对图画能够反映作者意图的意识、对作者意图和图画间关系的认知（Freeman，1995），以及不同欣赏者对图画作者意图的认识可能不同等方面。儿童对他人的理解及对他人行为的预测和解释是目前研究的热点，但是现今国内针对"意图"的研究还比较少，而专门针对少数民族儿童意图理解的研究更少。然而在学前期对少数民族儿童进行艺术欣赏和审美教育是可能的，也是有必要的。一方面，我们需要开展具有年龄适宜性的美术教育活动，促进少数民族儿童审美能力的发展；另一方面，

我们可以通过美术欣赏活动来促进少数民族儿童意图理解能力的提高。具体而言：

第一，相关机构制定符合少数民族儿童年龄发展特点的幼儿园美术课程框架。在幼儿园美术教育中，美术课程框架对教育实践起到了很大的指导作用，它代表了一个教育的方向，在一定程度上决定了教师进行美术欣赏教学活动时采用的方式及想要达成的目标。在我国，有关美术欣赏教育的指导性文件并不多，屠美如等人（1999a，1999b）所提出的学前儿童美术欣赏课程框架对实践起到了一定的指导作用。但是总体来说，这样的指导性的文件都显得过于笼统和模糊，操作性不强，导致幼儿园教师进行美术教学实践时会感到有些无所适从，而其中所提出的教学层次和需要发展的能力也缺乏相关儿童审美能力年龄特点的实证研究支持。回顾这一课程框架，其中提到的引导大班儿童从主题、象征等方面进行观察，呈现艺术品的内涵与意境等内容，可能并不太适合这一年龄段儿童的接受能力。因而，我们需要根据少数民族儿童图画认知发展性方面的研究，以少数民族儿童审美能力的年龄特征为基准，制定符合少数民族儿童年龄发展特点的幼儿园美术课程框架。

第二，教师根据少数民族儿童的年龄特点来进行幼儿园美术欣赏教育实践。美术欣赏课程框架中制定的内容最终要落实到幼儿园的美术实践中来，因而教师把握少数民族儿童的年龄特点进行教学是更为关键的一个环节，教师应从以下几方面进行了思考。①美术欣赏教育中材料的选择。在给儿童选择欣赏的图画时，教师需要根据少数民族儿童的年龄及图画作品的特点来加以选择，具有生活情境性的、接近儿童社会生活经验的图画作品较为适合年幼儿童的发展特点，而那些具有寓意的、知觉不完整的作品不适合小年龄的学前儿童欣赏，但可以在大年龄的学前儿童中适当的增加。②美术欣赏教育中活动目标的设置。随着年龄的增长，教师对少数民族儿童图画欣赏的目标要逐渐增加难度，但是即使到了大班，活动的目标也不是固定的，需要随着图画材料的不同有所改变，在具有生活情境性的图画中，教师可以让少数民族儿童从更深的层面来理解图画，但在一些带有寓意的和离少数民族儿童生活较远的图画中，这种要求可以适当降低。③美术欣赏教育中对教师素质的要求。不管是材料的选择、目标的设置及之后采用的教学方式，很大程度上都需要教师对少数民族儿童的年龄特征有准确的把握，教师只有充分了解了少数民族儿童的年龄特点，以及此阶段儿童的发展水平和学习特征，才可能设计出既能激发儿童兴趣、又能被儿童接受的美术活动。

第三，教师对在美术欣赏活动中促进少数民族儿童意图理解能力提高进行思考。意图是行动计划的有机组成部分，在有意行为的发生、控制和完成的过程中具有关键性的作用，理解意图能够对自身及他人的行为有更深刻的认识和了解。鉴于理解意图的重要性，教师可以以美术欣赏为媒介，促进少数民族儿童对意图的理解能力的提高。具体而言，教师可以在美术欣赏活动中有意识地增加对图画作者意图的介绍，选择可以引发少数民族儿童认知冲突的图画进行欣赏。

三、图画认知教育中绘本教学的价值和教学建议

绘本一词最早源自日本，在中国又被称为图画书。绘本是用图画与文字共同叙述一个完整的故事，是图文合奏。在绘本里，图画不再是文字的附庸，而是图书的生命，甚至可以见到一个字也没有的无字书，它最重要的价值在于唤起孩子各方面的综合感知能力（彭懿，2008）。儿童绘本的教学价值主要体现在：首先，绘本可以迎合各年龄阶段儿童的审美需要（陈立等，1965a，1965b）；其次，绘本的阅读可以对儿童各方面认知能力进行培养训练，它的不同表现方式可以起到不一样的教学效果（陈惠芳，2015）；再次，还有研究（Justice et al.，2008）认为，学前儿童的观察力没有目的性，也极不稳定，图画可以培养儿童的观察力、记忆力、逻辑思维能力和想象力；最后，亲子阅读是儿童早期阅读环节中的重要组成部分，家长对儿童阅读的态度和指导方式对儿童阅读能力的发展具有至关重要的影响（Cheng et al.，2014）。

绘本教学在各个艺术领域以及综合领域的应用是绘本开发的重要途径。绘本具有无限的潜在教育开发价值，对此，针对少数民族儿童，提出如下建议：

第一，幼儿园艺术教学领域的少数民族儿童绘本选材策略。绘本选材要基于少数民族学前儿童的需要。不同年龄段的少数民族学前儿童的心理发展特点和审美特点是不一样的，生活经验和情感体验也不一样。少数民族儿童年龄的差异性及其对绘本感知的特点对绘本的选择有不同的影响。因此，教师在为学前儿童选择绘本时，要综合分析所在班级学前儿童的年龄（心理特点）、情感想象力（故事情节的理解）、表现的需要（形式特点）。

第二，幼儿园艺术教学领域的少数民族儿童绘本教学策略。首先，在绘本研究策略方面，教师要剖析图书特点，寻找教育元素。每本绘本的文化背景和创作背景不一样，艺术风格也会有所不同，对教师来说，可能也有生疏之感。因此，要深入剖析，广泛了解其背景、作者的风格和特点，不仅要关注正文，我们也应该挖掘封面、环衬、扉页上所隐含的教育元素，引导少数民族学前儿

童在正式阅读前进行猜测和推理，让其充分表达已有经验。其次，在绘本教学设计策略方面，教师在对绘本研究的基础上，可根据绘本的主题、风格、技法进行不同的教学设计。在设计中，教师要综合考虑绘本、孩子等各种因素。教师一般可根据绘本的复杂程度设计逐层递进的教学环节：进入式阅读（对书本大概内容了解的阅读学习）——理解式阅读（以看图讲述的方式进行）——分析学习（以故事教学的形式进行）——提升式学习（对文字、符号等感受性学习）——多元式学习（以美术形式、故事表演形式、音乐活动形式等表达对故事的理解并延伸），让绘本发挥最大的教育效益。最后，在绘本教学拓展策略方面，有些绘本教学在一堂课结束之后还可以进行不同领域的拓展，这有利于能力不一的少数民族幼儿在原有水平上得到不同程度的发展。比如，美术领域的绘本教学可拓展到音乐领域、戏剧领域，酷爱美术的孩子可以利用绘本尽情发挥他的创作才华，酷爱音乐表现的孩子可以将他的表演天赋尽情发挥到绘本故事的再现中。绘本的拓展为每个学前儿童的独特发展提供了多方面的机会，增加了孩子们的成就感。

四、解决世居少数民族早期教育中图画阅读问题的策略

少数民族地区一般教育水平落后，早期教育存在问题较多，民族图画阅读教育之路可谓任重道远。我们应站在多元文化的视角，以民族文化传承理念为指导，积极寻求解决问题的对策。基于此，本部分就世居少数民族早期图画阅读教育的顺利实施提出一些可供选择的对策和建议，以供参考。

第一，转变教育观念，加大政府教育投入。观念的转变是世居少数民族学前儿童图画书阅读教育得以顺利实施的前提，各级主管部门应高度重视，积极创造条件促成教师和家长观念的转变。关键是教师要因地制宜，因时制宜，积极探求促进世居少数民族学前儿童图画书阅读教育的有效方式。发展民族地区世居少数民族早期图画阅读教育，必须更新教育观念，使民族教育的思想观念跟上教育现代化、信息现代化的潮流，敢于突破陈规，从而不断开创世居少数民族早期阅读教育新局面。

第二，开发少数民族地方特色图画书籍资源。少数民族文化是中华历史文化中不可或缺的部分，开发少数民族儿童热爱本民族优秀传统文化，民族文化传承才能成为可能，也只有通过教育，在继承中创新，才能实现民族文化的真正繁荣。绘本作为儿童在学前期的主要阅读书籍，作者在创作时既要考虑本地区传统文化的传承和创新，考虑社会文化的多元（Maagerø，2012），又要涉及

如何适应儿童早期的整体知识经验和年龄特点。因此，少数民族地区作者在绘本的编写创作上一定要考虑关于本民族文化的诸多因素。绘本的建构不应仅停留在"乡土气息"上，而应力求彰显文化品位，弘扬文化精神，同时又能符合儿童的年龄特点和身心发展规律，从而更好地促进儿童的早期发展。

第三，大力开展少数民族幼儿园阶段的图画阅读教学。现在图画教学逐渐被应用在教学活动中，许多幼儿园已经巧妙地将不同主题及不同风格的图画融入各种教学活动中，且大多数教师都希望以有趣、活泼及想象力十足的方式进行图画教学，教师每说一个故事，都希望幼儿能像踏上一趟丰富奇妙的图画之旅般轻松自在、惊奇无限及温馨感人。开展少数民族幼儿园图画阅读教学主要体现在幼儿园图画教学的程序和采用绘本教学的方式上。教师在幼儿园图画教学的程序中，要运用图画进行教学，其主旨是教师通过朗读，开展一系列完整的图画阅读活动，促进学前儿童语言、阅读能力、阅读习惯、思维等方面的发展。关于图画教学的方式，经研究发现成人如能将朗读、说故事和故事讨论融入生活中，则不仅能发掘学前儿童的好奇心与惊奇心，更能在学前儿童心中散播尊重、欣赏与合作思考的种子。

五、总结

自上世纪 90 年代以来，国家越来越关注早期教育，相应的图画认知也得到了一定的发展，但关于儿童早期图画认知的发展，特别是少数民族学生的图画认知研究却是凤毛麟角。

本章总结了前人理论，梳理了过往研究，同时开展了关于少数民族儿童图画认知的实证研究，试图进一步说明少数民族儿童图画认知的特点和发展趋势，期望在促进少数民族儿童图画认知发展方面贡献绵薄之力。本章为少数民族图画认知教育的开展提供了更科学、更前沿、更实际的教学建议。当然本章研究中有许多不足，在今后的工作中，依然要致力于少数民族图画认知研究，通过更科学、严谨的研究为少数民族儿童图画认知能力的发展提供更好的支持。

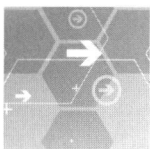

第六章

少数民族小学生汉语学习的动机和态度

少数民族小学生的汉语学习，不仅受到本书前面章节所讨论的各种认知因素的影响，还受到学习动机、学习态度等非认知因素的影响。非认知因素和认知因素相辅相成，共同作用于少数民族学生的汉语学习活动。学习动机是学生学习的原动力，是学生长期学习的心理支撑。学习动机的类型和强度都会影响学生的学习行为。而学习态度是学习者对学习活动以一定方式做出反应时所持的评价性的、较稳定的内部心理倾向。良好的学习态度会极大地促进少数民族学生的汉语学习。

本章首先对学习动机和学习态度的概念及其与汉语学习的关系进行概述，然后介绍笔者关于少数民族小学生汉语学习的动机和态度的调查研究，包括《少数民族小学生汉语学习动机问卷》和《少数民族小学生汉语学习态度问卷》的编制及初步应用，并对少数民族小学生汉语学习动机和学习态度的性别差异、年级差异，学习动机和学习态度与汉语学习成绩的关系，以及学习动机和学习态度之间的关系进行分析探讨。最后，本章在实证研究的基础上，将结合其他相关研究，为少数民族学生的汉语教学提出几点建议。

第一节　学习动机和学习态度概述

一、学习动机概述

（一）学习动机的概念

动机是心理学的一个重要研究方向，不同学者对动机的定义也有所不同。Dörnyei（1998）认为，动机就是由诱因引起行动，并且该行动在没有外力干扰的情况下可持续下去，直到达到预定目标的过程。沈德立等（2006）认为，动机是引起和维持个体的活动，并使该活动朝向某一目标进行，以满足个体需要的内部动力。总之，动机的形成一般需要两个条件：一是个体的需要，即内驱力；二是行为的目标，即外部诱因。

在动机研究中，人们最关注的是学习动机。学习动机的定义，往往也包含动机的上述两个必要条件。张春兴（2005）认为学习动机是指引起学生维持学习活动，并导致学习活动趋向教师所设定目标的内在心理历程。Woolfolk 等人（2008）将学习动机定义为"寻求学习活动的意义并努力从这些活动中获得益处的倾向"。

（二）学习动机的分类

心理学研究者一般按照学习动机的来源，将学习动机分为内在动机和外在动机（Vallerand，1997）。内在动机（intrinsic motivation）也称内源性动机，指由个体内在兴趣、好奇心或成就需要等内部原因引起的动机。持内在学习动机的学生，其学习活动的动力来自学习活动本身。例如，有的学生通过阅读文艺作品可以满足自己的求知欲并体验到阅读的乐趣，就是一种内在学习动机。外在动机（extrinsic motivation）也称外源性动机，指由奖励和惩罚等外部条件激起的动机。持外在学习动机的学生，其学习动力不是来自学习活动本身，而在学习活动之外。例如，有的学生因为害怕被家长或老师批评而学习，就是一种外在学习动机。

具体到语言学习研究领域，有研究者从社会语言学的角度出发，将外语学习动机分为"融合型动机"和"工具型动机"（Gardener et al.，1972）。融合型动机（integrative Motivation）是指学习者为了融入目的语社团的生活而学习语言的愿望。融合型动机反映了学习者对目的语社团的人民和文化的个人兴趣。工具型动机（instrumental motivation）是指学习者因为某些实利原因而学习外语的愿望，如为了通过考试，找工作等。工具型动机反映了学习外语的实用价值和优势。

二、学习态度概述

（一）学习态度的概念

由于研究视角的差异，不同研究者对态度的界定也不尽相同。Myers（1993）认为态度是对某物或某人的喜欢或者不喜欢的评价性反应，并在人们的信念、情感和行为倾向中表现出来。时蓉华（1998）将态度定义为由认知、情感、意向三个因素构成的比较持久的个人内在结构，是外界刺激与个体反应之间的中介因素。在对学习态度的界定上，张英彦（1998）认为学习态度是指个体对自身学习所持的一种包括认知、情感、行为倾向等因素的比较稳定的心理倾向。沈德立等（2006）认为，学习态度是指学习者对学习活动以一定方式做出反应时所持的评价性的、较稳定的内部心理倾向。

（二）学习态度的结构

学习态度的结构，即学习态度的心理成分，包括认知、情感和意向三个成分（束定芳等，1996）。认知成分是指个体对学习活动或课程带有一种评价意义的观念、信念、认识和理解。例如，有的学生学习汉语主要依靠记忆和扩充词组，他们对汉语学习的态度也就难免偏重于词组。学习态度的情感成分是伴随态度的认知成分而产生的情感或情绪状态，即对某一对象的好恶程度。情感成分是态度的核心成分。由于情感本身（对学习的喜欢或厌恶等）就反映出学生外显的学习态度状况，因此，态度的情感成分较认知成分更易观察和测量。学习态度的意向成分是指学生对学习的反应倾向，即对学习做出某种行为选择的准备状态。意向成分主要通过学生学习汉语的时间投入（含课外自觉投入汉语学习的时间）、学习的努力程度等可量化指标进行考查。

一般说来，学习态度的上述三个成分组成一个互相关联的统一体。认知成分是情感和意向形成的前提，没有认知就没有情感，也就无所谓意向。学习态度中的情感成分是认知成分和意向成分的动力，没有情感也就没有认知的深化和意向的强化，因而情感成分是构成学习态度的核心要素。而意向成分则是认知和情感的集中体现，没有意向就没有行动，也就体现不了学习态度的效能。学习态度的认知、情感和意向三个成分之间互为条件，相互制约，协调一致，统一于态度行为之中，对学习效果产生共同影响。因而，我们可以从学习者对学习目标的认识水平、在学习过程中的情感体验、对学习活动的努力程度等方面，综合评价其学习态度。

在某些情况下，认知、情感和意向三个成分之间也存在一定程度的矛盾。比如有的学生虽然在认知上理解了学习的重要性，但是在情感上存在着厌倦情绪，在行为上表现为懒于学习，总体上的学习态度是消极的。这表明，培养学生的学习态度需要从多方面入手，既要重视提高他们对学习重要性的认识，又要重视丰富他们在学习过程中的情感体验，同时强化他们的学习行为意向，从而形成积极有效的学习态度。

三、学习动机和学习态度对汉语学习的影响

（一）学习动机对汉语学习的影响

对于学习动机与学业成绩之间的关系，国外很早就有学者进行了相关研究。Uguroglu 等（1979）对 232 项动机测量和学业成绩之间的相关系数进行了分析，结果发现其中 98% 为正相关，即动机水平较高的学生学习成绩也较高。刘一宁（2010）研究发现，教师的支持行为会影响小学生的学习动机，而小学生的学习动机又可以有效影响其学业成绩。Hamjah 等（2011）通过实验验证了动机可以激励学生努力奋斗、追求学术卓越。缺乏动机的学生对学习缺乏兴趣、容易感到气馁、不敢面对挑战，他们学习只是为了获得学位而非学术成就。而且高动机的学生比低动机的学生更可能顺利完成学习任务。逢宇等（2011）对自尊和学习动机与学业成绩的关系进行了研究，结果表明，学习动机与学业成绩存在显著的正相关。在语言学习方面，语言学家 Jakobovits 早在 20 世纪 70 年代就指出，在影响语言习得的因素中，动机占 33%，才能占 33%，智力占 20%，其他因素占 14%（Jakobovits，1970）。由此可见，动机对于语言学习是非常重要的。

不同的学习动机会对汉语学习产生不同的影响。这一点首先表现在融合型动机和工具型动机对语言学习的影响差异上。Gardner 等人（1972）认为融合型动机更倾向于是一种心理和情感上的认同，因此对语言学习的影响更为强烈和持久，并且更容易达成语言学习的目标。研究表明，相对于工具型动机，具有融合型动机的学习者学习外语的持续时间更长，并且能够使学习者取得更好的成绩（Brown，1994）。具体到汉语学习，持融合型动机的学习者喜欢汉语，对汉语文化有亲近感，并希望融入其中，因此，并不是单纯地学习汉语，而是更注重按照汉语的思维方式和言语习惯使用这门语言。而具有工具型动机的学习者只是把汉语看作一种工具，希望通过学习为自己带来实际的好处。一般来说，这一类学习者对汉语本身无所谓喜欢与否，对汉语文化也不感兴趣，很少甚至没有学习汉语文化的愿望。

但事实上，融合型动机和工具型动机并非绝对互相排斥的。第二语言学习者很少只具有一种动机，而是两者兼而有之（Brown，1994）。当学习者没有机会使用目的语与其社团成员交流的时候，工具型动机占主导地位；当学习者需要使用目的语进行实际交流的时候，融合型动机占主导地位。单纯地具有工具型动机或者融合型动机都不是最理想的。因为工具型动机学习者虽然注重实用

性和目的性，但是对所学语言本身缺乏兴趣，对目的语文化不求甚解，其语言学习活动只是表面化的，而且容易在学习中感到厌烦，缺乏积极性；而融合型动机学习者虽然重视文化的融入性，可能在语言学习过程中了解到很多和目的语有关的文化知识，但是缺乏明确的学习目的，容易出现盲目学习、不注重实用性等问题。由此可见，任何单一的学习动机都会对语言学习产生积极和消极的影响。因此，应该培养并结合两种学习动机，提高学生汉语学习的效率。

除融合型动机和工具型动机以外，内在动机和外在动机也会对汉语学习产生不同的影响。内在动机大多是源于学习者对汉语的兴趣或者自我提高的需要，因此其作用时间更持久，影响也更深远；外在动机大多是由于外在压力而产生的，因此在学习中的作用时间短且效果不明显。所以，在汉语学习中应该同时重视内在动机和外在动机，主要培养和激发内在学习动机，适当注意发挥外部因素的影响，最大限度调动学生汉语学习的积极性。

通常认为，如果在内在动机之上附加物质奖励，那么内外两种动机共同作用会形成更强的动机。但是，物质奖励也可能对内在动机造成消极影响。个体只有在认为自己的行为是自主选择与控制的结果时，才会形成内在动机。如果学习者相信存在物质奖励等外在力量的控制，其自主控制感会减弱，内在动机也会随之降低。因此，外在奖励会在一定程度上削弱内在动机（Hitt et al.，1992）。相关研究不断发现，物质奖励会降低内在动机，对内在动机产生所谓的"侵蚀效应"（冯竹青等，2014）。

最后，不同强度的动机也会对汉语学习产生不同的影响。一般人认为，动机越强越有利于学习的提高，越弱则越不利于学习，然而事实上并非如此简单。Yerkes 等人（1908）的经典研究表明，各种活动都存在一个最佳的动机水平，动机不足或过分强烈都会使工作效率下降。因此，对于汉语学习，学习动机过弱或过强都不利于取得最佳的汉语学习效果。如果学习动机过弱，就会造成学生学习懒散，回避各种学习困难，容易放弃学习等消极影响；如果学习动机过强，则有可能使学习者过于注重学习结果和目的的实现，容易出现急功近利的现象，正所谓"欲速则不达"。只有让学习者的学习动机处于中间水平并稳定持久，才能使汉语学习效果达到最佳。

（二）学习态度对汉语学习的影响

学习态度与学习成绩之间关系密切。许多心理学家把学习态度看作是一个居于核心地位的非智力因素，调节着个体的学习行为，并直接影响学习效果。

卢家楣（2002）认为，学龄期学生的学习态度会对其各个方面产生影响，良好的学习态度会使其终身受益。Mahmoudi 等人（2012）的研究表明，在计算机辅助语言学习中，学习态度和学习表现呈正相关。关于学习态度对汉语学习的影响，可以从学习态度的认知成分和情感成分两个方面进行探讨。

学习态度的认知成分是指对学习的目的和意义的理解，对学习对象、学习内容和学习结果的评价。如果对学习的目的和意义的理解是正确的，那么学习态度也往往是积极的；相反，对学习的错误理解往往伴随着消极的学习态度。学习者对汉语学习目标的准确定位和对学习方式的清晰认识往往难以在短时间内达到一定高度。因此，良好的学习态度必须从汉语学习的早期开始培养，直到大学阶段自主学习习惯形成和终身学习能力养成。

学习态度的情感成分也会对汉语学习产生重要影响。万明钢等（1997）研究发现，在藏－汉汉语学习者对母语的态度中，情感因素起着重要作用，学习者有强烈的保持自己母语的愿望；汉语学习者对汉语的态度更多地含有理性的或认知的成分，对学习汉语持积极的态度；汉语学习者在家庭和本民族成员中主要使用母语，如果谈话者使用母语，而对方用汉语回答，或对方讲掺杂着汉语的混杂母语，大多数汉语学习者对此都会持否定态度。这说明情感与汉语学习有着密切的联系。因此，可以在少数民族小学生汉语教学过程中融入情感因素，潜移默化地培养学生积极的汉语学习态度（万明钢，1997）。

学习者情绪的波动往往标志着态度可能正在或即将发生变化，甚至会引起意志和行为的波动。虽然汉语学习者的主观需要的满足程度、对课程作业的态度、对学习结果的满意度等方面的情绪肯定会出现一定程度的起伏，但是，如果在某个学习阶段内进行考察，汉语学习者的情感状态是较为稳定的。一般来说，凡是有利于满足学习者主观需要的因素都能引起积极的情绪情感，否则就会产生消极的情绪情感或无明确态度的淡然状态。与消极或中立情绪相比，积极情绪对汉语学习更具有动力作用，因此，我们要将消极或中立情绪转化为积极情绪。例如，学生对汉语课程的逃课厌学现象在很大程度是"对不喜欢的功课放任自流"这种消极态度的直接表现，因此，在现行的各级学校汉语课程标准中，汉语情感的培养既是汉语教学的目标，又是汉语教学的切入点，教师要以高度的教学激情感染学生，使他们对汉语学习的态度从"不喜欢"变成"喜欢"，从而提高他们学习汉语的积极性。

第二节　少数民族小学生汉语学习动机
和学习态度问卷的编制

一、问卷编制的目的

目前国内对少数民族小学生汉语学习的研究较少，也没有针对性的测量工具。为了能够较为准确地反映当前少数民族小学生汉语学习的心理现状，本研究根据测量学的相关理论及技术要求，编制适用于少数民族小学生的汉语学习动机和学习态度问卷，为进一步的研究提供有效的测量工具，以期更客观地分析少数民族小学生汉语学习的情况。

二、问卷的维度及项目选取

（一）问卷的维度

少数民族小学生语文动机问卷以 Vallerand（1997）的内外动机分类为理论基础，分为内部动机和外部动机两大部分。其中，内部动机包括了解刺激型、取得成就型和体验刺激型三个因子；外部动机包括外在调节型、摄入调节型、认同调节型和整合调节型四个因子。少数民族小学生汉语学习态度问卷则以认知成分、情感成分和行为倾向成分的分类为理论基础，设置认知成分、情感成分和行为倾向成分三个因子。

（二）问卷的项目选取

问卷初稿的编制分为三个步骤进行：首先，经过课题小组多次讨论并设置相应的题目，选取昆明市富民县大窝塘小学的 96 名少数民族小学生（1～6 年级）为被试进行初步施测；然后，选取部分未填写问卷的少数民族学生进行访谈；最后，结合初步施测情况和访谈内容对问卷进行修改，并经课题小组讨论和专家评定。通过以上步骤得到的动机问卷初稿共 51 个题目，态度问卷初稿共 45 个题目。每个题目均采用 1～3 级评分法（①没有或偶尔符合；②有时符合；③总是符合）。汉语学习动机分值越高则表示汉语学习动机越强，汉语学习态度问卷分值越高则表示汉语学习态度越好。

三、问卷的初测

本研究的问卷初测选取云南省 8 个地区的少数民族小学生为被试，以不记名方式进行，并主要采用邮递方式回收问卷。回收有效动机问卷 1139 份，有效态度问卷 1089 份。运用 SPSS 11.5 对问卷数据进行统计分析。

（一）项目分析

一份合格的问卷需要具有良好的鉴别能力，即可以通过问卷测量将不同水平的被试区分开来。如果对于问卷中的某个项目，所有的被试的回答几乎都是一致的，就说明该项目不能很好地区分被试水平，应进行修改或删除。因此，在初测的基础上，需要对问卷进行项目分析，考查项目的区分度，以筛选符合要求的题目。项目的区分度是指测验项目对于所要研究的心理特性的区分程度，一般采用的检验方法有 t-test 法和相关法。本节研究的项目分析将综合运用这两种方法。

1）t-test 法。以问卷得分最高的 27% 作为高分组，得分最低的 27% 为低分组，比较高低分两组在每个项目上的得分差异，并运用 t-test 检验差异是否达到统计学意义（p<0.05）。检验结果表明，高低分两组在学习动机和学习态度问卷每个题目上的得分差异都达到统计学意义（p<0.01），因此，采用 t-test 法分析发现本研究所编制问卷的各项目区分度较好，无需剔除题目。

2）相关法。计算各题目与量表总分的相关，如果题目相关系数较低（r<0.30）或未达到显著水平（p>0.05），就说明该题目没有鉴别作用，可以剔除。经检测，学习动机问卷中的 1、6、8、9 4 个题目与学习动机问卷总分的相关系数小于 0.30，故将其剔除；学习态度问卷中的 8、10、12、16、23、25、40、41、42、43 等 10 个题目与学习态度问卷总分的相关系数小于 0.30，故将其剔除。具体见表 6-1 和表 6-2。

表 6-1　少数民族小学生汉语学习动机问卷的项目分析

项目	T值	相关值	项目	T值	相关值
D1	7.584**	0.278**	D11	17.370**	0.464**
D2	16.744**	0.462**	D12	11.973**	0.386**
D3	15.988**	0.444**	D13	13.427**	0.419**
D4	15.899**	0.440**	D14	12.038**	0.381**
D5	15.595**	0.440**	D15	13.777**	0.410**
D6	3.231**	0.128**	D16	15.007**	0.443**
D7	13.961**	0.401**	D17	15.460**	0.449**
D8	6.131**	0.221**	D18	17.564**	0.485**
D9	9.361**	0.286**	D19	16.277**	0.470**
D10	13.989**	0.399**	D20	19.489**	0.513**

续表

项目	T值	相关值	项目	T值	相关值
D21	17.172**	0.503**	D37	14.191**	0.433**
D22	15.134**	0.451**	D38	14.592**	0.441**
D23	17.154**	0.474**	D39	15.984**	0.464**
D24	16.995**	0.498**	D40	14.606**	0.450**
D25	17.171**	0.483**	D41	9.383**	0.319**
D26	15.913**	0.440**	D42	18.749**	0.502**
D27	16.636**	0.480**	D43	17.774**	0.515**
D28	19.943**	0.523**	D44	18.034**	0.508**
D29	17.085**	0.500**	D45	15.047**	0.467**
D30	18.273**	0.488**	D46	9.681**	0.324**
D31	16.491**	0.473**	D47	11.863**	0.355**
D32	13.485**	0.396**	D48	13.551**	0.385**
D33	16.597**	0.473**	D49	17.183**	0.481**
D34	13.792**	0.444**	D50	12.395**	0.371**
D35	17.041**	0.482**	D51	16.909**	0.482**
D36	12.298**	0.376**			

注：*$p<0.05$；**$p<0.01$。

表 6-2　少数民族小学生汉语学习态度问卷的项目分析

项目	T值	相关值	项目	T值	相关值
T1	11.356**	0.356**	T24	14.894**	0.425**
T2	12.177**	0.378**	T25	5.495**	0.181**
T3	20.288**	0.501**	T26	12.332**	0.368**
T4	19.427**	0.499**	T27	13.717**	0.404**
T5	15.372**	0.433**	T28	22.559**	0.544**
T6	19.137**	0.502**	T29	20.219**	0.525**
T7	18.780**	0.494**	T30	19.150**	0.523**
T8	3.333**	0.090**	T31	19.923**	0.516**
T9	20.863**	0.507**	T32	12.867**	0.360**
T10	6.059**	0.199**	T33	15.487**	0.433**
T11	11.340**	0.360**	T34	22.440**	0.540**
T12	4.059**	0.154**	T35	20.635**	0.505**
T13	9.160**	0.317**	T36	13.010**	0.384**
T14	13.173**	0.402**	T37	17.919**	0.486**
T15	10.645**	0.354**	T38	8.936**	0.317**
T16	2.922**	0.131**	T39	14.432**	0.399**
T17	10.306**	0.353**	T40	5.676**	0.206**
T18	11.193**	0.391**	T41	9.169**	0.282**
T19	11.746**	0.386**	T42	6.061**	0.217**
T20	11.810**	0.372**	T43	3.939**	0.148**
T21	15.480**	0.426**	T44	13.949**	0.414**
T22	12.800**	0.390**	T45	17.864**	0.481**
T23	7.898**	0.256**			

注：*$p<0.05$；**$p<0.01$。

（二）探索性因素分析

通过问卷初测，可以得到以每个项目为变量的原始数据。如果将这些数据直接用于解释观测对象，既繁琐又缺乏代表性。因此，还需要通过因素分析，将相关的项目分别归类，从而用少数几个因子代表原来众多的项目，将复杂的问题简单化。借由 SPSS 分析之后，以因子负荷量来萃取因子，并对因子加以命名，这种因素分析带有"探索"的意味，称之为探索性因素分析（荣泰生，2009）。

在进行因素分析前需要对数据因子作适合性检验，主要的检验方法有 KMO 检验和 Bartlett 球形检验。KMO 检验用于检测变量之间的简单相关系数和偏相关系数的相对大小，取值在 0～1 之间。KMO 值越接近于 1，意味着变量间的相关性越强，原有变量越适合做因素分析；KMO 值越接近于 0，意味着变量间的相关性越弱，原有变量越不适合做因素分析。常用的 KMO 度量标准为：0.9 以上表示非常适合做因素分析；0.8～0.9 之间表示适合做因素分析；0.7～0.8 之间表示可以做因素分析；0.6～0.7 之间表示一般；0.6 以下表示不适合做因素分析。

在本研究中，动机问卷的 KMO 值为 0.908，Bartlett 球形检验 χ^2 值为 6611.029，df=435，$p< 0.05$；态度问卷 KMO 值为 0.900，Bartlett 球形检验 χ^2 值为 4729.177，df=153，$p< 0.05$。根据前述 KMO 值的度量标准可知，动机问卷和态度问卷的 KMO 值都在 0.9 以上，适宜做因素分析。Bartlett 球形检验 χ^2 值达到统计学意义（$p<0.05$），表示所测群的相关矩阵间有共同因素存在，适合进行因素分析。

本研究采用主成分分析法和直接斜交旋转法提取特征值大于 1 的因素，进行探索性因素分析。在分析过程中，项目剔除的原则是：①剔除在两个或两个以上的公因子上具有接近因子载荷的题目；②剔除公因子题目少于 3 个的题目；③剔除在公因子上最大载荷小于 4 的题目；④剔除统计分析的结果与理论实际不吻合的题目。每删除一个项目，就重新进行一次探索性因素分析，并依据重新分析的结果确定下一次要删除的题目。

对学习动机问卷进行因素分析的结果表明，问卷最后包括 30 个题目、6 个因子，与原来设想的 7 个因子不一致。这是因为原来设想的取得成就型的题目与体验刺激型的题目合并成了一个因子，并重新命名为成就体验型。这 6 个因子共解释总变异量的 44.792%，具体值见表 6-3。

表 6-3 少数民族小学生汉语学习动机问卷的因子结构

项目	因子负荷						共同度
	因子1	因子2	因子3	因子4	因子5	因子6	
D51	0.695	0.185	0.127	0.131	−0.209	0.249	0.656
D33	0.664	0.193	0.223	0.132	−0.126	0.247	0.622
D31	0.647	0.104	0.218	0.117	−0.2	0.258	0.597
D28	0.613	0.188	0.193	0.249	−0.295	0.32	0.700
D27	0.608	0.202	0.307	0.115	−0.059	0.239	0.579
D4	0.538	0.17	0.207	0.143	0.067	0.432	0.573
D5	0.531	0.066	0.146	0.339	−0.043	0.358	0.553
D46	0.036	0.711	0.1	0.041	−0.223	0.103	0.579
D47	0.148	0.694	0.098	0.104	−0.249	0.063	0.590
D48	0.185	0.632	0.061	0.253	−0.256	0.128	0.583
D36	0.233	0.622	0.246	0.056	−0.074	0.069	0.515
D41	0.087	0.557	0.269	0.308	0.026	0.051	0.488
D50	0.357	0.512	0.062	0.238	−0.026	0.167	0.479
D38	0.116	0.136	0.726	0.095	−0.148	0.242	0.649
D39	0.31	0.116	0.668	0.215	−0.095	0.179	0.643
D40	0.165	0.117	0.667	0.023	−0.201	0.239	0.584
D37	0.228	0.213	0.549	0.124	−0.284	0.068	0.499
D29	0.385	0.178	0.503	−0.067	−0.233	0.331	0.601
D45	0.297	0.176	0.472	−0.015	−0.295	0.349	0.551
D43	0.433	0.189	0.468	−0.076	−0.332	0.326	0.665
D10	0.232	0.245	0.124	0.664	−0.222	0.168	0.648
D7	0.178	0.181	0.212	0.631	−0.036	0.298	0.598
D11	0.323	0.22	0.167	0.62	−0.302	0.191	0.693
D23	0.298	0.258	0.154	0.248	−0.691	0.191	0.755
D22	0.195	0.277	0.226	0.144	−0.656	0.183	0.650
D16	0.15	0.103	0.387	0.156	−0.548	0.281	0.586
D25	0.216	0.2	0.415	−0.06	−0.521	0.328	0.642
D13	0.222	0.048	0.150	0.221	−0.109	0.736	0.677
D19	0.317	0.099	0.194	0.185	−0.203	0.702	0.716
D35	0.342	0.171	0.277	0.019	−0.206	0.687	0.738
特征值	4.172	3.103	3.503	1.988	2.500	3.138	
累积贡献率/%	20.883	27.655	33.491	37.640	41.441	44.792	

各因子的命名和具体题号如下：

因子 1 为认同调节型，题目编号为 D4、D5、D27、D28、D31、D33、D51；

因子 2 为摄入调节型，题目编号为 D36、D41、D46、D47、D48、D50；

因子 3 为成就体验型，题目编号为 D29、D37、D38、D39、D40、D43、D45；

因子 4 为外在调节型，题目编号为 D7、D10、D11；

因子 5 为整合调节型，题目编号为 D16、D22、D23、D25；

因子 6 为了解刺激型，题目编号为 D13、D19、D35。

对学习态度问卷进行因素分析的结果表明，问卷最后包括 18 个题目，形成 3 个因子，与原来设想的 3 个因子是一致的。这 3 个因子共解释总变异量 46.574%，具体值见表 6-4。

表 6-4　少数民族小学生汉语学习态度问卷的因子结构

项目	因子负荷			共同度
	因子1	因子2	因子3	
T29	0.751	0.096	0.260	0.641
T30	0.749	0.061	0.296	0.652
T31	0.732	0.064	0.249	0.602
T28	0.709	0.061	0.427	0.689
T4	0.691	0.046	0.287	0.562
T6	0.652	0.097	0.336	0.547
T37	0.620	0.083	0.284	0.472
T9	0.590	0.048	0.497	0.597
T14	0.086	0.685	−0.001	0.477
T17	0.025	0.641	−0.057	0.415
T1	0.090	0.620	0.033	0.394
T15	0.053	0.617	0.016	0.384
T2	0.117	0.604	0.008	0.379
T11	−0.120	0.574	0.339	0.459
T21	0.379	−0.055	0.730	0.680
T27	0.354	−0.052	0.713	0.636
T24	0.384	0.001	0.690	0.624
T44	0.459	0.011	0.500	0.461
特征值	4.473	2.388	2.811	
累积贡献率 / %	27.007	39.984	46.574	

各因子的命名和具体题号如下：

因子1为情感成分，题目编号为T4、T6、T9、T28、T29、T30、T31、T37；

因子2为行为倾向成分，题目编号为T1、T2、T11、T14、T15、T17；

因子3为认知成分，题目编号为T21、T24、T27、T44。

四、问卷的再测

（一）验证性因素分析

为了验证经过探索性因素分析得到的各问卷因子是否能够很好地代表原始项目，以及问卷的结构是否合理，本研究对问卷进行再测，以进一步确定问卷的因子结构和筛选项目。

将经过因素分析后的问卷题目随机编排，重新编制成再测问卷。选取景洪市景洪小学、景洪勐罕镇中心小学和思茅西盟县民族小学三所学校的少数民族小学生作为再测的被试。主试由研究者担任，测试时间约为20分钟，测试当场回收问卷。剔除无效问卷后，得到有效问卷826份。使用SPSS 11.5进行统计管理，使用AOMS 7.0进行分析处理。

本研究采用验证性因素分析对经过探索性因素分析得到的因素结构进行交叉验证。验证性因素分析也称结构方程模型（Structural Equation Modeling，SEM），是研究者在已经了解某个变量的结构关系的情况下，以因子为建构基础，验证所测项目是否能代表某个变量。其基本功能有三：①可以体现理论构想，并对构想进行验证；②可以判断测量模型的优劣，确立因果模型的质量和好坏，并且可以自由地根据理论和实际来确定潜变量之间的关系，进而修改和完善模型；③比探索性因素分析更全面，如试图确定因果关系等。其基本思路是从理论建构出发，寻求理论的数据支持，如果数据能很好地与理论假设配合，说明理论得到了数据的支持，因此可以将其看成是演绎式的。其中很重要的一个环节是比较测量模型的优劣，即对特定测量问卷的构想进行验证。

衡量一个模型好坏的指标很多，主要有以下几类：

1. 绝对拟合指标

χ^2 值。它是最常见的指标，但其显著性受样本量的影响，只有在样本足够大时，χ^2 值才可以作为评价模型整体拟合度的指标。因此，χ^2 通常和自由度结合起来作为整体模型拟合度的指标。一般认为，$\chi^2/df<3$，表明整体模型拟合较好；如果 $3<\chi^2/df<5$，表明模型拟合不太好，但是可以接受；如果 $\chi^2/df>5$，表示模型比较差；如果 $\chi^2/df>10$，表示模型很差。

RMSEA（Root Mean Square Error of Approximation）。$0<RMSEA<1$。RMSEA 越接近 0 表示整体拟合越好。一般认为，RMSEA<0.10，表明模型比较好；RMSEA<0.05，表示模型拟合非常好。如果超过了 0.1，表明模型拟合不佳。

拟合优度指数。包括 GFI（Goodness of Fit Index），AGFI（Adjusted Goodness of Fit Index）。GFI 没有考虑自由度，所以一般使用 AGFI。$0<GFI$、$AGFI<1$。拟合优度指数越接近 1，表明模型拟合越好。一般认为，GFI>0.9 表明模型拟合好，也有研究者认为大于 0.8 即可接受。

2. 相对拟合指标，主要用于不同的理论模型的比较

NFI（Normed Fit Index）。$0<NFI<1$，越接近 1 表明模型拟合越好。一般认为，NFI>0.9 表明模型拟合较好。

CFI（Comparative Fit Index）。$0<CFI<1$，越接近 1 表明模型拟合越好。一般认为，CFI>0.9 表明模型拟合好。

IFI（Incremental Fit Index）。IFI 一般在 0～1 的范围内，但也可能大于 1。IFI 越接近 1，表示拟合程度越好。一般认为，IFI>0.9 表示较好的拟合。

虽然有很多指标可以利用，但是没有一个指标可以作为完全确定的标准来衡量模型的优劣，因此最好慎重报告多项测量结果，而不要只依赖一种选择。

对汉语学习动机问卷进行验证性因素分析的结果表明，各拟合指标都符合统计要求，表明该模型有较好的拟合度和稳定性。这说明本次编制的少数民族小学生汉语学习动机问卷是有效可靠的。具体数值见表 6-5，模型见图 6-1。

表 6-5　少数民族小学生汉语学习动机问卷模型拟合指标

拟合指数	χ^2	df	χ^2/df	RMSEA	GFI	AGFI	TLI	CFI	NFI	RMR
模型	1021.259	390	2.619	0.044	0.918	0.903	0.831	0.848	0.778	0.024

对态度问卷进行验证性因素分析的结果表明，各拟合指标都符合统计要求，表明该模型有较好的拟合度和稳定性。这说明本次编制的少数民族小学生汉语学习动机问卷是有效可靠的。具体数值见表 6-6，模型见图 6-2。

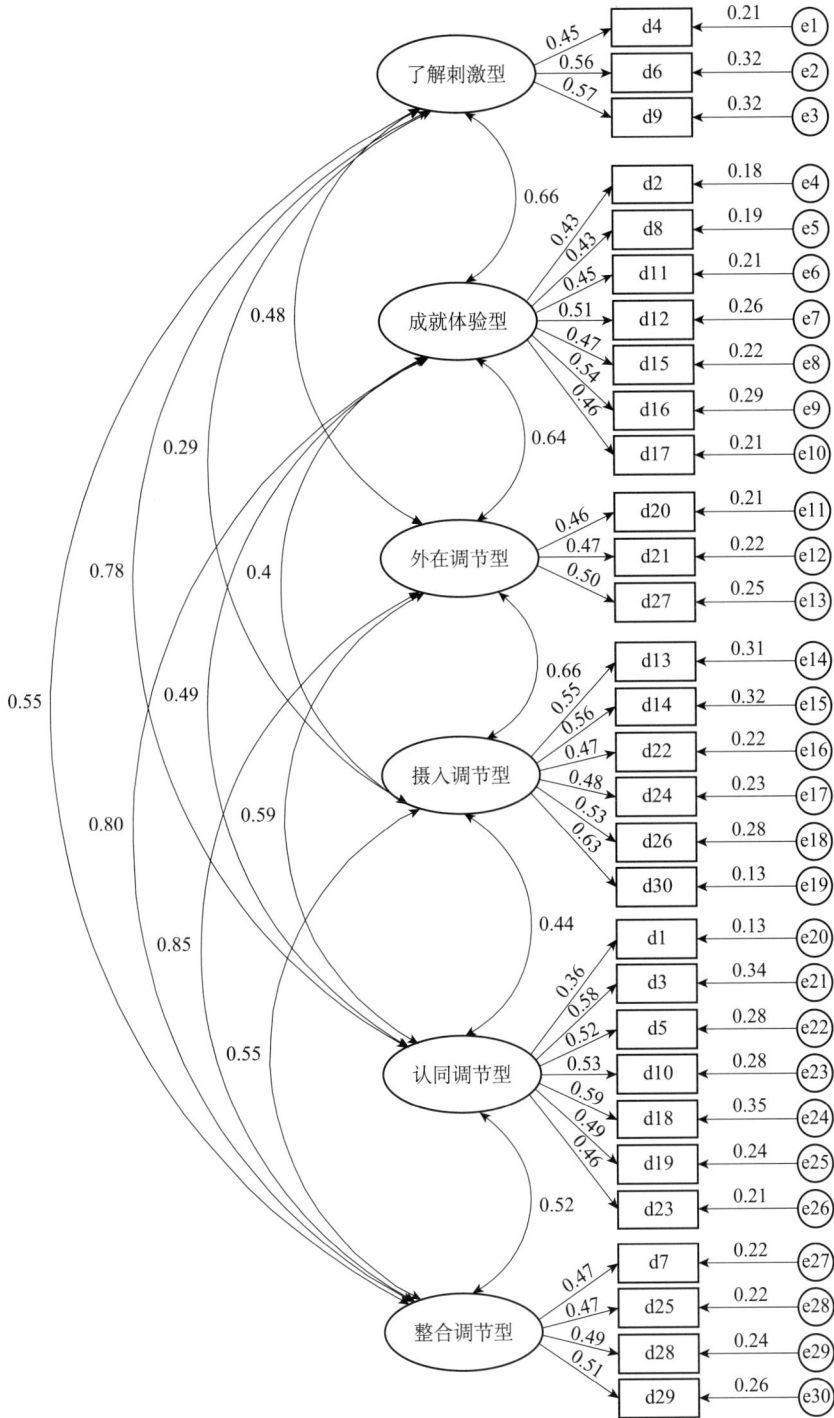

图 6-1　少数民族小学生汉语学习动机问卷因子模型图

表 6-6　少数民族小学生汉语学习态度问卷模型拟合指标

拟合指数	χ^2	df	χ^2/df	RMSEA	GFI	AGFI	TLI	CFI	NFI	RMR
模型	289.476	132	2.193	0.038	0.961	0.949	0.918	0.929	0.878	0.019

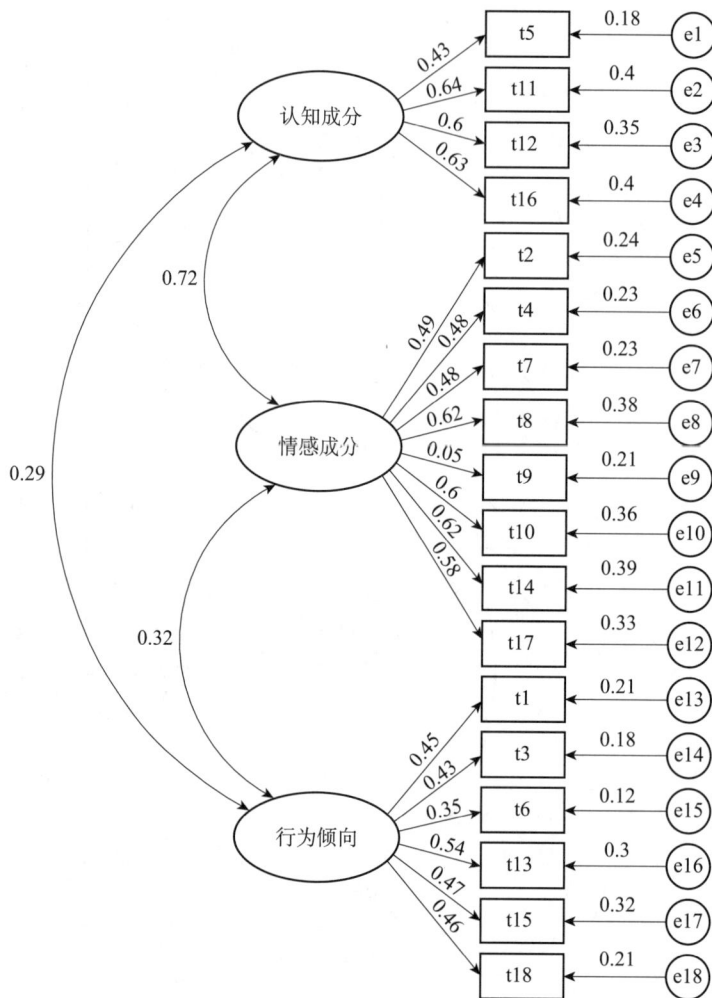

图 6-2　少数民族小学生汉语学习态度问卷因子模型图

（二）问卷的信度

信度（Reliability）是指测量结果的稳定性程度，也就是使用同一测量工具对同一测量对象进行测量时的一致性程度。它是衡量一个测量工具质量好坏的重要指标。本研究采用内部一致性系数（Cronbach α 系数）对本研究所编制问卷的信度进行考察。

通过信度分析，动机问卷的总问卷 α 系数为 0.848。除了外在调节型这一维度，其他维度的 α 系数都在 0.5 以上。这说明动机问卷的信度基本可靠，可以作为测量少数民族小学生汉语学习动机的有效工具。具体数据见表 6-7。

表 6-7 少数民族小学生汉语学习动机问卷的信度系数

信度系数	了解刺激型	成就体验型	外在调节型	摄入调节型	认同调节型	整合调节型	总问卷
α 系数	0.529	0.666	0.471	0.710	0.702	0.552	0.848

态度问卷通过信度分析，总问卷系数为 0.760，各维度的 α 系数都在 0.60 以上。这说明态度问卷的信度较好，可以作为测量少数民族小学生汉语学习态度的有效工具，具体数据见表 6-8。

表 6-8 少数民族小学生汉语学习态度问卷的信度系数

信度系数	认知成分	情感成分	行为倾向成分	总问卷
α 系数	0.653	0.707	0.607	0.760

（三）问卷的效度

效度（Validity）是指一个测验或量表实际能够测出所要测量的心理特质的程度。它也是衡量一个测量工具质量好坏的重要指标。本研究从内容效度和结构效度两个方面对所编制问卷的效度进行评估。

内容效度（Content Validity）指一个测量工具实际所测到的内容与所要测量的内容之间的吻合程度。在本研究中，少数民族小学生汉语学习动机和学习态度问卷的项目均来源于相关文献的论述、相关测量问卷中的项目及访谈结果。在问卷编制过程中，课题组进行了多次讨论，并邀请小学语文教师及心理学专家进行评定，经过反复修改最终形成正式施测问卷。因此，本研究的问卷编制程序可以保证问卷的项目能够反映少数民族小学生汉语学习动和态度的实际情况。因此，本研究所编制的问卷具有较好的内容效度。同时，本研究还探讨了问卷各维度与问卷总分的相关。

相关分析表明，汉语学习动机问卷各维度之间的相关性及其与总分的相关具有统计学意义（$p<0.01$），且相关系数都是中下等程度相关（$0.23<r<0.53$），而各维度与总分的相关系数则是中上程度（$r>0.62$），具体见表 6-9。

表 6-9　少数民族小学生汉语学习动机问卷各维度之间及其与总分的相关

维度	了解	成就	外在	摄入	认同	整合
了解	1.000					
成就	0.392**	1.000				
外在	0.252**	0.358**	1.000			
摄入	0.187**	0.237**	0.378**	1.000		
认同	0.488**	0.353**	0.360**	0.325**	1.000	
整合	0.302**	0.488**	0.432**	0.347**	0.354**	1.000
总分	0.589**	0.726**	0.633**	0.669**	0.725**	0.696**

注：**$p<0.01$。

　　相关分析表明，汉语学习态度问卷中的认知成分与情感成分的相关性较高（$r=0.729$），且相关性具有统计学意义（$p<0.01$），而行为倾向成分与认知成分（$r=0.017$）、情感成分（$r=0.016$）的相关性低，且相关性不具有统计学意义（$p>0.01$），但各维度与总分的相关都具有统计学意义（$p<0.01$），具体见表 6-10。

表 6-10　少数民族小学汉语学习态度问卷各维度之间及其与总分的相关

维度	认知成分	情感成分	行为倾向成分
认知成分	1.000		
情感成分	0.494**	1.000	
行为倾向成分	0.179**	0.203**	1.000
总分	0.730**	0.831**	0.609**

注：**$p<0.01$。

　　结构效度（Construct Validity）是指一个测量工具实际测到所要测量的理论结构和特质的程度。一般用因素分析的方法来检验问卷的结构效度。从各问卷的探索性因素分析结果可以看出，问卷的因素结构清晰、稳定、可靠，因素内项目意义明确，共同度高；而在验证性因素分析中，各项拟合指数较好，因素结构得到有效验证。因此，有理由认为《少数民族小学生汉语学习动机问卷》和《少数民族小学生汉语学习态度问卷》具有较好的结构效度。

五、讨论

（一）少数民族小学生汉语学习动机问卷

　　本研究在自我决定理论的内外动机分类的基础上，编制了少数民族小学生汉语学习动机问卷。问卷最终形成 6 个维度，其中外部动机包括 4 个因子，分别命名为外在调节型、摄入调节型、认同调节型、整合调节型；内部动机包括 2 个因子，分别命名为了解刺激型、成就体验型。问卷整体结构稳定、可靠。问卷最初设计为 7 个维度，与最后形成的 6 个维度有所不符，这是因为内部动机的取得成就型与体验刺激型经过因素分析被合并成为一个维度，命名为成就体验型。取得成就型是个体为了达到某一汉语学习目标或完成某项汉语学习任务时，遵循内在需要而去迎接挑战、超越自我。而体验刺激型是个体把汉语学习完全接纳为自我的一部分，从事汉语学习是为了行为本身内在的快乐。取得成就型动机追求的正是自我潜能的发挥，如果个体具有这种动机，就会将行为本身视为一种快乐。由此可见，取得成就型动机和体验刺激型动机的内涵具有很高的相似性，所以将它们合并为一个维度是有理可循的。

通过验证性分析可以发现，汉语学习动机问卷模型结构较好，各个拟合指标都能够达到标准。在模型中，整合调节型和外在调节型、成就取得型的相关性偏高（$r \geqslant 0.8$）。整合调节型动机指个体虽然认同汉语学习的重要性，并把它作为自我的一部分，但这种整合受到任务结果的推动，并不是源于对汉语学习本身的兴趣，所以仍然属于外在动机而不是内在动机。外在调节型动机是最缺乏自主性的动机，个体只是为了获取奖励或避免惩罚而进行汉语学习。从整合调节型动机和外在调节型动机的界定可知，这两种动机都是受行为的结果所影响，只是在自主性上有所差别。本研究在设置整合调节因子的题目时，主要是以"我喜欢……"的句型进行提问，比如"我喜欢别人夸我汉字写得好"；在设置外在调节因子的题目时，主要是以"我学习语文是为了……"或"我想……"的句型进行提问，比如"我学习语文是为了取得好成绩""我想成为班上学习最棒的人"等。有研究认为，小学生在阅读整合调节型动机题目时，注意力主要集中在句子的宾语成分，即"我喜欢"后面的句子。而整合调节型题目句子的宾语成分与外在调节型动机的句子表述的意思几乎是一致的，都是为了某种结果而产生的动机，从而导致这两种动机的相关性偏高。

该问卷的信度分析表明，动机问卷的总体信度为 0.868，成就体验型、摄入调节型、认同调节型的信度较好（$r > 0.66$），而了解刺激型、外在调节型、整合调节型的信度偏低（$0.47 < r < 0.55$）。这是因为，后三个因子包含的项目偏少，只有三、四个项目。项目数量偏少使得研究范围不够全面，因而导致相关项目的内部一致性偏低。另一方面，本研究选取的被试涵盖的民族和年级较多，可能会使被试的同质性较低，从而影响了包含项目偏少因子的信度。这一点可在将来的进一步研究中加以改进。

　　本书还探讨了汉语学习动机各维度之间及其与总分之间的相关性，各维度之间的相关较低（$0.236<r<0.520$）且具有统计意义（$p<0.05$），而其与总分的相关较高（$r>0.621$）且具有统计意义（$p<0.05$），结果再次表明本问卷具有较好的结构效度。虽然本研究最后形成的问卷与最初的理论构想不一致，但各项数据分析的结果表明，问卷的整体结构效度较好，信度也达到了较高水平。因此，该问卷可以作为进一步研究的工具使用。

（二）少数民族小学生汉语学习态度问卷

　　经过探索性因素分析，少数民族小学生汉语学习态度问卷形成认知成分、情感成分和行为倾向成分三个因子。这与原设想的结构维度一致，说明该问卷具有较好的结构效度。对此结构进行验证性分析，进一步证实了该问卷结构清晰、稳定、可靠。从因子结构图中发现，认知成分与情感成分的相关性（$r=0.72$）比认知成分与行为倾向（$r=0.29$）、情感成分与行为倾向成分的相关性（$r=0.32$）更高。本研究将汉语学习态度的认知成分界定为个体对汉语学习所持的观念和信念，将情感成分界定为伴随汉语学习观念产生的情绪或感情，将行为成分界定为个体表现出来的对汉语学习的明显的行为准备或行为倾向。由此可知，情感成分是建立在认知成分的基础上的，伴随着认知而产生的。换言之，没有认知，就没有相应的情感产生，故两者的关系最为密切。另外，人们的行为并不能与认知和情感完全一致，因此，行为倾向与认知、情感的相关性可能偏小。

　　态度问卷的信度分析表明，该问卷总体可信，问卷整体的信度为 0.760，各因子的信度系数较好（$r>0.66$）。虽然认知成分包含的题目较少，但是其信度并不受影响，被试对这些题目的作答一致性较高，这说明该因素的项目代表性较好。这也在一定程度上表明，因子包含的题目数量少只是影响信度的诸多可能因素之一，并不必然导致信度的降低。

　　对态度问卷各因子与总分的相关性进行分析发现，各因子之间具有中低程度相关（$0.18<r<0.49$），各因子与总分具有中高程度相关（$0.60<r<0.83$），且各相关系数都具有统计学意义（$p<0.01$），因子之间的相关性小于因子与总分的相关性，这再次证明了该问卷具有较好的结构，可作为进一步研究的测量工具。

六、小结

　　1）《少数民族小学生汉语学习动机问卷》为被试自评式量表，共 30 个题目，采用 3 点评分方式，分为内、外部动机 2 个维度。其中，内部动机包括 2 个因子：成就体验型、了解刺激型；外部动机包括 4 个因子：外在调节型、摄入调节型、认同调节型、整合调节型。统计分析表明，该问卷具有较好的信度和效度。

2)《少数民族小学生汉语学习态度问卷》为被试自评式量表，共 18 个题目，采用 3 点评分方式，包括 3 个因子，分别是认知成分、情感成分、行为倾向成分。统计分析表明，该问卷具有较好的信度和效度。

第三节　少数民族小学生汉语学习动机和学习态度的概况

一、研究目的

本研究旨在对少数民族小学生汉语学习动机和学习态度之间的关系及二者与汉语学习成绩的关系进行探讨，进而为少数民族地区的教学实践提供一定的可借鉴经验。具体研究目的包括：

1）分析少数民族小学生汉语学习动机和态度是否存在性别、年级差异；

2）分别分析少数民族小学生汉语学习动机和态度与汉语学习成绩的关系；

3）分析少数民族小学生汉语学习动机与学习态度之间的关系。

二、研究假设

1）少数民族小学生汉语学习动机和学习态度存在显著的性别、年级差异；

2）少数民族小学生汉语学习动机和学习态度分别对语文成绩存在显著影响；

3）少数民族小学生汉语学习动机对汉语学习态度存在显著影响。

三、研究方法

（一）研究对象

选取景洪市景洪小学、景洪勐罕镇中心小学和思茅西盟县民族小学三所学校的少数民族小学生（2～6年级）作为研究对象。共回收有效问卷826份，其中男生417人，女生409人；二年级113人，三年级132人，四年级115人，五年级348人，六年级118人；主要民族为哈尼族、傣族、佤族、彝族等。

（二）测量工具

对学习动机的测量采用《少数民族小学生汉语学习动机问卷》，对学习态度的测量采用《少数民族小学生汉语学习态度问卷》。

四、研究结果

（一）学习动机和学习态度的性别差异

对本群体的男女小学生的学习动机和学习态度进行比较发现，只有摄入调节型动机和整合调节型动机在性别上的性别差异不具有统计学意义（$p>0.5$），其他各因子都具有统计学意义，且女生在各个维度上的得分均比男生高（$p<0.5$），具体见表6-11。

表6-11　少数民族小学生汉语学习动机、学习态度的性别差异

问卷	维度	男生	女生	t
动机问卷	了解刺激型	7.08 ± 1.369	7.43 ± 1.441	-3.589**
	成就体验型	14.01 ± 2.643	14.44 ± 2.96	-2.221*
	外在调节型	6.91 ± 1.449	7.13 ± 1.487	-2.225*
	摄入调节型	12.58 ± 2.887	12.81 ± 3.003	-1.125
	认同调节型	17.11 ± 2.807	17.71 ± 2.652	-3.178**
	整合调节型	8.72 ± 1.864	8.75 ± 1.943	-0.220
	动机总和	66.39 ± 8.575	68.27 ± 9.499	-2.979**
态度问卷	认知成分	9.35 ± 2.158	9.68 ± 2.024	-2.244**
	情感成分	19.90 ± 3.222	20.74 ± 2.895	-3.974**
	行为倾向	13.71 ± 2.295	14.25 ± 2.419	-3.291**
	态度总和	42.96 ± 5.551	44.68 ± 5.412	-4.492**

注：*$p<0.05$；**$p<0.01$。

（二）学习动机和学习态度的年级差异

方差分析结果表明，本研究群体的学习动机和学习态度各维度均有年级差异，且该差异具有统计学意义。动机问卷调查结果的基本趋势为：年级越高，动机问卷的得分越低。态度问卷调查的结果发现：五年级学生的认知成分和情感成分要比其他年级好，二年级的行为倾向是各年级中最好的，行为倾向有随年级的增加而降低的趋势。具体见表6-12。

表6-12　少数民族小学生汉语学习动机、学习态度的年级方差分析

问卷	维度	二年级	三年级	四年级	五年级	六年级	F
动机问卷	了解刺激型	7.42 ± 1.528	7.42 ± 1.089	7.26 ± 1.390	7.14 ± 1.423	6.87 ± 1.483	7.286**
	成就体验型	15.79 ± 2.839	14.83 ± 1.866	14.31 ± 2.483	13.79 ± 2.848	13.21 ± 3.123	17.512**
	外在调节型	7.28 ± 1.392	7.36 ± 1.153	7.17 ± 1.476	6.28 ± 1.521	6.81 ± 1.608	5.145**
	摄入调节型	13.09 ± 2.950	13.77 ± 2.600	12.46 ± 2.936	12.31 ± 3.055	12.46 ± 2.686	6.901**
	认同调节型	17.49 ± 2.922	18.47 ± 2.039	17.55 ± 2.977	17.36 ± 2.678	16.16 ± 2.748	11.662**
	整合调节型	9.56 ± 1.704	9.43 ± 1.569	8.68 ± 1.809	8.46 ± 1.900	8.04 ± 2.049	16.738**
	动机总和	70.63 ± 10.167	71.60 ± 6.685	67.43 ± 8.422	65.88 ± 8.729	63.56 ± 9.343	19.947**
态度问卷	认知成分	8.88 ± 2.350	9.52 ± 2.525	8.99 ± 1.998	9.94 ± 1.784	9.41 ± 2.009	8.305**
	情感成分	18.91 ± 2.751	20.66 ± 3.604	19.83 ± 3.073	20.86 ± 2.832	20.20 ± 3.058	10.242**
	行为倾向	14.48 ± 2.211	14.09 ± 2.069	13.57 ± 2.264	14.08 ± 2.439	13.50 ± 2.625	3.660**
	态度总和	42.27 ± 4.555	44.27 ± 5.783	42.38 ± 5.380	44.89 ± 5.416	43.10 ± 5.996	8.353**

注：*$p<0.05$；**$p<0.01$。

（三）学习动机和学习态度与语文成绩的关系

1. 学习动机和学习态度与语文成绩的相关

本研究以少数民族小学生的语文成绩标准分作为各问卷编制的校标。具体步骤如下，首先将语文成绩按年级进行分类，然后计算其标准分，用SPSS 11.5软件计算问卷各维度与标准分之间的相关。

相关分析表明，各问卷中总分及各维度分都与语文成绩呈正相关（$r>0.00$），且相关性具有统计学意义（$p<0.05$）。其中学习态度总分与语文成绩的相关值最高（$r=0.401$），学习动机与语文成绩相关性较低。具体见表6-13。

表 6-13　少数民族小学生汉语学习动机、学习态度与语文成绩的相关性

问卷	维度	r
动机问卷	了解刺激型	0.226**
	成就体验型	0.201**
	外在调节型	0.262**
	摄入调节型	0.067*
	认同调节型	0.293**
	整合调节型	0.126**
	动机总和	0.277**
态度问卷	认知成分	0.306**
	情感成分	0.294**
	行为倾向	0.284**
	态度总和	0.401**

注：*$p<0.05$；**$p<0.01$。

2. 学习动机和学习态度与语文成绩的回归分析

以各问卷总分为自变量，语文成绩为因变量，探索动机问卷和态度问卷总分对语文成绩的影响。回归分析（全部进入法）发现，两问卷各自的总分对成绩的影响都具有统计学意义（$p<0.05$）。其中态度总分对语文成绩的影响较大（$R^2=0.161$），动机总分对语文成绩的影响较小（$R^2=0.067$），具体见表 6-14。

表 6-14　少数民族小学生汉语学习动机、学习态度与语文成绩的回归分析表

因变量	自变量	β	t	F	R^2
语文成绩	动机总和	0.277	8.262**	68.254**	0.067
	态度总和	0.401	12.564**	157.855**	0.161

注：*$p<0.05$；**$p<0.01$。

（四）学习动机与学习态度的关系

1. 学习动机与学习态度的相关性

本书认为少数民族小学生汉语学习动机和学习态度之间有密切的关系，且学习动机和学习态度影响着学生对学习策略的选择；学习动机对学习态度具有一定的影响。

相关分析表明，态度各维度与动机各维度呈正相关（$r>0.000$）。认知成分和

情感成分与动机各维度的相关性不高（0.010<*r*<0.168），行为倾向成分和动机各因子相关显著（*p*<0.01）。具体见表 6-15。

表 **6-15**　少数民族小学生汉语学习动机和学习态度的相关

	了解刺激	成就体验	外在调节	摄入调节	认同调节	整合调节	动机总分
认知成分	0.130**	0.010	0.038	0.149**	0.162**	0.062	0.011
情感成分	0.115**	0.029	0.034	0.095**	0.168**	0.068	0.020
行为倾向	0.351**	0.422**	0.326**	0.141**	0.378**	0.359**	0.473**
态度总分	0.263**	0.161**	0.173**	0.049	0.316**	0.092**	0.218**

注：**p<0.01。

2. 学习动机对学习态度的影响

以态度总分为因变量，动机总分为自变量，通过回归分析（全部进入法）进一步探讨动机和态度的关系。分析表明，学习动机对学习态度有显著影响。具体见表 6-16。

表 **6-16**　少数民族小学生汉语学习动机与学习态度的回归分析

因变量	自变量	β	t	F	R^2
态度总分	动机总和	0.218	6.403**	40.996**	0.047

注：**p<0.01。

五、讨论

（一）少数民族小学生汉语学习动机和学习态度的性别差异

本书研究发现，少数民族小学生在汉语学习动机和学习态度上存在显著的性别差异，女生在摄入调节型动机和整合调节型动机以外的各因子上的得分都高于男生。这与以往对于第二语言学习的相关研究结果基本一致。Ghazvini 等（2011）对伊朗高中学生的英语学习动机的性别差异进行了研究。结果发现，女生的融合型动机更高，而男生的工具型动机更高；而且女生对英语学习的态度比男生更积极，更有可能成为双语者。Hussain 等（2011）对巴基斯坦十年级学生的研究也发现，男生和女生对英语学习的态度存在明显差异，女生的态度更加积极。

从身心发展的特点来看，小学阶段女生比男生发育早，女生的心理状态比男生更成熟一些。因此，在学习活动中，女生的学习心理普遍比男生好。另一方面，传统文化观点也可能对男、女生的学习心理产生影响。在传统思想的影响下，人们可能对女孩子的约束较多，管教较为严格。随着时间的推移，女孩的社会形象就是"乖巧""听话"。因此，家长在培养女孩时，难免会受社会观念的影响而对女孩子的行为举止有所约束，将社会期望融入自己对孩子的管教中。而小学阶段是孩子较缺乏自主思辨的阶段，女孩会迎合长辈的这种期望，故学习心理的某些方面比男孩要好。

另外，摄入调节型动机和整合调节型动机在性别上的差异不具有统计学意义。整合调节型动机是外在动机中最具有自主性的动机，而此类型动机在性别中不具有差异，这可能与本研究调查的对象年龄有关。小学阶段的学生对汉语学习的认知较少，外部动机和内部动机没有形成清晰的界定，故不同性别学生的整合调节型动机不具有差异。而在动机问卷编制的过程中，我们发现摄入调节型动机与整合调节型动机具有较高相关性，其原因可能在于两者相关题目具有相似性，故不同性别学生的摄入调节型动机亦不存在差异。

（二）少数民族小学生汉语学习动机和学习态度的年级差异

本研究的汉语学习动机调查结果表明，少数民族小学生的年级越高、动机问卷的得分越低。汉语学习态度调查结果表明，五年级学生的认知成分和情感成分要比其他年级好，二年级的行为倾向是各年级中最好的，且行为倾向有随年级增加而降低的趋势。这也与我国以往的有关研究结果基本一致。张英彦（1998）的研究表明，小学一至五年级学生的学习态度平均水平处中等偏上，且存在非常显著的年级差异和性别差异。王有智（2003）对中国城乡小学生学习动机的发展特点进行了研究，发现我国城市小学生的学习动机总体上比农村强，城市小学生学习动机强度随年级的升高呈 U 型变化，农村小学生学习动机强度随年级的升高而增长。

在本次调查中，选取二至六年级的小学生为被试。未选取一年级学生，是因为本研究效标采取的是上学期的语文成绩。本研究是在学年的上半学期开展，此时，一年级的学生大多数没有本研究采用的效标，基于此考虑，故没有选取一年级学生作为被试。

对本研究中各年级小学生的学习动机和学习态度进行方差分析后发现，学习动机和学习态度的各个因子均存在年级差异，且差异具有统计学意义。汉语学习动机调查的结果发现，年级越高动机就越低。小学阶段，正是处于埃里克森的人格发展理论的第四阶段，即学龄期。此阶段的孩子正式进入学校学习，依赖的重心由家庭转移到学校，发展的任务是获得勤奋感而克服自卑感。低年级的少数民族小学生大部分都处于由没有上学到上学的跨越阶段，按发展的任务来说，此时的孩子应该较为勤奋，对学习兴趣较大。虽然小学阶段的学习压力相对中学来说要小得多，但随着年级的增长，学习任务还是有所增加。而这不免使学生对学习的兴趣降低，勤奋感逐渐减少。因此，学习动机随着年级的增长而降低了。

汉语学习态度调查的结果表明，五年级学生的认知成分和情感成分要比其他年级好，二年级的行为倾向是各年级中最好的，且行为倾向有随年级增加而降低的趋势。五年级是由具体形象思维向抽象逻辑思维转变的关键时期，由于身心逐渐成熟，使得学生的学习在心理上变得相对开悟，因此对学习产生了更为深刻的认识。从本研究的结构分析结果来看，情感成分与认识成分有密切的联系，故五年级的学生在这两个方面的得分最高是有因可寻的。而六年级的学生在这两个方面得分却有所下降，有可能是因为该年级的学生面临毕业，学习相对紧张，产生了负面的学习认知。相对五年级学生来说，他们学习认知的客观性较低，故六年级学生在认知成分和情感成分上的得分没有五年级学生高。在行为倾向方面，二年级的得分是最高的，以后各年级有随年级增长而降低的趋势。另外，在低年级阶段，行为与思想较为一致，故低年级学生更倾向于用学习行为直接表现内心愿望。而高年级学生思想认识虽好，但行为与思想并不是完全符合。

（三）少数民族小学生汉语学习动机和学习态度对语文成绩的影响

本研究探讨了汉语学习动机和学习态度分别与语文成绩的关系，结果发现学习动机和学习态度都与语文成绩呈正相关，且具有显著的相关关系。在此基础上，本研究采用回归分析的方法进一步探讨了汉语学习动机和学习态度对语文成绩的影响，结果表明，学习动机和学习态度对语文成绩均具有显著的影响，这与已有的研究相一致（Uguroglu et al.，1979；逄宇等，2011）。Hamjah 等（2011）用实验验证了动机可以激励学生努力奋斗，追求学术卓越，而对于缺乏动机的学生来说，学习只是为了获得学位而非取得学业成就，并且容易对学习缺乏兴趣、感到气馁、不敢面对挑战。这表明本研究所使用的问卷具有较好的效标效度，可作为后续研究的测量工具。

另外，本研究还发现，从学习态度的角度了解影响少数民族小学生成绩的因素，可能会比从学习动机的角度更有效。这可能是因为在小学阶段学生的情感或行为表现较为真实，对于汉语的评价和喜好会在生活中直接表露出来，因此他们的学习态度更能反映并预测他们的学习情况。而学习动机可能更多涉及内部的心理状态，而小学生对此不易察觉。因此，从学习态度的角度了解小学生成绩的影响因素的效果更好。

（四）少数民族小学生汉语学习动机和学习态度的关系

对少数民族小学生汉语学习动机和学习态度进行相关分析发现，学习态度与学习动机的相关具有统计学意义。进一步分析发现，学习动机对学习态度具有显著影响。学习动机是学生认为学习活动既有意义又是值得的、并且想方设法从中受益的一种心理倾向（Woolfolk et al.，2008）。而学习态度是指学习者对学习活动以一定方式做出反应时所持的评价性的、较稳定的内部心理倾向（沈德立等，2006）。可见，总体而言学习动机是一种学习需要，而学习态度是由经验积累形成的。学习需要影响着学习活动的进行，从而也就影响了学习经验。本研究假设学习动机对学习态度具有显著影响，而研究的结论也证实了这种假设。

六、结论

1）少数民族小学生汉语学习动机和学习态度存在显著的性别、年级差异，除摄入调节型动机和整合调节型动机以外，女生在动机和态度的其他各个因子上的得分都高于男生；

2）少数民族小学生汉语学习动机和学习态度对语文成绩具有显著的影响；

3）少数民族小学生汉语学习动机对汉语学习态度具有显著的影响。

第四节　少数民族小学生语文教学的建议

研究发现，少数民族小学生的学习动机和学习态度对语文成绩有显著影响。在少数民族小学生语文教学实践中，如何提高小学生的学习效果是教师较为关注的议题。因此，我们结合有关研究成果，向少数民族小学生语文教学提出以下建议，谨作参考。

一、营造良好的学习环境，培养积极的汉语学习动机和态度

学生的汉语学习动机和态度会受到多方面因素的影响。Hamjah 等人（2011）的研究表明，学生的个性、教师的职业意识、学生的宗教信仰、家人的鼓励、经济状况和学习设施等因素都会对学生的学习动机造成影响。因此，少数民族小学生的汉语学习动机也会受到多方面因素的影响。

广义的学习环境不只是学校的课堂，还包括家庭环境和社会环境。韩仁生等人（2009）对家长参与小学生学习的情况进行了研究，结果发现母亲的情感参与、父亲的管理引导参与、父亲的行为参与和母亲的智力参与是预测小学生成就动机的有效变量。Dornyei（2001）研究认为，群体内聚力对学生的学习态度至关重要，内聚力强的班级会使学生产生强烈的自豪感和认同感。教师要有目的、有意识地树立先进的学习榜样或通过期望效应去激励学生，充分发挥群体内聚力对学习态度的影响。从众依赖力是合作学习的动力之一。所谓从众，就是认可别人的学习态度和行为，因而自己也有意识或无意识地模仿和跟随他人学习的心理现象。特别是那些场依存型汉语学习者从众学习更为突出，对同伴中擅学汉语者和成功语言学习者的积极依赖和情感能够促进其积极的汉语学习态度的形成。在社会环境方面，Li（2014）对中国英语学习者在英语作为外语和英语作为第二语言这两种环境（分别是中国和新西兰）下的学习动机进行了研究，并发现显著差异。具体而言，后者愿意为英语学习付出更多努力，发展出更强的作为有能力的英语使用者的理想化自我形象，且对于英语学习比前者拥有更积极的态度。另外，从本书其他章节的研究可知，少数民族小学生的汉语学习往往会受到母语的较大影响，所以，需要家庭、学校和社会的共同努力，为少数民族小学生的汉语学习创造良好的环境。

二、逐步引导学生将外部动机转为内在动机

由于内在动机与个体的兴趣和满足感密切相关，是学生汉语学习的主要驱动力，而物质奖励等外部因素又会削弱内在动机（冯竹青等，2014）。因此，有必要将少数民族学生汉语学习的外部动机逐步转化为内在动机。这一过程具有一定的难度，而且需要较长时间才能实现。

张海燕（2008）指出，在第二语言课堂教学中，学习者对于课堂语言交际活动的兴趣和优先注意是推动其学习的主要动力。这种动力是在教师的控制范围内的，教师引导、鼓励、帮助学生培养和发展这种内在动力，使他们把社会

和学校的客观要求变成自己的学习动机，可以激发他们学习外语的内在和外在动机。外部动机是指，个体不是出于对活动本身的兴趣，而是为了获取某些外在的东西而去从事这项活动的倾向。外部动机对学生学习的促进及维持较为被动，且有可能削弱内部动机。为此，教师有必要将学生的学习的外部动机转化为内部动机。首先，教师可通过灵活的教授课本内容，使学生对汉语学习有深入的理解和积极的认识，增加学生对课文内容的体验，鼓励学习学生参与实践，从而促进其对汉语学习的兴趣和好感；其次，适当拓展课本知识，使学生在枯燥的应试性学习之外得到学习乐趣；最后，在成功激发学生学习动机的基础上，教师应当与学生建立互动，保护和维持学习的动机，使其内化为长远而健康的心理状态。

杨晓琼（2008）还发现，外语学习者的自我认同对学习者的学习动机和学习态度有极大的影响，它既是学习者学业成就的原因又是其结果。自我认同水平高或者稳定的外语学习者，学习成绩优秀。对有些小学生来说，进行汉语学习是为了获得老师、同学的认可或取得好成绩。据此，教师激发学生进行汉语学习时，只要学生做出了努力，不管是否达到相应的学习要求，教师都应当给予学生积极的回馈，帮助学生建立自我认同，促使其继续努力学习。另外，教师还可以在教学中鼓励学生进行小组学习和讨论，以此来促进学生相互帮助、相互激励，这也易使学生从同伴那里获取学习认同感，将外部动机转为内在动机。

三、在语文教学中融入情感因素，培养学生良好的汉语学习态度

态度由认知成分、情感成分和行为倾向成分构成。其中认知成分是指个体对汉语学习所持的观念和信念，情感成分是指伴随汉语学习观念产生的情绪或感情，行为成分是指个体表现出来的对汉语学习的明显的行为准备或行为。万明钢等人（1997）发现，在藏－汉汉语学习者对母语的态度中，情感因素起重要作用，有强烈的保持自己母语的愿望；汉语学习者对汉语的态度更多地含有理性的或认知的成分，对学习汉语持积极的态度；汉语学习者在家庭和本民族成员中主要使用母语，如果谈话者使用母语，而对方用汉语回答，或对方讲掺杂着汉语的混杂母语，大多数汉语学习者对此都持否定态度。这说明情感与汉语学习有密切的联系，因此，可以在少数民族小学生汉语教学过程中融入情感因素，从而潜移默化地培养学生积极的汉语学习态度。

另外，教师可对学生的学习情绪状况和行为表现进行观察，由此了解学生的学习态度，对其进行及时的调整。本书还证实了动机对态度有着显著的影响，这说明，教师在进行教学时，可以通过提高学生的学习动机来改善其学习态度。

四、提高教学水平，创新教学方法，激发学生积极的学习动机和学习态度

学生的汉语学习受到他们对汉语教师态度的影响，而这种对教师的态度主要取决于教师的教学水平和职业素质。如果教师能讲一口漂亮的汉语，就可以把课堂气氛搞得异常活跃。如果教师写一手漂亮的汉字，就可以为学生的作文锦上添花。受学生欢迎的汉语教师的品质有：认真负责，耐心细致，风趣幽默，待人友善，活泼互动；不受欢迎的教师态度与教学风格则为：不幽默，无激情，缺乏爱心，偏心眼，照本宣科，师生互动少，口语不好，脾气暴躁。因此，教师要充分分析这些态度问题，"亲其师则信其教"，部分学生不能一分为二地看待教师及其教学，导致在对待教师态度上的不认同乃至消极的态度体验。他们把对目标语的喜好转移到对教师本身的语言水平与专业修养上，教师的汉语语言综合水平和教学态度成了学生对待目标语和学习目标语的态度寄托。所以，创造一个"积极的、亲近目标语的态度"氛围是解决对教师积极态度问题的基础条件和现实前提。

另外，随着教学理念的进步和创新，一些新的教学方法和策略应运而生，一些研究人员也致力于通过新的尝试提高学生的动机水平。贾小娟等人（2012）采用聚合交叉研究设计，利用"学思维"活动课程，对某小学 1～3 年级学生的学习动机进行了 4 年的干预培养，停止培养一年后，再次收集数据，分析变化趋势、即时效果及其长时效应。结果表明，培养一年后，实验组学生的深层动机显著高于控制组，且长时效应显著。又如，"数字故事"是一个变革的综合教学策略，它利用清晰的程序流程、低成本的媒体材料和一个有效的学习环境进行合作学习。Yang 等人（2012）经过 20 周的"数字故事"实验，发现高中生在学习动机、英语水平、批判性思维等方面有明显改善，可见这一教学策略在提高学生学习动机方面是十分有价值的工具。再如，Kao 和 Oxford（2014）基于自己和家人学习外语的亲身经验，认为可以通过音乐学习英语，并提出通过音乐培养学习英语灵感和动机的三个步骤：①选择并单纯地享受音乐；②分析歌词并创作基于歌词的个人化教科书；③加深对歌曲背后的文化的理解。他们认为，这一学习策略可以采用具有丰富语义和文化相关的歌词的任何形式的歌

曲。以上这些方法都可以在汉语教学实践中进行尝试。当然，这些方法由于具有较强的新颖性，可能不容易很快被教师和学生接受，而且还需要结合教学实际进行调整改进。

总之，培养和激发学生的学习动机，转变和改善学生的汉语学习态度，需要少数民族教师的汉语教学水平的提高，需要汉语教育工作者及全社会的集体智慧和共同努力。

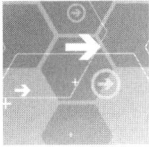

参考文献

白乙拉，李慧惠．2006．熟练–非熟练蒙族双语者英语表征的实验研究．内蒙古师范大学学报（哲学社会科学版），5：20.

白克力·热比古丽，闻素霞，雷志明．2012．维–汉–英三语者三种语言语义通达模型的实验研究．心理科学，35（2）：287-293.

别坎·木哈麦提亚尔．2010．如何培养少数民族学生学习汉语的兴趣．黑龙江科技信息，27：224.

蔡林，张亚旭．2014．句子理解过程中句法与语义加工的 EEG 时频分析．心理科学进展，7：7.

陈宝国，高怡文．2009．跨语言启动的不对称性现象及其理论解释的新进展．心理与行为研究，7（1）：71-75.

陈宝国，宁爱华．2005．汉字识别中的同音字效应：语音影响字形加工的证据．心理学探新，25（4）：35-39.

陈宝国，彭聃龄．2001．汉字识别中形音义激活时间进程的研究（Ⅰ）．心理学报，33（1）：576-581.

陈宝国，王立新，彭聃龄．2003．汉字识别中形音义激活时间进程的研究．心理学报，35（5）：576-581.

陈宝国，王立新，彭聃龄．2006．高、低频汉字形音义激活的时间进程．心理与行为研究，4（4）：252-257.

陈宝国，尤文平，张亚峰，等．2010．汉字早期字形加工阶段的习得年龄效应．心理科学，（3）：726-728.

陈宝国，尤文平，周会霞．2007．汉语词汇习得的年龄效应：语义假设的证据．心理学报，39（1）：9-17.

陈传锋，黄希庭．1999．结构对称性汉字视觉识别特点的实验研究．心理学报，31（2）：154-161.

陈惠芳．2015．幼儿科学知识类图画书的教学指导策略——以《小燕子和它的朋友》为例．教学月刊（小学版），（1）：91-93.

陈立，汪安圣．1965a．儿童色、形抽象的发展研究．心理学报，（2）：154-162.

陈立，汪安圣．1965b．色，形爱好的差异．心理学报，（3）：265-269.

陈少华，曾毅．2006．论儿童认知发展的心理理论．广州大学学报：自然科学版，5（4）：86-90.

陈曦，张积家．2004．汉字词形、音、义信息在色词干扰中的自动激活．心理科学，27（5）：1112-1115.

陈新葵，张积家．2008．义符熟悉性对高频形声字词汇通达的影响．心理学报，40（2）：148-159.

陈栩茜，张积家．2012．粤–普–英讲话者的语义表征研究．华南师范大学学报（社会科学版），（2）：63-69.

陈永明，崔耀．1994．句子先提述的参与者在可提取性上的优势现象．心理学报，2：113-120.

陈远鸿．1997．中国少数民族双语教育研究现状与趋向．贵州民族研究，1：99-105.

程利，杨治良．2006．大学生阅读插图文章的眼动研究．心理科学，29（3）：593-596.

崔占玲，王德强．2012．少数民族双语者的语言 C 表征和语言联系．心理科学进展，8：13.

崔占玲，张积家，顾维忱．2009．藏–汉–英三语者言语产生中的词汇选择机制．现代外语，（1）：51-58.

崔占玲，张积家．2007．英–汉–藏双语者字词识别中语码切换研究．第十一届全国心理学学术会议论文摘要集．

崔占玲，张积家.2008.双语言语产生中语码切换的特点及机制.华南师范大学学报：社会科学版，（1）：114-121.

崔占玲，张积家.2009a.藏－汉－英三语者语言联系模式探讨.心理学报，（3）：208-219.

崔占玲，张积家.2009b.藏－汉－英三语者词汇与语义表征研究.心理科学，（3）：559-562.

崔占玲，张积家.2010.汉－英双语者言语理解中语码切换的机制——来自亚词汇水平的证据.心理学报，（2）：173-184.

戴庆厦，关辛秋.1998.中国少数民族双语教育的现状及发展趋势.黑龙江民族丛刊，112-115.

戴庆厦.2007.中国少数民族双语的现状及对策.语言与翻译，3：61-64.

丁祖荫.1964.儿童图画认识能力的发展.心理学报，（2）：161-169.

段海凤.2012.藏语安多方言词重音对汉语普通话声调习得的影响.北京：中央民族大学.

方柠.2002.民族双语双文教学改革的思考——以云南德宏傣族景颇族自治州为例.云南民族学院学报：哲学社会科学版，19（5）：115-117.

方燕红，张积家.2007.图词干扰范式下的语义效应.心理科学进展，15（5）：781-787.

冯竹青，葛岩.2014.物质奖励对内在动机的侵蚀效应.心理科学进展，4：13.

逄宇，佟月华，田录梅.2011.自尊和学习动机与学业成绩的关系.济南大学学报：自然科学版，25（3）：327-330.

傅金芝.1997.STROOP色词测验在民族儿童汉语文教学研究中的应用.全国心理学学术会议文摘选集.

傅莉，苏彦捷.2006.儿童心理状态推理中的观点偏差零.心理学报，38（3）：349-355.

高定国，钟毅平，曾铃娟.1995.字频影响常用汉字认知速度的实验研究.心理科学，（4）：225-229.

高华年.2001.印度尼西亚语的名词结构.暨南大学华文学院学报，（1）：68-76.

龚少英，彭聃龄.2006.4～5岁幼儿句法意识的发展。课程·教材·教法，（4）：88-90.

龚少英，彭聃龄.2008a.4～10岁汉语儿童句法意识的发展.心理科学，31（2）：346-349.

龚少英，彭聃龄.2008b.句法复杂性对句法意识发展的影响.语言研究，（1）：79-83.

龚少英.2007.4—5岁幼儿把字句和被字句句法意识发展的特点.教育科学，23（1）：92-94.

姑里巴哈尔·玉斯音.2013.浅谈提高少数民族地区提高汉语教学水平.城市建设理论研究：电子版，（9）.

管益杰，方富熹.2001.单字词的学习年龄对小学生汉字识别的影响.心理学报，33（5）：425-430.

郭力平，林琳，王晓蕾.2005a.儿童关于图画作者年龄特征的认知发展研究.心理发展与教育，21（2）：1-6.

郭力平，王晓蕾，王顺妹.2004.利用倒转图考察儿童认知发展的初步研究.心理科学，27（4）：850-854.

郭力平，王晓蕾，王顺妹，等.2005b.早期儿童关于图画与其所指物间关系的理解.心理科学，28（1）：61-65.

郭力平，徐启丽，林琳.2006.2.5至7.5岁儿童关于图画作者能力特点的认知发展.心理科学，28（5）：1055-1059.

郭力平，许冰灵.2008.幼儿对于图画作者情绪状态与其作品间关系的认知.心理科学，30（6）：1332-1336.

郭桃梅，彭聃龄，祁志强，等.2004.语音的自动激活及其在汉字语义通达中的作用.心理学探新，24（1）：31-33.

韩布新.1998.汉字识别中部件的频率效应.心理科学，21（3）：193-195.

韩仁生，王晓琳.2009.家长参与与小学生学习自我效能的关系研究.心理科学，32（2）：430-432.

郝美玲，刘友谊，舒华，等.2003.汉语图片命名中获得年龄的作用.心理与行为研究，1（4）：268-273.

黄宣范.1995.语言，社会与族群意识——台湾语言社会学的研究.台北：文鹤书局.

贾广珍，刘友谊，舒华，等.2013.生命性信息在语言加工中的作用.心理科学进展，21（8）：1371-1381.

贾小娟，胡卫平，武宝军.2012.小学生学习动机的培养：五年追踪研究.心理发展与教育，28（2）：184-192.

江新.2003.不同母语背景的外国学生汉字知音和知义之间关系的研究.语言教学与研究，（6）：51-57.

江新，荆其诚．1999．句法和语义在汉语简单句理解中的作用．心理学报，31（4）：361-368．

金花．1997．儿童发展心理学．上海：华东师范大学出版社．

康亮芳．2011．关于少数民族汉语教学的思考．南昌教育学院学报，26（9）：59-60．

康长运．2007．幼儿图画故事书阅读过程研究．北京：教育科学出版社．

雷莉，赵盈仪．2014．边远藏区少数民族汉语教学与对外汉语教学的比较——以四川甘孜康定县某藏文中学和某大学为例．宜宾学院学报，14（2）：109-112．

雷志明，闻素霞．2011．维吾尔族三语者的非熟练第三语言的概念表征特征．心理学探新，31（2）：150-153．

李纯．2008．试论母语对第二语言学习的影响．昌吉学院学报，（5）：77-80．

李利，莫雷，王瑞明，等．2006．双语言语产生中的词汇提取机制．心理科学进展，14（5）：648-653．

李儒忠．2009．中国少数民族双语教育历史进程综述．新疆教育学院学报，25（1）：1-8．

李爽．2014．西双版纳贝叶小学傣族学生汉语学习的社会制约性研究．重庆：西南大学．

李甦，李文馥，杨玉芳．2006．3～6岁儿童图画讲述能力的发展特点．心理科学，29（1）：25-29．

李星．2007．不同熟练水平双语者双语抑制控制能力及其机制的实验研究．南京：南京师范大学．

李莹，王瑞明，莫雷．2005．物体隐含的形状信息对图片再认的影响．心理科学，28（3）：588-590．

李莹，王瑞明，莫雷．2007．否定句理解中知觉仿真的动态过程．心理科学，30（4）：791-795．

寮菲，刘煜．2004．语序与语义策略在第二语言简单句理解中的作用．外语教学，（2）：22-26．

林泳海，廖玲英．2010．低‐高年级小学生汉字识别中形音义激活的时间进程．心理科学（3）：596-599．

伶乐泉，张一清．1999．小学识字教学研究．广州：广东教育出版社．

刘敏．2011．蒙汉双语者冲突控制和反应抑制的实验研究．呼和浩特：内蒙古师范大学．

刘儒德，陈琦．2007．当代教育心理学．北京：北京师范大学出版社．

刘艳，陶云．2015a．少数民族儿童汉语发展性阅读障碍研究．昆明：云南科技出版社．

刘艳，陶云，王晓曦，等．2015b．发展性阅读障碍与工作记忆损伤研究进展．心理与行为研究，13（6）：846-852．

刘燕妮，舒华．2003．Erp与语言研究．心理科学进展，11（3）：296-302．

刘燕妮，舒华，轩月．2002．汉字识别中形旁亚词汇加工的发展研究．应用心理学，8（1）：3-7．

刘一宁．2010．小学高年级班主任支持性行为对学生学习动机的影响研究．长春：东北师范大学．

刘钰，陶云，刘艳．2011．小学傣汉双语者汉语词汇形音的语义通达特点．心理学探新，31（6）：520-524．

卢家楣．2002．以情优教．上海：上海人民出版社．

罗美珍．2008．傣语方言研究（语法）．北京：民族出版社．

马春花．2006．东乡族儿童汉语语句理解的研究．兰州：西北师范大学．

玛力亚．2009．新疆少数民族学生母语在汉语学习中的影响和运用．青年文学家．2009（4）：71．

买鲁达•艾克拉木．2009．少数民族汉语教学中存在的问题及改进措施．读与写：教育教学刊，6：171．

缪小春，陈国鹏，应厚昌．1983．词序和语义在汉语理解中的作用再探．心理科学通讯，3（6）：1-7．

缪小春，桑标．1994．5～8岁儿童对几种偏正复句的理解．心理科学，（1）：10-15．

缪小春，朱曼殊．1989．幼儿对某几种复句的理解．心理科学，（6）：3-8．

努尔斯曼姑•玉素音．2011．母语教学对少数民族汉语教学的影响．城市建设理论研究：电子版，（36）．

彭聃龄，郭德俊，张素兰．1985．再认性同一判断中汉字信息的提取．心理学报，（3）：227-234．

彭聃龄，刘松林．1993．汉语句子理解中语义分析与句法分析的关系．心理学报，25（2）：132-139．

彭聃龄，舒华，陈烜之．1997a．汉语认知研究的历史和研究方法．汉语认知研究．济南：山东教育出版社．

彭聃龄，王春茂．1997b．汉字加工的基本单元：来自笔画数效应和部件数效应的证据．心理学报，（1）：9-17．

彭聃龄，徐世勇，丁国盛，等．2003．汉语单字词音、义加工的脑激活模式．中国神经科学杂志，19（5）：287-291．

彭懿．2008．图画书——阅读与经典．南昌：二十一世纪出版社．

祁德川. 2000. 云南省民汉双语文教学的发展及面临问题与对策. 大理师专学报,（1）: 1-5.

祁志强, 彭聃龄, 丁国盛. 2010. 不可预期条件下汉英双语者的语言切换研究. 心理科学,（5）: 1051-1053.

热西旦·吾布力. 2009. 浅谈提高少数民族汉语语言水平的重要性. 商情, 21: 122.

荣泰生. 2009. AMOS 与研究方法. 重庆: 重庆大学出版社.

邵瑞珍. 1997. 教育心理学. 上海: 上海教育出版社.

沈德立, 白学军. 2006. 高效率学习的心理机制研究. 心理科学, 29（1）: 2-6.

沈德立, 王敬欣. 2003. 分心抑制与年龄关系的位置负启动效应实验研究. 心理与行为研究（1）: 19-22.

沈模卫, 李忠平, 朱祖祥. 1997. 部件启动对合体汉字字形识别的影响. 心理科学, 3: 206-211.

时蓉华. 1998. 社会心理学. 杭州: 浙江教育出版社.

史惠中. 1986. 关于 3～7 岁幼儿观察后讲述能力的调查报告. 心理发展与教育,（4）: 13-21.

束定芳, 庄智象. 1996. 现代外语教学——理论, 方法与实践. 上海: 上海外语教育出版社.

宋广文, 任真. 2002. 漫画认知发展特点的研究. 心理发展与教育, 17: 24-28.

宋华, 张厚粲. 1995. 在中文阅读中字音, 字形的作用及其发展转换. 心理学报, 27（2）: 139-144.

宋正国. 1992. 4～8 岁儿童句子可接受性判断能力及其特点. 心理科学, 14（3）: 23-29.

苏珊. 朗格. 1983. 艺术问题. 滕守尧译. 北京: 中国社会科学出版社.

谭力海, 彭聃龄. 1989. 快速呈现条件下语境与词频对中文语词识别的影响. 心理科学,（2）: 3-8.

陶云. 2001. 图画知觉过程的眼动研究进展. 心理科学, 24（2）: 194-196.

陶云. 2004. 图画背景中词图认知的无意识激活研究. 昆明: 云南民族出版社.

陶云, 陈睿, 刘智, 等. 2015. 傣-汉双语小学生词汇选择过程中的抑制控制. 心理与行为研究, 13（5）: 671-677.

陶云, 申继亮. 2003a. 高二学生阅读插图课文的即时加工研究. 心理发展与教育, 19（2）: 43-46.

陶云, 申继亮, 沈德立. 2003b. 中小学生阅读图文课文的眼动实验研究. 心理科学, 26（2）: 199-203.

屠美如, 孔起英. 1999a. 学前儿童美术欣赏课程框架研究（上）. 幼儿教育,（11）: 4-5.

屠美如, 孔起英. 1999b. 学前儿童美术欣赏课程框架研究（下）. 幼儿教育,（12）: 10-11.

吐尔地布·塞拉依丁. 2012. 民族地区儿童汉语文学习困难分析及对策——以小学维汉双语班教学为例. 新课程研究: 基础教育,（4）: 127-129.

万明钢, 王鉴. 1997. 藏族双语人双语态度的调查研究. 心理学报, 29（3）: 294-300.

万明钢. 1991. 汉、藏、东乡族 9-12 岁儿童汉语被动句理解水平的跨文化比较研究. 心理科学, 4, 17-22.

万荃双. 2011. 3-6 岁幼儿在园自主阅读材料选择的研究. 湖南师范大学.

王凤梅. 2010. 非熟练蒙-英双语者语义表征与切换的 ERP 研究. 呼和浩特: 内蒙古师范大学.

王敬欣, 沈德立. 2003. 汉字的特性负启动效应与年龄发展的关系. 心理发展与教育, 19（2）: 9-13.

王明芝. 2013. 浅析少数民族学生学习汉语文的意义. 中华少年（研究青少年教育）: 190.

王瑞明, 莫雷, 李利, 王穗苹, 吴俊. 2005. 言语理解中的知觉符号表征与命题符号表征. 心理学报, 37（2）: 143-150.

王思嘉. 2004. 日本留学生加工四种汉语句式的句法策略和语义策略——基于竞争模式的第二语言习得考察. 北京: 北京语言大学.

王彦, 苏彦捷. 2007. 5～8 岁儿童对模糊信息具有多重解释的理解. 心理科学, 30（1）: 158-161.

王彦, 苏彦捷. 2008. 儿童对观察者预期造成的模糊刺激解释多样性的理解. 心理发展与教育, 24（1）: 1-6.

王有智. 2003. 西北地区小学生学习动机发展特点的研究. 心理发展与教育, 1: 20-24.

王玉琼. 2013. 新疆学前教师与维吾尔族儿童互动的汉语语言水平研究. 上海: 华东师范大学.

吴凤岗. 1983. 低幼儿童绘画和理解图画的心理特点. 美术, 6: 4-7.

吴汉荣, 邹宇量. 2008. 阅读障碍儿童汉字字形, 字音和字义启动效应. 中国心理卫生杂志, 22（8）: 559-563.

武进之, 应厚昌, 朱曼殊. 1984. 幼儿看图说话的特点. 心理科学,（5）: 8-14.

鲜红林.2006.维汉双语者心理词典的双语 Stroop 实验研究.乌鲁木齐:新疆师范大学人文学院.

辛宏伟.2011.3-6 岁维吾尔族儿童汉语语言发展研究.上海:华东师范大学.

许冰灵.2009.学前儿童对图画作品的认知研究综述.幼儿教育导读(教师版)下半月,(4):32-34.

徐虹.2015.学前儿童图画阅读理解能力的培养策略.现代中小学教育,(2):109-111.

徐启丽.2008.学前儿童对于图画作者意图的认知发展及教育启示.上海:华东师范大学.

徐琴美,何洁.2006.儿童情绪理解发展的研究述评.心理科学进展,14(2):223-228.

杨珲,彭聃龄,Charles A Perfetti,等.2000.汉字阅读中语音的通达与表征(Ⅰ)-字水平与亚字水平的语音及其交互作用.心理学报,32(2):144-225.

杨静,王立新,彭聃龄.2004.第二语言获得的年龄和熟练程度对双语表征的影响.当代语言学,6(4):321-327.

杨晓琼.2008.外语学习者自我认同与其学业成就关系研究.新西部:理论版,(10):193-194.

余林,舒华.1999.句子理解加工的新进展.心理学动态,7(4):7-13.

喻柏林,曹河圻,冯玲,等.1990a.汉字形码和音码的整体性对部件识别的影响.心理学报,3:232-239.

喻柏林,冯玲,曹河圻,等.1990b.汉字的视知觉——知觉任务效应和汉字属性效应.心理学报,(2):141-148.

喻柏林.1998.汉字字形知觉的整合必至部件认知的影响.心理科学,21(4):306-309.

张必隐.1992.阅读心理学.北京:北京师范大学出版社.

张春兴.2005.现代心理学:现代人研究自身问题的科学.上海:上海人民出版社.

张海燕.2008.如何在第二语言教学中强化学习者的动机.教育理论与实践,(30):54-56.

张红梅.2004.新时期我国少数民族教育的基本方针与政策.中国民族教育,4:8-10.

张积家,崔占玲.2008.藏-汉-英三语者字词识别中的语码切换及其代价.心理学报,40(2):136-147.

张积家,何秀梅,陈曦.2007.纳西象形文字识别中的形,音,义激活.心理学报,39(5):807-818.

张积家,张凤玲.2014.熟练粤语-普通话双言者听觉词的语言表征.心理与行为研究,12(4):433-440.

张金桥,莫雷.2003.汉语因果复句的心理表征项目互换效应研究.心理发展与教育,19:53-56.

张金桥,莫雷.2005.汉语假设条件复句的心理表征项目互换效应研究.心理科学,28(1):230-232.

张金桥,王燕.2010.韩国、印尼留学生汉字识别中形音义的激活.心理学探新,6:36-44.

张金桥,莫雷.2006.汉语主动句,被动句的命题表征项目顺序特点.心理学报,38(3):317-323.

张金桥.2004.汉语空间关系复杂句心理表征项目互换效应.暨南大学华文学院学报,(4):44-49.

张静.1992.维吾尔母语对汉语学习的负迁移作用.语言与翻译,(2):69-71.

张茜,张文鹏.2007.双语心理词典表征理论及研究.电子科技大学学报:社会科学版,9(3):80-84.

张清芳,杨玉芳.2004.汉语词汇产生中语义,字形和音韵激活的时间进程.心理学报,36(1):1-8.

张清芳,杨玉芳.2006.汉语词汇产生中词汇选择和音韵编码之间的交互作用.心理学报,38(4):480-488.

张武田,冯玲.1992.关于汉字识别加工单位的研究.心理学报,24(4):379-385.

张杏如,嘉木,徐蓉.2014.图画书带来的质感人生.父母必读,3:22-24.

张学敏.2008.蒙古族双语者心理词典表征结构的实验研究.呼和浩特:内蒙古师范大学.

张英,奚玲利,姚成.2013.谈谈家庭环境下婴幼儿图画书的阅读.大众文艺:学术版,(13):244-245.

张英彦.1998.小学生学习态度的研究.教育探索,(6):53-54.

张振军,丁国盛,陈宝国.2011.汉字习得的年龄效应:语音完整性假设的检验.心理发展与教育,6:577-583.

张志杰.2008.文化思维模式差异对汉语学习策略的影响.天津:天津师范大学.

张智.1997.儿童对图画兴趣和表征发展差异的跨文化研究.应用心理学,(2):32-38.

张智.1999.4～10 岁儿童绘画作品情绪表征发展的研究.云南师范大学学报:哲学社会科学版,(2):99-102.

赵金铭 . 1997. 对外汉语教材创新略论 . 世界汉语教学（2）：54-61.

周榕，张静宇 . 2014. 汉语否定隐喻句在语篇理解中的心理表征研究 . 华南师范大学学报（社会科学版）：（4）：52-58.

周晓林，鲁学明，舒华 . 2000. 亚词汇水平加工的本质：形旁的语音激活 . 心理学报，32（1）：20-24.

周晓林，玛依拉·亚克甫，李恋敬，等 . 2008. 语言经验可以改变双语者的主导语言 . 心理科学，31（2）：266-272.

周晓林，武宁宁 . 1998. 语音与词义激活的相对时间进程：来自儿童发展的证据 . 心理科学，21（6）：498-501.

朱红，曹磊 . 2012. 云南少数民族地区双语教学的历史进程综述 . 思茅师范高等专科学校学报，28：69-72.

朱曼殊，华红琴 . 1992. 儿童对因果复句的理解 . 心理科学，3，31-37.

朱智贤 . 1981，有关儿童智力发展的几个问题 . 北京师范大学学报：社会科学版，（1）：39-46.

朱智贤 . 1984. 关于思惟心理研究的几个基本问题 . 北京师范大学学报：社会科学版，（1）：1-7.

朱智贤 . 1990. 中国儿童青少年心理发展与教育（3ed.）：中国卓越出版公司 .

左志宏，席居哲，石静 . 2012. 图画书指导阅读对幼儿挑战行为的改善 . 学前教育研究，6：9.

Abutalebi J，Chang Smith M. 2013. Second Language Representation in the Brain. The Encyclopedia of Applied Linguistics.

Allen Preissler M，Carey S. 2004. Do both pictures and words function as symbols for 18-and 24-month-old children？ Journal of Cognition and Development，5（2）：185-212.

Allport A, Wylie G. 1999. Task-switching: Positive and negative priming of task-set.

Anderson R C，Ku Y M，Li W，et al. 2013. Learning to see the patterns in Chinese characters. Scientific Studies of Reading，17（1）：41-56.

Balota D A，Chumbley J I. 1984. Are lexical decisions a good measure of lexical access？ The role of word frequency in the neglected decision stage. Journal of Experimental Psychology：Human perception and performance，10（3）：340.

Bates E，MacWhinney B. 1987. Competition，variation，and language learning. Mechanisms of language acquisition，157-193.

Beauvillain C，Grainger J. 1987. Accessing interlexical homographs：Some limitations of a language-selective access. Journal of Memory and Language，26（6）：658-672.

Berman R A. 1999. Bilingual proficiency/proficient bilingualism：insights from narrative texts. Bilingualism and Migration，14：187.

Berndt R S，Salasoo A，Mitchum C C，et al. 1988. The role of intonation cues in aphasic patients' performance of the grammaticality judgment task. Brain and Language，34（1）：65-97.

Bever T G. 1970. The cognitive basis for linguistic structures In J. R. ayes（Ed）Cognition and Development of Language.

Bialystok E，Craik F，Luk G. 2008. Cognitive control and lexical access in younger and older bilinguals. Journal of Experimental Psychology：Learning，Memory，and Cognition，34（4）：859.

Bialystok E. 1988. Levels of bilingualism and levels of linguistic awareness. Developmental Psychology，24（4）：560.

Bialystok E. 2007. Cognitive effects of bilingualism：How linguistic experience leads to cognitive change. International Journal of Bilingual Education and Bilingualism，10（3）：210-223.

Bialystok E. 2010. Global-local and trail-making tasks by monolingual and bilingual children：Beyond inhibition. Developmental Psychology，46（1）：93.

Bloom P. 2002. How children learn the meanings of words. Boston：MIT press.

Bloom P，Markson L. 1998. Intention and analogy in children's naming of pictorial representations. Psychological Science，9（3）：200-204.

Boland J E. 1997. The relationship between syntactic and semantic Processes in sentence comprehension . Language and Cognitive Processes，4：423-484.

Bonin P，Fayol M，Chalard M. 2001. Age of acquisition and word frequency in written picture naming. The Quarterly Journal of Experimental Psychology：Section A，54（2）：469-489.

Brauer M. 1998. "Stroop interference in bilinguals: The role of similarity between the two languages", in Foreign Language Learning:Psycholinguistic Studies on Training and Retention, eds A. F. Healy and L. Bourne (Mahwah, N J: Erlbaum), 317-337.

Brown H D. 1994. Teaching by principles: Englewood Cliffs. NJ: Prentice Hall.

Browne C A, Woolley J D. 2001. Theory of mind in children's naming of drawings. Journal of Cognition and Development, 2 (4): 389-412.

Bruner J S, Lufburrow R A. 1960. The Process of Education. American Journal of Physics, 31 (6): 122-132.

Brysbaert M, Lange M, Wijnendaele I V. 2000. The effects of age-of-acquisition and frequency-of-occurrence in visual word recognition: Further evidence from the Dutch language. European Journal of Cognitive Psychology, 12 (1): 65-85.

Cain W J. 2004. Telling stories: Examining the effects of elaborative style, reporting condition, and social class in preschoolers' narratives. Merrill-Palmer Quarterly, 50 (2): 139-158.

Callaghan T C. 1999. Early understanding and production of graphic symbols. Child Development, 70 (6): 1314-1324.

Callaghan T C, Rochat P. 2003. Traces of the artist: Sensitivity to the role of the artist in children's pictorial reasoning. British Journal of Developmental Psychology, 21 (3): 415-445.

Carpendale J I, Chandler M J. 1996. On the distinction between false belief understanding and subscribing to an interpretive theory of mind. Child Development, 67 (4): 1686-1706.

Carroll J, Copestake A, Flickinger D, et al. 1999. An efficient chart generator for (semi-) lexicalist grammars. Paper presented at the Proceedings of the 7th European workshop on natural language generation (EWNLG'99).

Chen S, Bates E. 1998. The dissociation between nouns and verbs in Broca's and Wernicke's aphasia: Findings from Chinese. Aphasiology, 12 (1): 5-36.

Chen H, Ho C. 1986. Development of Stroop int+erference in Chinese-English bilinguals. Journal of Experimental Psychology: Learning, Memory, and Cognition, 12 (3): 397.

Chen H, Ng M. 1989. Semantic facilitation and translation priming effects in Chinese-English bilinguals. Memory & Cognition, 17 (4): 454-462.

Chen H, Shu H. 2001. Lexical activation during the recognition of Chinese characters: Evidence against early phonological activation. Psychonomic Bulletin & Review, 8 (3): 511-518.

Cheng, K H, Tsai C C. 2014. Children and parents' reading of an augmented reality picture book: Analyses of behavioral patterns and cognitive attainment. Computers & Education, 72: 302-312.

Chomsky N. 1969. Aspects of the Theory of Syntax (11ed.). MIT press.

Clark H H, Clark E V, Kagan J. 1977. Psychology and language: An introduction to psycholinguistics (515ed.). Harcourt Brace Jovanovich New York.

Cloke P, Johnston R, Johnston R J. 2005. Spaces of geographical thought: deconstructing human geography's binaries. Sage.

Costa A, Antesteban M, Vanova I. 2006. How do highly proficient bilinguals control their lexicalization process? Inhibitory and language-specific selection mechanisms are both functional. Journal of Experimental Psychology: Learning, Memory and Cognition, 32 (5): 1057.

Costa A, Antesteban M. 2004. Lexical access in bilingual speech production: Evidence from language switching in highly proficient bilinguals and L2 learners. Journal of Memory and Language, 50 (4): 491-511.

Costa A, Alario F, Caramazza A. 2005. On the categorical nature of the semantic interference effect in the picture-word interference paradigm. Psychonomic Bulletin & Review, 12 (1): 125-131.

Costa A, Miozzo M, Caramazza A. 1999. Lexical selection in bilinguals: Do words in the bilingual's two lexicons compete for selection? Journal of Memory and Language, 41 (3): 365-397.

Costa A, kovacic D, Franck J, et al. 2003. On the autonomy of the grammatical gender systems of the two languages of a bilingual. Bilingualism: Language and Cognition, 6 (3): 181-200.

Crain S, Steedman M. 1985. On not being led up the garden path: The use of context by the psychological parser. Natural Language Parsing, 320-358.

Cummins J. 1991. Interdependence of first-and second-language proficiency in bilingual children. Language

Processing in Bilingual Children, 70-89.

De Groot A M, Nas G L. 1991. Lexical representation of cognates and noncognates in compound bilinguals. Journal of Memory and Language, 30（1）：90-123.

Declerck M, Stephan D N, koch I, et al. 2015. The other modality：Auditory stimuli in language switching. Journal of Cognitive Psychology（ahead-of-print）, 1-7.

Dell G S. 1986. A spreading-activation theory of retrieval in sentence production. Psychological Review, 93（3）：283.

DeLoache J S, Burns N M. 1994. Early understanding of the representational function of pictures Cognition, 52（2）：83-110.

Deregowski J B, Muldrow E, Muldrow W. 1972. Pictorial recognition in a remote Ethiopian population. Perception, 1（4）：417-425.

Ding G, Peng D, Taft M. 2004. The nature of the mental representation of radicals in Chinese：a priming study. Journal of Experimental PsCognition, 30（2）：530.

Dong Y, Gui S, Macwhinney B. 2005. Shared and separate meanings in the bilingual mental lexicon. Bilingualism：Language and Cognition, 8（3）：221-238.

Dörnyei Z. 1998. Motivation in second and foreign language learning. Language Teaching, 31（03）：117-135.

Dörnyei Z. 2001. Motivation strategies in the language classroom：Ernst Klett Sprachen.

Emmerich W, Cocking R R, Sigel I E. 1979. Relationships between cognitive and social functioning in preschool children. Developmental Psychology, 15（5）：495-504.

Evans M A, Saint-Aubin J. 2010. An eye for print：Child and adult attention to print during shared book reading. Springer US, 43-53.

Ferreira F, Clifton C. 1986. The independence of syntactic processing. Journal of Memory and Language, 25（3）：348-368.

Finkbeiner M, Almeida J, Janssen N, et al. 2006. Lexical selection in bilingual speech production does not involve language suppression. Journal of Experimental Psychology：Learning, Memory, and Cognition, 32（5）：1075-1089.

Frazier L, Rayner K. 1982. Making and correcting errors during sentence comprehension：Eye movements in the analysis of structurally ambiguous sentences. Cognitive Psychology, 14（2）：178-210.

Frazier L. 1984. Sentence Processing：A tutorial review. In M. coltheart（Ed）：MA：MIT Press Freeman, N. H. 1995. The emergence of a framework theory of pictorial reasoning. Drawing and looking：Theoretical approaches to pictorial representation in children, 135-146.

Freeman N H. 1995. The emergence of a framework theory of pictorial reasoning. In C. Lange-Kuttner & G. V. Thomas（Eds.）, Drawing and looking（pp. 135-146）. New York: Harvester Wheatsheaf.

Frühholz S, Qdde B, Inke M, et al. 2011. Spatio-temporal brain dynamics in a combined stimulus-stimulus and stimulus–response conflict task. Neuroimage, 54（1）：622-634.

Gairns B G. 1992. Cognitive processing in ESL reading.

Gardner H. 1970. Children's sensitivity to painting styles. Child Development, 813-821.

Gardner R C, Lambert W E. 1972. Attitudes and Motivation in Second-Language Learning.

Ghazvini S D, Khajehpour M. 2011. Attitudes and Motivation in learning English as Second Language in high school students. Procedia-Social and Behavioral Sciences, 15：1209-1213.

Gibson E J, Pick A, Osser H, et al. 1962. The role of grapheme-phoneme correspondence in the perception of words. The American Journal of Psychology, 75（4）：554-570.

Gibson J J. 1971. The information available in pictures. Leonardo, 27-35.

Glaser W R, Düngelhoff F J. 1984. The time course of picture-word interference. Journal of Experimental Psychology：Human Perception and Performance, 10（5）：640-654.

Glaser W R, Glaser M O. 1989. Context effects in stroop-like word and picture processing. Journal of Experimental Psychology：General, 118（1）：13.

Goetz E T, Anderson R C, Schallert D L. 1981. The representation of sentences in memory. Journal of Verbal Learning and Verbal Behavior, 20（4）：369-385.

Gollan T H, Andoval T, Salmon D P. 2011. Cross-language intrusion errors in aging bilinguals reveal the link between executive control and language selection. Psychological Science, 22（9）: 1155-1164.

Gong Z, Levy B A. 2009. Four year old children's acquisition of print knowledge during electronic storybook reading. Reading and Writing, 22（8）: 889-905.

Goswami U. 2014. Cognition in children. Psychology Press.

Green D W. 1986. Control, ctivation, and resource: A framework and a model for the control of speech in bilinguals. Brain and Language, 27（2）: 210-223.

Green D W. 1998. Mental control of the bilingual lexico-semantic system. Bilingualism: Language and Cognition, 1（2）: 67-81.

Gregory S V, Swanson F J, McKee W A, et al. 1991. An ecosystem perspective of riparian zones. BioScience, 41（8）: 540-551.

Grosjean F. 1988. Exploring the recognition of guest words in bilingual speech. Language and cognitive processes, 3（3）: 233-274.

Grosjean F. 1982. Life with two languages: An introduction to bilingualism. Harvard University Press.

Gross J, Hayne H. 1999. Young children's recognition and description of their own and others' drawings. Developmental Science, 2（4）: 476-489.

Guo T, Liu F, Chen B, et al. 2013. Inhibition of non-target languages in multilingual word production: Evidence from Uighu-Chinese-English trilinguals. Actapsychologica, 143（3）: 277-283.

Hagen M A. 1974. Picture perception: Toward a theoretical model. Psychological Bulletin, 81（8）: 471.

Hahne A. 2001. What's different in second-language processing？ Evidence from event-related brain potentials. Journal of Psycholinguistic Research, 30（3）: 251-266.

Hahne A, Friederici A D. 2001. Processing a second language: Late learners' comprehension mechanisms as revealed by event-related brain potentials. Bilingualism, 4（2）: 123-141.

Hallahan D P, Auffman J M. 1976. Introduction to Learning Disabilities: A Psycho-behavioral Approach （by）Daniel P. Hallahan and James M. Kauffman. Prentice-Hall.

Hamjah S H, Ismail Z, Rasit R M, et al. 2011. Methods of increasing learning motivation among students. Procedia-Social and Behavioral Sciences, 18: 138-147.

Hardiman G W, Zernich T. 1985. Discrimination of style in painting: A developmental study. Studies in Art Education, 26（3）: 157-162.

Hitt D D, Marriott R G, Esser J K. 1992. Effects of delayed rewards and task interest on intrinsic motivation. Basic and Applied Social Psychology, 13（4）: 405-414.

Hochberg J, Brooks V. 1962. Pictorial recognition as an unlearned ability: A study of one child's performance. The American Journal of Psychology, 75（4）: 624-628.

Hussain M A, Shahid S, Zaman A. 2011. Anxiety and attitude of secondary school students towards foreign language learning. Procedia-Social and Behavioral Sciences, 29: 583-590.

Jahoda G, Deregowski J, Ampene E, et al. 1977. Pictorial recognition as an unlearned ability: A replication with children from pictorially deprived environments. The child's representation of the world, 203-213.

Jakobovits L A. 1970. Foreign Language Learning; A Psycholinguistic Analysis of the Issues.

Jared D, Evy B A, Ayner K. 1999. The role of phonology in the activation of word meanings during reading: evidence from proofreading and eye movements. Journal of Experimental Psychology: General, 128（3）: 219.

Jin Z L, Zhang J X, Li L. 2014. Endogenous language control in Chinese-English switching: an event-related potentials study. Neuroscience Bulletin, 30（3）: 461-468.

Johnson J S, Newport E L. 1989. Critical period effects in second language learning: The influence of maturational state on the acquisition of English as a second language. Cognitive psychology, 21（1）: 60-99.

Just M A, Carpenter P A. 1987. The psychology of reading and language comprehension. Allyn& Bacon.

Justice L M, Pullen P C, Pence K. 2008. Influence of verbal and nonverbal references to print on preschoolers' visual attention to print during storybook reading. Developmental Psychology, 44（3）: 855.

Justice L M, Skibbe L, Canning A, et al. 2005. Pre - schoolers, print and storybooks: an observational study using eye movement analysis. Journal of Research in Reading, 28（3）: 229-243.

Kahneman D. 1973. Attention and effort. iteseer.

Kao T A, Oxford R L. 2014. Learning language through music: A strategy for building inspiration and motivation. System, 43（2）: 114-120.

Keatley C W, Spinks J A, De Gelder B. 1994. Asymmetrical cross-language priming effects. Memory & cognition, 22（1）: 70-84.

Kintsch W, Bates E. 1977. Recognition memory for statements from a classroom lecture. Journal of Experimental Psychology: Human Learning and Memory, 3（2）: 150.

Kolers P A. 1963. Interlingual word associations. Journal of verbal learning and verbal behavior, 2（4）: 291-300.

Kornblum S, Hasbroucq T, Osman A. 1990. Dimensional overlap: cognitive basis for stimulus-response compatibility—a model and taxonomy. Psychological review, 97（2）: 253.

Kornblum S, Lee J. 1995. Stimulus-response compatibility with relevant and irrelevant stimulus dimensions that do and do not overlap with the response. Journal of Experimental Psychology: Human Perception and Performance, 21（4）: 855.

Kornblum S. 1992. Dimensional overlap and dimensional relevance in stimulus-response and stimulus-stimulus compatibility. Portions of this paper were presented at the Annual Meeting of the Psychonomic Society, Nov 1990, New Orleans, LA, North-Holland.

Kornblum S. 1994. The way irrelevant dimensions are processed depends on what they overlap with: The case of Stroop-and Simon-like stimuli. Psychological Research, 56（3）: 130-135.

Kroll J F, Stewart E. 1994. Category interference in translation and picture naming: Evidence for asymmetric connections between bilingual memory representations. Journal of Memory and Language, 33（2）: 149-174.

Kroll J F, Bobb S C, Misra M, et al. 2008. Language selection in bilingual speech: Evidence for inhibitory processes. Acta psychologica, 128（3）: 416-430.

Kroll J F, Curley J. 1988. Lexical memory in novice bilinguals: The role of concepts in retrieving second language words. Practical aspects of memory, 2: 389-395.

Kroll J F, De Groot A. 1997. Lexical and conceptual memory in the bilingual: Mapping form to meaning in two languages.

Kroll J F, Potter M C. 1984. Recognizing words, pictures, and concepts: A comparison of lexical, object, and reality decisions. Journal of Verbal Learning and Verbal Behavior, 23（1）: 39-66.

Kroll J F, Stewart E. 1994. Category interference in translation and picture naming: Evidence for asymmetric connections between bilingual memory representations. Journal of memory and language, 33（2）: 149-174.

La Heij W. 2005. Monolingual and bilingual lexical access in speech production: Issues and models. Kroll & de Groot（eds.）: 289-307.

Lai C, Huang J T. 1988. Component migration in Chinese characters: Effects of priming and context on illusory conjunction. Cognitive aspects of the Chinese language, 1: 57-67.

Laurent A, Martinot C. 2010. Bilingualism and phonological awareness: the case of bilingual（French-Occitan）children. Reading and Writing, 23（3-4）: 435-452.

Lenneberg E H, Chomsky N, Marx O. 1967. Biological foundations of language（68ed.）: Wiley New York.

Leung D W, Chen E, Goeddel D V. 1989. A method for random mutagenesis of a defined DNA segment using a modified polymerase chain reaction. Technique, 1（1）: 11-15.

Levelt W J. 1993. Speaking: From intention to articulation（Vol. 1）: MIT press.

Levin J R, Anglin G J, Carney R N. 1987. On empirically validating functions of pictures in prose. The psychology of Illustration, 1: 51-85.

Li H, Shu H, McBride-Chang C, et al. 2012. Chinese children's character recognition: Visuo-orthographic, phonological processing and morphological skills. Journal of Research in Reading, 35（3）: 287-307.

Li P, Bates E, MacWhinney B. 1993. Processing a language without inflections: A reaction time study of sentence interpretation in Chinese. Journal of Memory and Language, 32（2）: 169-192.

Li Q. 2014. Differences in the motivation of Chinese learners of English in a foreign and second language context. System, 42: 451-461.

Lin R. 2012. A Study of Creative Thinking for Children's Picture Book Creation. IERI Procedia, 2, 36-42.

Liu H, Bates E, Li P. 1992. Sentence interpretation in bilingual speakers of English and Chinese. Applied Psycholinguistics, 13 (04): 451-484.

Liu J. 2006. An introduction to Chinese philosophy: From ancient philosophy to Chinese Buddhism.

Lu Q, Tang Y Y, Zhou L, et al. 2011. The different time courses of reading different levels of Chinese characters: an ERP study. Neuroscience letters, 498(3): 194-198.

Maagerø E, Østbye G L. 2012. Do Worlds Have Corners ? When Children's Picture Books Invite Philosophical Questions. Children's Literature in Education, 43 (4): 323-337.

Macizo P, Bajo T, Paolieri D. 2012. Language switching and language competition. Second Language Research, 28 (2): 131-149.

Mackworth N H, Bruner J. 1970. How adults and children search and recognize pictures. Human Development, 13 (3): 149-177.

MacWhinney B. 2004. A multiple process solution to the logical problem of language acquisition. Journal of child language, 31 (4): 883-914.

Mahmoudi E, Razak N Z B A. 2012. Attitude and students' performance in computer assisted English language learning (CAELL) for learning vocabulary. Procedia-Social and Behavioral Sciences, 66: 489-498.

Mandler J M, Robinson C A. 1978. Developmental changes in picture recognition. Journal of Experimental Child Psychology, 26 (1): 122-136.

Markus H. 1977. Self-schemata and processing information about the self. Journal of Personality and Social Psychology, 35 (2): 63.

Martin-Rhee M, Bialystok E. 2008. The development of two types of inhibitory control in monolingual and bilingual children. Bilingualism: Language and Cognition, 11 (1): 81-93.

Meuter R F, Allport A. 1999. Bilingual language switching in naming: Asymmetrical costs of language selection. Journal of Memory and Language, 40 (1): 25-40.

Miao X C, Chen G, Ying H. 1986. Sentence comprehension in Chinese. Studies in child language Development, 40-53.

Myers D G. 1993. Behavior and attitudes. Social Psychology.

Nation K, Snowling M J. 2000. Factors influencing syntactic awareness skills in normal readers and poor comprehenders. Applied Psycholinguistics, 21 (2): 229-241.

Ninio A, Bruner J. 1978. The achievement and antecedents of labelling. Journal of Child Language, 5 (1): 1-15.

Novick J M, Hussey E, Teubner-Rhodes S, et al. 2014. Clearing the garden-path: Improving sentence processing through cognitive control training. Language, Cognition and Neuroscience, 29 (2): 186-217.

Oberauer K, Wilhelm O. 2000. Effects of directionality in deductive reasoning: I. The comprehension of single relational premises. Journal of Experimental Psychology: Learning, Memory, and Cognition, 26 (6): 1702.

Orden G C V. 1987. A rows is a rose: Spelling, sound, and reading. Memory & Cognition, 15 (3)(15): 181-198.

Ernest C H, Paivio A. 1971. Imagery and verbal processes. Imagery and verbal associative latencies as a function of imagery ability. *Canadian Journal of Psychology/Revue canadienne de psychologie*, 25 (1): 83-90.

Paivio A. 1983. The empirical case for dual coding. Imagery, Memory and Cognition, 307-332.

Paivio A. 1990. Mental representations. Oxford University Press.

Paivio A. 1991a. Dual coding theory: Retrospect and current status. Canadian Journal of Psychology/Revue canadienne de psychologie, 45 (3): 255-287.

Paivio A. 1991b. Images in mind: The evolution of a theory. Harvester Wheatsheaf.

Paivio A, Desrochers A. 1980. A dual-coding approach to bilingual memory. Canadian Journal of Psychology/Revue canadienne de psychologie, 34 (4): 388.

Parsons M J. 1987. How we understand art: A cognitive developmental account of aesthetic experience.

Cambridge University Press.

Perfetti C A, Bell L. 1991. Phonemic activation during the first 40 ms of word identification: Evidence from backward masking and priming. Journal of Memory and Language, 30（4）: 473-485.

Peal E, Lambert W E. 1962. The relation of bilingualism to intelligence. Psychological Monographs: general and applied, 76（27）: 1-23.

Peeters, D., Runnqvist, E., Bertrand, D., Grainger, J. 2014. Asymmetrical switch costs in bilingual language production induced by reading words. Journal of Experimental Psychology: Learning, Memory, and Cognition, 40（1）: 284.

Penfield W, Roberts L. 1959. 1959 Speech and brain mechanisms.

Perfetti C A, Tan L H. 1998. The time course of graphic, phonological, and semantic activation in Chinese character identification. Journal of Experimental Psychology: Learning, Memory, and Cognition, 24（1）: 101.

Perfetti C A, Zhang S. 1991. Phonological processes in reading Chinese characters. Journal of Experimental Psychology: Learning, Memory, and Cognition, 17（4）: 633.

Peterson C, Roberts C. 2003. Like mother, like daughter: Similarities in narrative style. Developmental Psychology, 39（3）: 551.

Pexman P M, Lupker S J, Jared D. 2001. Homophone effects in lexical decision. Journal of Experimental Psychology: Learning, Memory, and Cognition, 27（1）: 139-156.

Pind J, Tryggvadóttir H B. 2002. Determinants of picture naming times in Icelandic. Scandinavian Journal of Psychology, 43（3）: 221-226.

Potter M C, So K F, Von Eckardt B, et al. 1984. Lexical and conceptual representation in beginning and proficient bilinguals. Journal of Verbal Learning and Verbal Behavior, 23（1）: 23-38.

Poulisse N, Bongaerts T. 1994. First language use in second language production. Applied Linguistics, 15（1）: 36-57.

Preissler M A, Bloom P. 2008. Two-year-olds use artist intention to understand drawings. Cognition, 106（1）: 512-518.

Preston M S, Lambert W E. 1969. Interlingual interference in a bilingual version of the Stroop color-word task. Journal of Verbal Learning and Verbal Behavior, 8（2）: 295-301.

Pylyshyn Z W. 1981. The imagery debate: Analogue media versus tacit knowledge. Psychological Review, 88（1）: 16.

Rayner K, Carlson M, Frazier L. 1983. The interaction of syntax and semantics during sentence processing: Eye movements in the analysis of semantically biased sentences. Journal of Verbal Learning and Verbal Behavior, 22（3）: 358-374.

Richert R A, Lillard A S. 2002. Children's understanding of the knowledge prerequisites of drawing and pretending. Developmental Psychology, 38（6）: 1004.

Roberts L, Penfield W. 1959. Speech and brain mechanisms. Princeton, New Jersey: Princeton University.

Robertson I H, Manly T, Andrade J, et al. 1997. Oops！'：performance correlates of everyday attentional failures in traumatic brain injured and normal subjects. Neuropsychologia, 35（6）: 747-758.

Roelofs A. 1992. A spreading-activation theory of lemma retrieval in speaking. Cognition, 42（1）: 107-142.

Rossell C H, Baker K. 1996. The educational effectiveness of bilingual education. Research in the Teaching of English, 7-74.

Rubenstein H, Lewis S S, Rubenstein M A. 1971. Evidence for phonemic recoding in visual word recognition. Journal of Verbal Learning and Verbal Behavior, 10（6）: 645-657.

Runelbart D, Meclelland J. 1986. Parallel distributed processing: explorations in the microstructure of cognition. Foundations, 2.

Sabourin L, Stowe L A. 2008. Second language processing: when are first and second languages processed similarly？ Second Language Research, 24（3）: 397-430.

Saito H, Masuda H, Kawakami M. 1998. Form and sound similarity effects in kanji recognition Cognitive processing of the Chinese and the Japanese languages（169-203）: Springer.（Reprinted）.

Schwanenflugel P J, Rey M. 1986. Interlingual semantic facilitation: Evidence for a common representational system in the bilingual lexicon. Journal of Memory and Language, 25 (5): 605-618.

Schwieter J W, Sunderman G. 2008. Language switching in bilingual speech production: In search of the language-specific selection mechanism. The Mental Lexicon, 3 (2): 214-238.

Seidenberg M S, McClelland J L.1989. A distributed, developmental model of word recognition and naming. Psychological review, 96 (4): 523.

Sigel I E. 1981. Social experience in the development of representational thought: Distancing theory. New directions in Piagetian theory and practice, 203-217.

Simon J R. 1969. Reactions toward the source of stimulation. Journal of experimental psychology, 81 (1): 174.

Slavin R E, Cheung A. 2005. A synthesis of research on language of reading instruction for English language learners. Review of Educational Research, 75 (2): 247-284.

Slavin R E, Lake C, Davis S, et al. 2011. Effective programs for struggling readers: A best-evidence synthesis. Educational Research Review, 6 (1): 1-26.

Spinks J A, Liu Y, Perfetti C A, et al. 2000. Reading Chinese characters for meaning: The role of phonological information. Cognition, 76 (1): B1-B11.

Starreveld P A, LaHeij W. 1996. Time-course analysis of semantic and orthographic context effects in picture naming. Journal of Experimental Psychology: Learning, Memory, and Cognition, 22 (4): 896.

Stroud C, Phillips C. 2012. Examining the evidence for an independent semantic analyzer: An ERP study in Spanish. Brain and Language, 120, 108-126.

Su I R. 2001. Transfer of sentence processing strategies: A comparison of L2 learners of Chinese and English. Applied Psycholinguistics, 22 (1): 83-112.

Sunderman G, Kroll J F. 2006. First language activation during second language lexical processing: An investigation of lexical form, meaning, and grammatical class. Studies in second language acquisition, 28 (3): 387-422.

Sung K Y. 2014. Novice Learners' Chinese-Character Learning Strategies and Performance. Electronic Journal of Foreign Language Teaching, 11 (1): 38-51.

Taft M, Zhu X. 1997. Submorphemic processing in reading Chinese. Journal of Experimental Psychology: Learning, Memory, and Cognition, 23 (3): 761.

Tan L H, Hoosain R, Peng D. 1995. Role of early presemantic phonological code in Chinese character identification. Journal of Experimental Psychology: Learning, Memory, and Cognition, 21 (1): 43.

Tan L H, Spinks J A, Eden G F, et al. 2005. Reading depends on writing, in Chinese. Proceedings of the National Academy of Sciences of the United States of America, 102 (24): 8781-8785.

Tanaka M N, Branigan H P, McLean J F, et al. 2011. Conceptual influences on word order and voice in sentence production: Evidence from Japanese. Journal of Memory and Language, 65: 318-330.

Thomas L C. 2010. Exploring second grader's understanding of the text-illustration relationship in picture storybooks and information picture books. Manhattan: Kansas State University.

Thomas M S, Allport A. 2000. Language switching costs in bilingual visual word recognition. Journal of Memory and Language, 43 (1): 44-66.

Trabasso T, Nickels M. 1992. The development of goal plans of action in the narration of a picture story. Discourse Processes, 15 (3): 249-275.

Trappeniers J, Lefebvre L. 2013. The picture-naming task in normal children: towards a developmental model of word retrieval. Paper presented at the Proceedings of the Health Institute Day.

Treisman A M. 1960. Contextual cues in selective listening. Quarterly Journal of Experimental Psychology, 12 (4): 242-248.

Trueswell J C, Tanenhaus M K, Garnsey S M. 1994. Semantic influences on parsing: Use of thematic role information in syntactic ambiguity resolution. Journal of memory and language, 33 (3): 285-318.

Uguroglu M E, Walberg H J. 1979. Motivation and achievement: A quantitative synthesis. American Educational Research Journal, 16 (4): 375-389.

Vallerand R J. 1997. Toward a hierarchical model of intrinsic and extrinsic motivation. Advances in Experimental Social Psychology, 29 (08): 271-360.

Van Orden G C. 1987. A ROWS is a ROSE: Spelling, sound, and reading.Memory & cognition, 15 (3): 181-198.

Van Hell J G, Tanner D. 2012. Second Language Proficiency and Cross-Language Lexical Activation. Language Learning, 62 (s2): 148-171.

Verhoef K, Roelofs A, Chwilla D J. 2009. Role of inhibition in language switching: Evidence from event-related brain potentials in overt picture naming. Cognition, 110 (1): 84-99.

Verhoef K M, Roelofs A, Chwilla D J. 2010. Electrophysiological evidence for endogenous control of attention in switching between languages in overt picture naming. Journal of Cognitive Neuroscience, 22 (8): 1832-1843.

Wang K, Li Q, Zheng Y, et al. 2014. Temporal and spectral profiles of stimulus-stimulus and stimulus-response conflict processing. Neuroimage, 89: 280-288.

Weber-Fox C, Neville H. 1996. Maturational constraints on functional specializations for language processing: ERP and behavioral evidence in bilingual speakers. Cognitive Neuroscience, Journal of, 8 (3): 231-256.

Weber-Fox C, Neville H J. 2001. Sensitive Periods Differentiate Processing of Open-and Closed-Class WordsAn ERP Study of Bilinguals. Journal of Speech, Language, and Hearing Research, 44 (6): 1338-1353.

Weinreich U. 1979. Languages in contact: Findings and problems (No.1). Walter de Gruyter.

Wellman H M, Phillips A T, Rodriguez T. 2000. Young children's understanding of perception, desire, and emotion. Child Development, 71 (4): 895-912.

Wingfield, Debra, Titone. 1994. Sentence Processing chapter. Brandeis University Press.

Wingfield J C. 1990. The "challenge hypothesis": theoretical implications for patterns of testosterone secretion, mating systems, and breeding strategies. American Naturalist, 136 (6): 829-846.

Woolfolk A, Hughes M, Walkup V, 2008. Psychology in education. London: Pearson.

Yang Ya-Ting C, Wu Wan-Chi I. 2012. Digital storytelling for enhancing student academic achievement, critical thinking, and learning motivation: A year-long experimental study. Computers & Education, 59 (2): 339-352.

Yelland G W, Pollard J, Mercuri A. 1993. The metalinguistic benefits of limited contact with a second language. Applied Psycholinguistics, 14 (4): 423-444.

Yerkes R M, Dodson J D. 1908. The relation of strength of stimulus to rapidity of habit-formation. Journal of comparative neurology and psychology, 18 (5): 459-482.

Zhang Y X, Zhang J L, Min B Q. 2012. Neural dynamics of animacy processing in language comprehension: ERP Evidence from the interpretation of classifier-noun combinations. Brain and Language, 120 (3): 321-331.

Zhang Y, Li P, Piao Q, et al. 2013. Syntax does not necessarily precede semantics in sentence processing: ERP evidence from Chinese. Brain and Language, 126 (1): 8-19.

Zhang H H, Zhang J, Kornblum S. 1999. A parallel distributed processing model of stimulus–stimulus and stimulus-response compatibility. Cognitive Psychology, 38 (3): 386-432.

Zhang Q, Zhang J X, Kong L. 2009. An ERP study on the time course of phonological and semantic activation in Chinese word recognition. International journal of Psychophysiology, 73 (3): 235-245.

Zhou X, Marslen-Wilson W. 1999. The nature of sublexical processing in reading Chinese characters. Journal of Experimental Psychology: Learning, Memory, and Cognition, 25 (4): 819.

Zhou X, Marslen-Wilson W. 2000. The relative time course of semantic and phonological activation in reading Chinese. Journal of Experimental Psychology: Learning, Memory, and Cognition, 26 (5): 1245.

Zied K M, Phillipe A, Karine P, et al. 2004. Bilingualism and adult differences in inhibitory mechanisms: Evidence from a bilingual Stroop task. Brain and cognition, 54 (3): 254-256.

Zwaan R A, Stanfield R A, Yaxley R H. 2002. Language comprehenders mentally represent the shapes of objects. Psychological Science, 13 (2): 168-171.

问卷施测指导语

亲爱的同学：

您好！欢迎参加本次调查。本问卷的内容不涉及个人隐私，选项也无正确和错误之分，所以请不必顾虑。本调查每个题目有三个可供选择的答案（①没有或偶尔符合②有时符合③经常符合），请根据自己的实际情况，在最符合自己真实情况的选项下打"√"。请注意，每个题目只能选择一个答案，每个题目都要做出选择，不要遗漏。如果对题目有不明白的地方，请举手提问。

在开始之前，请先填写你的基本情况：

姓名学校：

年级民族性别：①男（　　　）②女（　　　）

上学期末语文成绩：

例题：1. 我能按时上学。

①没有或偶尔符合（　　　）②有时候符合（　　　）③经常符合（　　　）

2. 我很紧张自己的学习。

①没有或偶尔符合（　　　）②有时候符合（　　　）③经常符合（　　　）

少数民族小学生汉语学习动机问卷

1. 我认为学好语文有利于其他学科的学习。

2. 我能够按照自己制定的计划学习语文。

3. 我觉得学习语文对我长大以后去其他地方学习很有帮助。

4. 我觉得上语文课是一件很有趣的事情。

5. 不同民族的人都在学习汉语，所以我觉得学习语文是有必要的。

6. 我喜欢看语文书。

7. 我喜欢别人称赞我普通话说得好。

8. 我能够做一些同学都感觉困难的语文题目。

9. 我喜欢做语文作业。

10. 学好语文可以帮助我看懂更多的课外书。

11. 我能够达到自己定下的汉语学习目标。

12. 我会在语文课堂上积极回答老师的问题。

13. 我害怕语文考试没考好，会受到父母责骂。

14. 我担心不完成作业会受到语文老师批评。

15. 我会花用大量的时间学习语文。

16. 我会在课余的时间里和同学讨论如何学习语文。

17. 我会主动地向语文老师提问题。

18. 学习语文可以了解更多的汉族文化。

19. 我认为学好语文可以让我更好地和其他人进行交流。

20. 我学习语文是想取得好成绩。

21. 我想成为班上汉语学习最棒的人。

22. 假如平时没有好好学习语文，我语文考试时会很紧张。

23. 我觉得学好语文可以通过报纸书刊电视等了解到很多有用的知识。

24. 我觉得不会说汉语和写汉字是很丢脸的事情。

25. 我喜欢帮助别人学习语文。
26. 我害怕周围的人笑话我不认识汉字。
27. 我想学好语文是不想落后于其他同学。
28. 我喜欢别人表扬我汉字写得好。
29. 我喜欢写出老师赞赏的文章。
30. 我会因为语文成绩比别人差而难过。

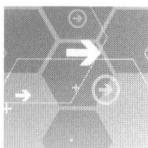

少数民族小学生汉语学习态度问卷

1. 不懂的问题，我会先自己思考，然后再去向别人请教。

2. 我讨厌语文要背诵很多东西。

3. 我会在语文课堂上认真抄写老师的笔记。

4. 我痛恨写作文。

5. 我没有学习语文的计划和目标。

6. 不会的问题我会立即想办法弄懂，而不是放着不管。

7. 我在语文课上会打瞌睡无精打采。

8. 如果没有语文课，我会很高兴。

9. 我不喜欢我们学校的语文教学。

10. 我讨厌语文老师在课上点名回答问题。

11. 汉语学习对我来说很难。

12. 我觉得语文成绩不好与运气有一定关系。

13. 我会阅读与语文相关的课外书增长自己的见识。

14. 我讨厌学习汉语拼音和汉字。

15. 我会主动地抄写好的词语和句子，以便写作文。

16. 我觉得上语文课学不到有用的东西。

17. 我不喜欢语文老师上课的方式。

18. 我会分析自己语文错题的原因，尽量改正。